ŒUVRES COMPLÈTES

DE

LAMARTINE

PUBLIÉES ET INÉDITES

HISTOIRE DES GIRONDINS

V

TOME TREIZIÈME

PARIS
CHEZ L'AUTEUR, RUE DE LA VILLE-L'ÉVÊQUE, 43
—
M DCCC LX

ŒUVRES COMPLÈTES

DE

LAMARTINE

TOME TREIZIÈME

HISTOIRE

DES

GIRONDINS

V

HISTOIRE
DES
GIRONDINS

LIVRE QUARANTE-TROISIÈME

Marat. — Danton. — La Montagne. — Les Girondins proscrits. — Scission entre les départements et la Convention. — Les ports bloqués. — Les coalisés aux frontières. — Nouvelle constitution. — Les Girondins à Caen. — Le général Wimpfen. — Marat accusateur public.

I

Après cette journée, où le peuple ne fit d'autre usage de sa force que de la montrer et d'exercer la pression de Paris sur la représentation, il se retira sans commettre aucun excès. Il semblait avoir la conscience d'un service immense rendu à la liberté. Il illumina spontanément les rues, il n'insulta personne. Il laissa les Girondins sortir librement des Tuileries et se rendre isolément à leur domicile. Ce n'était pas des têtes qu'il semblait vouloir, mais un gouvernement. Il croyait avoir affranchi la Convention du joug de quelques ambitieux et des trames de quelques traîtres, cela lui suffisait. Il était prêt à obéir à la Convention, pourvu qu'il la crût libre. Aucune tentative pour le pousser plus loin ne put l'entraîner à établir une tyrannie.

Un seul homme voulut faire aboutir le mouvement à son ambition personnelle : ce fut Marat. Il échoua, et fut obligé de se justifier aux Jacobins de l'accusation d'aspirer à la dictature. Les discours qu'il avait tenus à la Convention, à la commune et au peuple, pendant les oscillations de ces trois journées, tendaient évidemment à le désigner lui-même comme le chef indispensable. Billaud-Varennes le lui reprocha avec rudesse. « Je suis dénoncé, répondit Marat, pour avoir demandé un chef, un maître, c'est-à-dire un tyran. Je ne parais pas ici pour me disculper, car je suis persuadé que personne n'ajoute foi à cette calomnie. Il est désagréable de parler français devant des ignorants qui ne l'entendent pas ou devant des fripons qui ne veulent pas l'entendre. Hier au soir, à neuf heures, des députations de plusieurs sections vinrent me consulter sur le parti qu'elles devaient prendre. « Quoi ! leur dis-je, le tocsin de la liberté » sonne, et vous demandez des conseils ? » J'ajoutai à cette occasion : « Je vois qu'il est impossible que le peuple se » sauve sans un chef qui dirige ses mouvements. » Des citoyens qui m'entouraient s'écrièrent : « Quoi ! vous deman-» dez un chef ? — Non, répondis-je. Je demande un guide » et non un maître. C'est bien différent. »

II

Marat réprimandé pour son ambition, Danton le fut à son tour pour son inaction et pour ses ménagements envers les Girondins. Ce même Varlet qui avait proposé au comité de l'Archevêché les plans les plus atroces contre les Girondins osa attaquer Danton, à la tribune des Cordeliers, au milieu de ses amis et au foyer même de sa puissance. Varlet crut que le moment d'ébrécher cette popularité gigantesque et de fonder la sienne sur les débris de celle d'un tribun était venu. En effet, Danton chancelait déjà. Son silence au comité de salut public, son inertie à la Convention, ses tempéraments pendant la crise, ses apostrophes grondeuses au peuple insurgé, étaient pour les Cordeliers des signes d'un patriotisme endormi ou d'une complicité cachée avec les Girondins. Les Cordeliers, laissant parler ainsi Varlet contre leur idole, montrèrent qu'elle n'était pas inviolable dans leur cœur. Danton était absent. Camille Desmoulins défendit son patron contre les insinuations de Varlet, en étalant devant le peuple les titres révolutionnaires de l'homme du 10 août et du 2 septembre.

Le crédit de Danton sortit encore intact de cette lutte. Le soir Camille Desmoulins étant venu lui raconter cette insolence de Varlet : « Je te remercie, lui dit Danton, de m'avoir vengé de ce reptile. Quand le peuple aura trouvé un autre Danton, il pourra être ingrat impunément et me sacrifier à ses caprices. Mais je ne crains rien, ajouta-t-il en se frappant le front de la paume de la main; il y a là deux têtes, une pour soulever la Révolution, une autre pour la conduire. » Danton, dans ses audacieuses confidences, déguisait moins de jour en jour sa pensée de s'emparer de la république et de transformer le gouvernement. « Je parle peu, disait-il quelques jours après à un autre de ses affidés. Je songe même à m'éclipser pour un temps. Il faut user les factions. Les révolutions ont leur lassitude. C'est là que je vous attends! »

III

La Montagne fit renouveler le lendemain les comités, à l'exception de celui de salut public. Elle y jeta en majorité ses membres les plus prononcés. L'impulsion de la veille lui imprimait la force des masses. Elle destitua les ministres suspects d'attachement aux vaincus, envoya des commissaires dans les départements douteux, annula le projet de constitution proposé par les Girondins, et chargea le comité de salut public de rédiger dans les huit jours un projet de constitution entièrement démocratique. Elle pressa le recrutement et l'armement de l'armée révolutionnaire, cette levée en masse du patriotisme. Elle décréta l'emprunt forcé d'un milliard sur les riches. Elle envoya coup sur coup accusés sur accusés au tribunal révolutionnaire. Ses séances ne furent plus des délibérations, mais des motions brèves, décrétées à l'instant par acclamation et renvoyées sur l'heure aux différents comités pour les moyens d'exécution. Elle dépouilla le pouvoir exécutif du peu d'indépendance et de responsabilité qu'il avait encore. Sans cesse appelés dans le sein de ses comités, les ministres ne furent plus que les exécuteurs passifs des mesures qu'elle décrétait. Ses commissaires, envoyés dans les départements, furent investis par elle d'un pouvoir dictatorial qui supprimait devant eux toutes les autorités intermédiaires et même toutes les lois, et qui semblait transporter aux extrémités de la république l'ubiquité et la toute-puissance de la Convention. De ce jour l'Assemblée cessa d'être représentation pour devenir gouvernement. Elle administra, elle jugea, elle frappa, elle combattit elle-même. Ce fut la France assemblée : tête et main tout à la fois. Cette dictature collective avait sur la dictature d'un seul cet avantage qu'elle était invulnérable, et qu'un coup de poignard ne pouvait l'interrompre ni la renverser.

De ce jour aussi, on ne discuta plus, on agit. La disparition des Girondins enleva la voix à la Révolution. L'éloquence fut proscrite avec Vergniaud, à l'exception des rares journées où les grands chefs de parti, comme Danton et Robespierre, prirent la parole, non pour réfuter des opinions, mais pour intimer des volontés et promulguer des ordres. Les séances devinrent presque muettes. Un grand silence se fit désormais dans la Convention, interrompu seulement par le pas accéléré des bataillons qui défilaient dans l'enceinte, par les salves du canon d'alarme et par les coups de la hache qui frappait sur la place de la Révolution.

IV

Cependant les vingt-deux Girondins, les membres de la commission des Douze et un certain nombre de leurs amis, avertis de leur danger par ce premier coup d'ostracisme, s'enfuyaient dans leur département, et couraient protester contre la mutilation de la patrie. Les victimes du 31 mai n'avaient pas été jetées dans les cachots dès le premier jour. La commune se contenta de les avoir exilées de leurs siéges de législateurs. La pitié de leurs collègues semblait leur laisser volontairement la facilité de se soustraire par la fuite à des emprisonnements plus étroits et à des assassinats presque certains. Des gendarmes accoutumés au respect envers les membres de la représentation nationale gardaient les détenus dans leurs maisons. Plutôt serviteurs que geôliers, ces hommes, facilement attendris ou captés, laissaient communiquer les députés proscrits avec leur famille et leurs amis au dehors. Les captifs recevaient des visites, quelques-uns même avaient la permission de sortir la nuit. On se contentait de leur parole de ne pas s'évader de Paris.

Le plus grand nombre de ceux qui avaient attendu l'issue de l'insurrection du 2 juin, chez Meilhan, dans la rue Saint-Honoré, avaient déjà pris le parti de fuir. Les autres s'évadèrent un à un. Robespierre, Danton, le comité de salut public, le peuple lui-même, semblaient fermer les yeux sur ces évasions, comme pour se soustraire à eux-mêmes des victimes qu'il leur serait pénible de frapper.

V

Buzot, Barbaroux, Guadet, Louvet, Salles, Pétion, Bergoing, Lesage, Cussy, Kervélégan, Lanjuinais, se jetèrent dans la Normandie, et, après avoir parcouru, en les soulevant, les départements entre la mer et Paris, ils établirent à Caen le foyer et le centre de l'insurrection contre la tyrannie de Paris. Ils se donnèrent le nom d'Assemblée centrale de la résistance à l'oppression. Biroteau et Chasset étaient parvenus jusqu'à Lyon. Les sections armées de cette ville s'agitaient en mouvements contraires et déjà sanglants. Brissot s'enfuit à Moulins, Rabaut Saint-Étienne à Nîmes. Grangeneuve, envoyé par Vergniaud, Fonfrède et Ducos, à Bordeaux, leva des bataillons prêts à marcher sur la capitale. Toulouse suivit la même impulsion de résistance à Paris.

Les départements de l'Ouest étaient en feu et se réjouissaient de voir la république, déchirée en factions contraires, leur offrir la complicité d'un des deux partis pour le rétablissement de la royauté. Le centre montagneux de la France, où le joug de Paris est moins accepté et où l'éloignement des frontières rend moins présents les dangers extérieurs, s'émut. Le Tarn, le Lot, l'Aveyron, le

Cantal, le Puy-de-Dôme, l'Hérault, l'Ain, l'Isère, le Jura, en tout soixante-dix départements, se déclarèrent en scission avec la Convention. Ces départements chargèrent leurs autorités constituées de prendre toutes les mesures pour venger la représentation nationale. Ils s'envoyèrent réciproquement des députations pour combiner leur soulèvement. Marseille enrôla dix mille hommes à la voix de Rebecqui et des jeunes amis de Barbaroux. Elle emprisonna les commissaires de la Convention, Roux et Antiboul. Le royalisme, toujours couvant dans le Midi, transforma insensiblement ce mouvement du patriotisme en insurrection monarchique. Rebecqui, attristé des atteintes involontaires qu'il portait à la république et désespéré de voir le royalisme s'emparer du mouvement du Midi, échappa au remords par le suicide et se précipita dans la mer. Lyon et Bordeaux emprisonnèrent les envoyés de la Convention comme Maratistes. Les premières colonnes de l'armée combinée des départements commencèrent à s'ébranler de toutes parts. Six mille Marseillais étaient déjà à Avignon, prêts à remonter le Rhône et à faire leur jonction avec les insurgés de Nîmes et de Lyon. La Bretagne et la Normandie réunies concentraient leurs premières forces à Évreux.

VI

Au dehors, la situation de la Convention n'était pas moins tendue. L'Angleterre bloquait tous nos ports. Une armée de cent mille hommes, Anglais, Hollandais, Autrichiens, pressait et entamait les départements du Nord. Condé, bloquée, voyait le général Dampierre expirer en tentant de la défendre. Valenciennes, bombardée par trois cents bouches à feu, n'était plus qu'un amas de cendres protégé par des remparts imprenables. Les émigrés, les Autrichiens et les Prussiens avaient passé le Rhin et menaçaient les départements de l'Alsace d'une invasion de plus de cent mille combattants. Custine et nos garnisons du Rhin les arrêtaient à peine. Ce général, retranché dans les lignes de Wissembourg, songeait à se réfugier dans Strasbourg. Mayence, abandonnée à elle-même, avec une garnison de vingt mille soldats d'élite paralysés ainsi pour la guerre active, se défendait héroïquement contre les attaques du général Kalkreuth à la tête de soixante-dix mille hommes. Le roi de Prusse, au milieu d'un autre corps d'armée, en face de Custine, n'attendait pour porter les derniers coups que la nouvelle de la reddition de Mayence. De Strasbourg aux Alpes l'insurrection girondine soulevait la Franche-Comté et rendait l'accès du haut Jura praticable aux intrigues et aux armes des émigrés. Avoir le même ennemi, c'est la seule alliance entre les factions!

VII

Vingt mille jeunes volontaires franc-comtois, poussés au royalisme par leur indignation contre les Montagnards et contre Marat, étaient prêts à descendre sur Lyon et sur Mâcon pour grossir l'armée du Midi marchant contre Paris. Quatre-vingt mille Savoyards et Piémontais, postés sur les hauteurs du comté de Nice et au confluent des hautes gorges des Alpes de la Savoie, menaçaient Toulon, Grenoble, Lyon. Ces troupes étrangères proposaient aux royalistes de l'intérieur leurs secours armés contre les tyrans de la république. Biron, qui commandait l'armée d'Italie, n'avait que quelques milliers d'hommes découragés et indisciplinés pour couvrir à la fois la Provence et la frontière. Dans les Pyrénées, notre guerre avec l'Espagne, molle et sans gloire des deux côtés, se renfermait dans les gorges, laissant nos provinces du Roussillon sous le coup d'une invasion toujours ajournée, mais toujours imminente. Les désastres de l'armée révolutionnaire dans la Vendée complétaient ce tableau des calamités de la république et des extrémités de la Convention. La force n'était plus qu'au cœur. Pour ne pas désespérer de la lutte que la république concentrée à Paris avait à soutenir, il fallait porter dans son âme toute la foi de la nation dans la liberté. La Convention avait cette foi; elle se dévoua, et elle dévoua la France ou à la mort ou à son œuvre. Ce fut sa gloire, son excuse et son salut. Danton et Robespierre, la commune de Paris et les Jacobins soutinrent son énergie au niveau de ses périls, tantôt par l'enthousiasme, tantôt par la terreur qu'ils lui imprimaient. Ils la placèrent entre la contre-révolution et l'échafaud : elle n'eut que le choix de la mort ; elle choisit la mort glorieuse, et se résolut à combattre contre tout espoir.

VIII

Pour montrer qu'elle ne désespérait pas de l'avenir, la Convention vota, en quelques jours de discussion, la nouvelle constitution dont elle avait chargé le comité de salut public de lui présenter le plan. Hérault de Séchelles lut le rapport.

Cette constitution cessait d'être représentative pour devenir démocratique, c'est-à-dire que la représentation générale, universelle, directe, y appelait partout et toujours le peuple lui-même, sous toutes les formes, à l'exercice immédiat de la souveraineté. On consultait la nation sur toutes les lois ; l'élection nommait tous les pouvoirs exécutifs, les contrôlait et les destituait à son gré. Robespierre, dont les principes avaient prévalu dans cette conception, la défendit aux Jacobins contre les attaques des démagogues exagérés, tels que Roux et Chabot. « Défiez-vous, dit-il, de ces ci-devant prêtres coalisés avec les Autrichiens. Prenez garde au nouveau masque dont les aristocrates vont se couvrir! J'entrevois dans l'avenir un nouveau crime, qui n'est peut-être pas loin d'éclater; mais nous le dévoilerons, et nous écraserons les ennemis du peuple sous quelque forme qu'ils osent se présenter ! »

Les Jacobins, qui affectaient de conserver toujours l'avantage de la modération sur les Cordeliers, et qui devaient à ce caractère réfléchi et politique de leurs actes une partie de leur puissance, applaudirent aux paroles de Robespierre. Ils envoyèrent une députation, dont Collot-d'Herbois fut l'orateur, supplier les Cordeliers de faire taire les détracteurs de la constitution et de rallier tous les cœurs à une œuvre que le temps rendrait plus populaire encore. Les Cordeliers fléchirent à la voix des Jacobins; ils chassèrent de leur société, comme perturbateurs et anarchistes, Roux et Leclerc des Vosges, et pardonnèrent à Varlet en considération de l'ardeur de sa jeunesse. La constitution, ainsi sanctionnée par les deux sociétés souveraines de l'opinion à Paris et couverte de l'égide de Robespierre, fut envoyée à toutes les municipalités de la république pour être présentée à l'acceptation du peuple français convoqué en assemblées primaires.

Quant à Danton, il lança cette constitution au peuple comme un jouet déjà brisé dans sa pensée. Il n'aimait du peuple que sa force; il croyait peu à la liberté; il ne s'inquiétait pas de l'avenir; il était de la race de ces hommes qui ne s'insurgent contre les tyrannies que par une tyrannie plus grande. Quand ils ne sont pas des esclaves révoltés, ils deviennent les plus insolents des dominateurs. Toutes ces théories constituantes n'étaient aux yeux de Danton que des puérilités plus ou moins habiles; il lui en coûtait peu de les écrire, car il ne lui en coûtait rien de les effacer. Il ne connaissait en révolution qu'un seul gouvernement légitime : le gouvernement de la circonstance et la loi de la nécessité.

IX

Le bruit courait alors que la Convention, embarrassée des Girondins captifs à Paris, n'osant ni les juger ni les absoudre, se proposait de faire un sacrifice à la paix et à la réconciliation avec les départements en amnistiant les vingt-deux. C'était en effet l'avis de Danton : les rigueurs inutiles lui pesaient et le souvenir de septembre l'éloignait du meurtre. Valazé, indigné de l'outrage caché dans un pareil pardon, écrivit à la Convention qu'il ne pouvait croire à ce projet du comité de salut public, que la liberté lui était moins chère que l'honneur, et qu'il repousserait avec horreur le pardon. Vergniaud, également intrépide et qui jetait le défi à ses vainqueurs du fond de sa prison, écrivit une lettre dans le même sens. « Je demande à être jugé, disait-il. Si je suis coupable, je me suis mis volontairement en état d'arrestation pour offrir ma tête en expiation des trahisons dont je serais convaincu; si mes calomniateurs ne produisent pas leurs preuves contre moi, je demande à mon tour qu'ils aillent à l'échafaud. Citoyens mes collègues, je m'en rapporte à votre conscience; votre justice sera jugée à son tour par la postérité. » Les restes du parti de la Gironde, encouragés par le soulèvement des départements, se rendirent en masse à la séance de la Convention pour appuyer la lecture de ces lettres et des pétitions en faveur des proscrits. « Ce sont des brandons de guerre civile qu'on vous jette! s'écria Legendre; hâtez-vous de les éteindre en passant dédaigneusement à vos délibérations. » La Convention écarta ces pétitions. Barère lut un rapport du comité de salut public. Il y glorifiait le 31 mai, tout en demandant des mesures sévères pour ramener les Jacobins et la commune au respect du pouvoir suprême concentré dans la Convention. « Hommes de la Montagne, disait Barère en finissant, vous ne vous êtes pas placés sans doute sur ce point le plus élevé pour vous élever au-dessus de la vérité; sachez donc l'entendre. Ne prononcez pas avant l'opinion sur la culpabilité des collègues que vous avez repoussés de votre sein, et donnez, en attendant le jugement, des otages aux départements alarmés. » Robespierre, Lacroix, Thuriot et Legendre s'indignèrent de cette faiblesse. Robespierre s'étonna de ce qu'on osât remettre en question ce que le peuple avait jugé.

On annonça au même moment à la Convention que les administrateurs des départements insurgés venaient de faire arrêter les commissaires Romme, Prieur de la Côte-d'Or, Ruhl et Prieur de la Marne. « Je connais Ruhl, s'écria Couthon; il serait libre encore en face de toutes les bouches à feu de l'Europe! » On demanda par acclamation la prompte punition des administrateurs rebelles. Quelques membres de la droite proposèrent des mesures faibles ou perfides d'expectative. Danton sembla sortir, à ces mots, de l'inexplicable inertie qu'on lui reprochait.

« Eh quoi! dit-il, on semble douter de la république?

C'est au moment d'un grand enfantement que les corps politiques comme les corps physiques paraissent menacés d'une destruction prochaine. Nous sommes entourés d'orages! la foudre gronde! eh bien, c'est du milieu de ses éclats que sortira l'ouvrage qui immortalisera la nation française. Rappelez-vous, citoyens, ce qui s'est passé du temps de la conspiration de La Fayette; rappelez-vous l'état de Paris alors, les patriotes opprimés, proscrits, menacés partout, les plus grands malheurs suspendus sur nous! C'est aujourd'hui la même situation! Il semble qu'il n'y ait de péril que pour ceux qui ont créé la liberté! La Fayette et sa faction furent bientôt démasqués. Aujourd'hui les nouveaux ennemis du peuple sont déjà en fuite sous de faux noms. Ce Brissot, ce coryphée de la secte impie qui va être étouffée, cet homme qui vantait son courage et qui se targuait de son indigence en m'accusant, moi, d'être couvert d'or, n'est plus qu'un misérable, dont le peuple a déjà fait justice à Moulins, en l'arrêtant comme un conspirateur. On dit que l'insurrection de Paris cause des mouvements dans les départements? Je le déclare à la face de l'univers, ces événements feront la gloire de cette superbe cité! Je le déclare à la face de la France, sans le canon du 31 mai les conspirateurs nous faisaient la loi! Que le crime de cette insurrection retombe sur nous!!! »

X

Cet orgueilleux défi à la postérité n'eut qu'un écho unanime sur la Montagne. Danton s'associait à l'insurrection victorieuse du 31 mai, et lui donnait devant la France le baptême du patriotisme.

Couthon convertit en motion l'enthousiasme excité par ces paroles, et fit voter non-seulement l'amnistie des bandes qui avaient assiégé la Convention, mais encore l'éloge de la commune, du peuple, et même du comité insurrecteur de Paris pendant les journées du 31 mai, du 1er et du 2 juin.

Ducos, resté avec Fonfrède sur les bancs déserts des Girondins, s'efforça de fléchir la colère des vainqueurs et d'exciter leur indulgence en faveur de ses collègues. On lui répondit par des murmures. On accusa Vergniaud d'avoir voulu corrompre le gendarme qui le gardait. On signala l'évasion de Lanjuinais et de Pétion, qui étaient allés rejoindre leurs collègues à Caen. Robespierre demanda le rapport immédiat sur les députés détenus. « Quoi ! c'est ici, dit-il, qu'on ose mettre en parallèle la Convention et quelques conspirateurs ! C'est ici qu'on tient le langage de la Vendée ! » Cette apostrophe injurieuse au côté droit fut couverte de dénégations et de murmures. « Je demande, dit Legendre, qui affectait le fanatisme pour Robespierre, je demande que le premier rebelle, le premier de ces révoltés (en écrasant du geste les amis de Vergniaud) qui interrompra l'orateur soit envoyé à l'Abbaye! — On veut connaître leurs crimes, continua Robespierre. Leurs crimes, citoyens! sont les calamités publiques, l'audace des conspirateurs, la coalition des tyrans de l'Europe, les lois qu'ils nous ont empêchés de faire, la constitution sainte qui s'est élevée depuis qu'ils n'y sont plus! Citoyens! qu'aucune pusillanimité ne vous engage à ménager les coupables; le peuple est à vous! »

XI

Fonfrède essaya d'obtenir que le décret d'emprisonnement contre ses amis indiquât du moins la prison spéciale où ils seraient enfermés pour qu'ils ne fussent pas confondus avec les criminels. Il n'obtint qu'une froide indifférence. Des femmes et des enfants des détenus supplièrent qu'on leur permît de partager le sort de leurs parents. La Montagne accueillit ou rejeta ces prières individuelles selon sa partialité pour ou contre les personnes. Bertrand, qui venait de perdre sa femme, et qui restait seul et pauvre pour soigner ses enfants en bas âge, leur fut impitoyablement arraché. Cette discussion se prolongea. Drouet accusa Biroteau de chercher à fuir et Vergniaud d'avoir enivré ses geôliers : « Cessons, dit enfin Robespierre, de nous occuper des individus. Ils voudraient que la république ne pensât qu'à eux; mais la république ne pense qu'à la liberté.

Faites des lois populaires, posez les bases de l'instruction publique, régénérez l'opinion, épurez les mœurs; hâtez-vous, si vous ne voulez perpétuer les crises de la Révolution. L'intention de vos ennemis est de rallumer la guerre civile. On voudrait que la Convention présentât le spectacle des divisions qui déchirent la France. Tel est le motif de cette affectation à demander que vous vous occupiez de ces misérables individus qui, quoique frappés du glaive de la loi, lèvent l'étendard de la révolte. Laissons ces misérables aux remords qui les poursuivent. »

On apprit bientôt la fuite de Kervélégan et de Biroteau. « Où est donc leur crime? cria une voix de la Plaine. — Leur crime! répondit Maure, il est dans leur fuite. »

XII

Enfin Saint-Just, inspiré par Robespierre, lut le rapport définitif sur les événements du 31 mai. Ce rapport, rassemblant en un seul faisceau d'accusations toutes les calomnies de Camille Desmoulins contre les Girondins, transformait ce parti en une vaste conspiration pour rétablir la royauté abolie et pour livrer la république à l'étranger. Le fédéralisme était présenté comme le but constant et systématique de ce parti. « Voyez, disait Saint-Just en finissant, ils voulaient vous asservir vous-mêmes au nom de votre sûreté. Ils vous traitaient comme ce roi de Chypre chargé de chaînes d'or. Marseille et Lyon, prêts à se joindre à la

Vendée, sont 'en proie à leurs émissaires. Tyrans plus odieux que Pisistrate, ils font égorger le fils qui leur redemande son père et la mère qui pleure un fils! Buzot soulève l'Eure et le Calvados; Pétion, Louvet, Barbaroux, le secondent. On ferme les sociétés populaires, on sévit contre les patriotes. A Nîmes on installe une commission de gouvernement. Partout le sang coule. Bordeaux entend le cri de « Vive le roi! » mêlé aux outrages contre la Convention. Entendez-vous les cris de ceux qu'on assassine? La liberté du monde et les droits de l'homme sont bloqués avec vous dans Paris. Ils ne périront pas! Votre destinée est plus forte que vos ennemis. Vous ne leur devez plus rien, puisqu'ils désolent la patrie. C'est le feu de la liberté qui nous a de lui-même épurés, comme le bouillonnement des métaux chasse du creuset l'écume impure. Qu'ils restent seuls avec leurs crimes. Proscrivez ceux-là, jugez les autres, et pardonnez ensuite. Vous n'aimez point à être implacables! »

Ce rapport offrait l'amnistie aux départements insurgés. Il se résumait en un décret. Ce décret déclarait traîtres à la patrie Buzot, Barbaroux, Gorsas, Lanjuinais, Salles, Louvet, Bergoing, Biroteau, Pétion; il mettait en accusation Gensonné, Vergniaud, Mollevault, Gardien, détenus à Paris. Il appelait Bertrand, membre de la commission des Douze, dans le sein de la Convention. Chabot, à la suite de ce rapport, demanda et obtint un décret d'accusation contre Condorcet, qui venait de défendre courageusement ses amis dans une adresse aux Français.

XIII

Pendant que la Convention sévissait ainsi au centre, elle combattait aux extrémités. Ses commissaires, luttant partout contre les émissaires girondins, soulevaient les sections, ralliaient les bataillons, marchaient à leur tête contre les premiers rassemblements et écrasaient l'insurrection dans son germe. Le général Carteaux coupa la route de Lyon aux volontaires de Marseille et les mit en fuite auprès d'Avignon. Bordeaux restait indécis s'il vengerait ses députés ou s'il obéirait à la Montagne. Mais le foyer de l'insurrection fédéraliste était à Caen, en Normandie, et en Bretagne. Jetons un regard sur cette ville et sur ces provinces.

Les dix-huit députés réfugiés à Caen étaient Barbaroux, Bergoing, Boutedoux, Buzot, du Chastel, de Cuny, Gorsas, Guadet, Kervélégan, Lanjuinais quelques jours seulement, Larivière, Lesage (d'Eure-et-Loir), Louvet, Meilhan, Mollevault, Salles, Valady, Pétion accompagné de son fils, enfant de dix ans. Ils avaient été rejoints par trois jeunes écrivains dévoués à leur cause et à leur malheur : c'étaient Girey-Dupré, Riouffe et Marchenna.

Ces députés s'étaient réunis en masse à Caen, parce que cette ville n'avait pas attendu leur provocation pour se prononcer contre la journée du 31 mai et contre la violation de la représentation nationale.

Depuis quelques mois, les Jacobins de Caen, indignés des doctrines de la Montagne, avaient rompu ouvertement avec la société des Jacobins de Paris. La nuit même du 31 mai, le conseil du département du Calvados avait voté la formation d'une armée départementale destinée à assurer la liberté de la Convention. « Nous ne déposerons les armes, disait l'adresse rédigée dans la même séance, qu'après avoir fait rentrer les proscripteurs et les factieux dans le néant! » Une assemblée prit le gouvernement de l'insurrection. Elle décerna le commandement des troupes au général Wimpfen, ancien député constitutionnel. M. de Wimpfen était de Bayeux. Resté fidèle à la patrie, son cœur cependant était royaliste. L'assemblée insurrectionnelle fit arrêter Romme et Prieur, deux commissaires de la Convention du parti montagnard. On les enferma au château de Caen. C'est pendant ces emprisonnements que Romme médita le plan du *calendrier républicain* qui devait enlever au temps lui-même l'empreinte du passé et de la tradition.

Les députés fugitifs arrivèrent successivement à Caen, les premiers jours de juin. Chacun d'eux, à son arrivée, se présenta au comité insurrectionnel et échauffa les opinions fédéralistes par le récit de ses propres persécutions. La ville leur donna l'hospitalité à l'hôtel de l'ancienne intendance. Ils restèrent spectateurs plutôt qu'acteurs dans l'insurrection. Elle se grossit rapidement de quelques régiments en garnison à Caen et aux environs, et de quelques bataillons de volontaires composés de l'élite de la jeunesse de Rennes, de Lorient, de Brest. L'avant-garde de ces troupes, sous le commandement de M. de Puisaye, émigré rentré, dévoué au roi, fut postée à Évreux. M. de Puisaye ne voyait dans l'insurrection que le renversement de la république. Une fois vainqueur, il croyait faire changer facilement de drapeau à ses troupes et rétablir la royauté constitutionnelle. C'était un homme à la fois orateur, diplomate, soldat; caractère éminemment trempé pour les guerres civiles, qui produisent plus d'aventuriers que de héros. M. de Puisaye avait déjà passé une année entière, caché dans une caverne, au milieu des forêts de la Bretagne, pour allumer de là par ses manœuvres et par ses correspondances le feu de la révolte contre la république. Il se revêtait maintenant des couleurs tricolores et des opinions des Girondins. Ses soldats se défiaient de lui. Le général Wimpfen resta à Caen avec le corps d'armée principal. Il essaya sans succès de se fortifier par des enrôlements volontaires. Les émissaires de la Montagne, répandus dans le département, amortissaient et décourageaient le mouvement. On tremblait que la liberté ne succombât dans la lutte livrée en son nom.

M. de Puisaye fit marcher ses troupes, au nombre de deux mille hommes, sur Vernon. Mais les ayant campées imprudemment aux environs de Brécourt et abandonnées de sa personne pendant la nuit du 13 juillet, quelques coups de canon des troupes de la Convention suffirent pour les disperser. Cette déroute fut le signal de la déroute des rassemblements partout. Les bataillons bretons eux-mêmes reprirent la route de leurs départements. Robert Lindet, commissaire de la Convention, rentra à Caen sans résistance. Les députés ne songèrent plus qu'à leur sûreté. Wimpfen leur offrit de leur assurer un asile en Angleterre. Ils refusèrent, de peur de confondre leur cause avec celle des émigrés.

La même indolence qui les avait perdus à Paris les perdit à Caen. Aucun d'eux ne développa ces ressources de caractère et d'esprit qui suppléent au nombre et créent les moyens d'action. Ils contemplaient leur fortune sans y porter la main. Ils perdaient les jours en entretiens stériles avec les membres du comité insurrectionnel. Barbaroux s'occupait de poésie, comme dans les loisirs d'une vie heureuse. Il s'excusait de son vote de mort dans le procès du roi. « Ce n'était pas mon opinion personnelle, disait-il, c'était le vœu de mes commettants, je me suis borné à l'exprimer. »

Pétion paraissait absorbé dans les soins qu'il donnait à son fils.

Louvet et Barbaroux se portèrent à Lisieux, dans l'intention de marcher avec l'avant-garde sur Paris. Ils y arrivèrent au moment où les troupes débandées de Puisaye rétrogradaient vers Caen. Un de leurs amis qui fuyait avec les bataillons de ce général trouva Barbaroux couché sur le pavé de sa chambre dans une auberge de Lisieux. Il lui annonça la déroute de Vernon. Barbaroux revint à Caen. Valady et lui ne se quittaient pas. « Barbaroux, disait Valady, est un étourdi sublime qui dans dix ans sera un grand homme ! » Girey-Dupré composait des strophes insurrectionnelles pour remplacer celles de la *Marseillaise* dans les combats contre la Montagne.

Pétion se justifiait avec indignation du soupçon d'avoir participé aux massacres de septembre. Sa figure honnête démentait ces imputations atroces. « Voyez, disait de lui Barbaroux, voyez l'homme qu'on veut faire passer pour un assassin ! »

Guadet avait le visage, la parole et la contenance tragiques. « Toujours orateur, » disait de lui en plaisantant Barbaroux.

Ils étalèrent à Caen plus d'indifférence à leur sort que de caractère pour le réparer. Ils excitèrent plus de curiosité que d'enthousiasme. Tout avorta sous leurs mains. Leur guerre civile ne fut qu'une émeute qui n'approcha pas même des remparts de Paris. La république qu'ils avaient créée leur refusa jusqu'à un champ de bataille et ne leur réservait que l'échafaud. La France plaignit ces hommes persécutés, mais ne voulut pas s'anéantir pour les venger. Elle avait horreur des violences faites à la représentation, de l'oppression de la Convention, des échafauds; mais elle avait plus horreur encore des déchirements de son territoire et de l'invasion de l'étranger. Elle ne mettait pas en balance alors la tyrannie passagère d'un comité de salut public, quelque atroce que fût cette tyrannie, avec l'anéantissement de la patrie et la décomposition de l'unité nationale, à laquelle elle croyait s'immoler elle-même. Le nom de fédéraliste était plus qu'une injure dans l'esprit du peuple : c'était un parricide, que la mort seule à ses yeux pouvait expier.

XIV

Chaque jour ce soupçon de fédéralisme envoyait au comité révolutionnaire ceux que ce nom désignait à la vengeance du peuple. Marat ne cessait de stigmatiser de ce nom tous ceux qui tenaient aux députés proscrits par des liens d'opinion ou d'attachement. Marat s'était constitué, depuis son triomphe, l'accusateur public de la commune, des Cordeliers et même de la Convention. L'hésitation de Danton, la temporisation de Robespierre, la modération des Jacobins, élevaient en ce moment Marat à l'apogée de sa popularité et de sa puissance. Il osait tout ce qu'il rêvait. Son imagination fiévreuse ne mettait plus de bornes à ses rêves. Il affectait un grand mépris pour la Convention. Il dédaignait d'assister aux séances. Il levait les épaules aux noms de Robespierre et de Danton; incapables tous deux, disait-il, l'un faute de vertu, l'autre faute de génie, d'accomplir une révolution et de régénérer un peuple. Il avait les vertiges de la hauteur où sa folie même l'avait porté. Il croyait résumer de plein droit dans sa personne le nombre, le droit, la volonté de la multitude. Il adorait en lui la divinité du peuple.

XV

Ce culte qu'il avait pour lui-même, il l'avait inspiré à la partie ignorante et turbulente de la nation et surtout de la populace de Paris. Marat était à ses yeux le dernier mot du patriotisme. « Marat nous est nécessaire, disait Camille Desmoulins à Danton pour s'excuser de ses adulations envers cet homme. Tant que nous aurons Marat avec nous, le peuple aura confiance dans nos opinions et ne nous abandonnera pas ; car au delà des opinions de Marat il n'y a rien. Il dépasse tout le monde, et personne ne peut le dépasser. »

Depuis l'expulsion des Girondins il s'était récusé comme député, ne voulant pas, disait-il, prononcer comme juge sur ceux qu'il considérait comme des ennemis personnels. Son jugement à lui, c'était l'insurrection. Il dédaignait le jugement de la Convention et le glaive de la loi. Dévoré par une fièvre lente et par une lèpre hideuse, écume visible des bouillonnements de son sang, il ne sortait presque plus de la demeure sombre et reculée qu'il habitait. De là, invisible et malade, il ne cessait de signaler des proscriptions au peuple, de désigner les suspects, de marquer du doigt les victimes, et de promulguer ses ordres à la Convention elle-même. La Convention écoutait ses lettres avec un dégoût réel, mais avec une déférence affectée. Les Girondins répandus dans les départements, pour accroître l'horreur de la France contre leurs ennemis, leur donnaient le nom de Maratistes. Cette dénomination injurieuse avait encore grandi Marat dans l'imagination de la multitude. Les départements résumaient dans cet homme toute la terreur, toute l'horreur, toute l'anarchie du moment. En personnifiant le crime dans cet être vivant et sinistre, ils rendaient le crime lui-même plus terrible et plus odieux.

LIVRE QUARANTE-QUATRIÈME

Caen. — Maison de Charlotte Corday. — Portrait de Charlotte Corday.
— Sa vie. — Son caractère. — Ses liaisons avec les Girondins
proscrits. — Projet. — Voyage. — Arrivée à Paris. — Audience.
— Marat assassiné. — Charlotte Corday arrêtée. — Adresse aux
Français. — Jugement. — Exécution.

I

Mais, pendant que Paris, la France, les chefs et les armées des factions se préparaient ainsi à déchirer la république, l'ombre d'une grande pensée traversait l'âme d'une jeune fille, et allait déconcerter les événements et les hommes, en jetant le bras et la vie d'une femme à travers la destinée de la Révolution. On eût dit que la Providence voulait se jouer de la grandeur de l'œuvre par la faiblesse de la main, et qu'elle se plaisait à faire contraster dans une lutte corps à corps les deux fanatismes : l'un sous les traits hideux de la vengeance du peuple dans Marat, l'autre sous la céleste beauté de l'amour de la patrie dans une Jeanne d'Arc de la liberté; l'un et l'autre aboutissant néanmoins, dans leur égarement, au même acte, le meurtre, et se ressemblant malheureusement ainsi devant la postérité, non par le but, mais par le moyen; non par le visage, mais par la main; non par l'âme, mais par le sang!

II

Dans une rue large et populeuse qui traverse la ville de Caen, capitale de la basse Normandie et centre alors de l'insurrection girondine, on voyait au fond d'une cour une antique maison aux murailles grises, délavées par la pluie et lézardées par le temps. Cette maison s'appelait le *Grand Manoir*. Une fontaine à margelle de pierre, verdie par la mousse, occupe un angle de la cour. Une porte étroite et basse, dont les jambages cannelés allaient se renouer au sommet en cintre, laissait voir les marches usées d'un escalier en spirale qui montait à l'étage supérieur. Deux fenêtres en croisillons, dont les vitraux octogones étaient enchâssés dans des compartiments de plomb, éclairaient faiblement l'escalier et les vastes chambres nues. Ce jour pâle imprimait à cette demeure, par cette vétusté et par cette obscurité, ce caractère de délabrement, de mystère et de mélancolie que l'imagination humaine aime à voir étendu, comme un linceul, sur les berceaux des grandes pensées et sur les séjours des grandes natures. C'est là que vivait, au commencement de 1793, une petite-fille du grand tragique français Pierre Corneille. Les poëtes et les héros sont de même race. Il n'y a entre eux d'autre différence que celle de l'idée au fait. Les uns font ce que les autres conçoivent. Mais c'est une même pensée. Les femmes sont naturellement enthousiastes comme les uns, courageuses comme les autres. La poésie, l'héroïsme et l'amour sont du même sang.

III

Cette maison appartenait à une pauvre femme veuve sans enfants, âgée et infirme, nommée madame de Bretteville. Auprès d'elle habitait depuis quelques années une jeune parente qu'elle avait recueillie et élevée pour étayer sa vieillesse et pour peupler son isolement. Cette jeune fille avait alors vingt-quatre ans. Sa beauté grave, sereine et recueillie, quoique éclatante, semblait avoir contracté au fond du cœur l'empreinte de ce séjour austère et de cette vie retirée. Il y avait en elle quelque chose d'une apparition. Les habitants du quartier, qui la voyaient sortir le dimanche avec sa vieille tante pour aller aux églises, ou qui l'entrevoyaient à travers la porte lisant pendant de longues heures dans la cour, assise au soleil sur la margelle de la fontaine, racontent que leur admiration pour elle était mêlée de prestige et de respect : soit rayonnement d'une pensée forte qui intimide l'œil du vulgaire, soit atmosphère de l'âme répandue sur les traits, soit pressentiment d'une destinée tragique qui éclate d'avance sur le front.

Cette jeune fille était d'une stature élevée, sans dépasser néanmoins la taille ordinaire des femmes grandes et sveltes de la Normandie. La grâce et la dignité naturelle accentuaient, comme un rhythme intérieur, sa démarche et ses mouvements. L'ardeur du Midi se mêlait dans son teint à la coloration des femmes du Nord. Ses cheveux prenaient des tons sombres quand ils étaient attachés en masse autour de sa tête ou qu'ils s'ouvraient en deux ondes sur son front. Ils paraissaient lustrés d'or à l'extrémité de leurs tresses, comme l'épi plus foncé et plus resplendissant que la tige du blé au soleil. Ses yeux, grands et fendus jusqu'aux tempes, étaient de couleur changeante comme l'eau de mer qui emprunte sa teinte à l'ombre ou au jour : bleus quand elle réfléchissait, presque noirs quand elle s'animait. Des cils très-longs, plus noirs que ses cheveux, donnaient du lointain à son regard. Son nez, qui s'unissait au front par une courbe insensible, était légèrement renflé vers le milieu. Sa bouche grecque dessinait nettement ses lèvres. L'expression en flottait insaisissable entre la tendresse et la sévérité, également propre à respirer l'amour ou le patriotisme. Le menton relevé, séparé en deux par un sillon très-creux, donnait à la partie inférieure de son visage un accent de résolution mâle qui contrastait avec la grâce toute féminine des contours. Ses joues avaient la fraîcheur de la jeunesse et l'ovale ferme de la santé. Elle rougissait et pâlissait facilement. Sa peau était d'une blancheur saine et marbrée de vie. Sa poitrine large et un peu maigre présentait un buste sculptural à peine ondulé. Ses bras étaient forts de muscles, ses mains longues, ses doigts effilés. Son costume, conforme à la modicité de sa fortune et à la retraite où elle vivait, était d'une sobre simplicité. Elle se fiait à la nature et dédaignait tout artifice ou tout caprice de la mode dans ses habits. Ceux qui l'ont vue dans son adolescence la peignent toujours uniformément vêtue d'une robe de drap sombre coupée en amazone, et coiffée d'un chapeau de feutre gris, relevé des bords et entouré de rubans noirs, comme les femmes de son rang en portaient alors. Le son de sa voix, cet écho vivant qui résume toute une âme dans une vibration de l'air, laissait une profonde et tendre impression dans l'oreille de ceux à qui elle adressait la parole. Ils parlaient encore de ce son de voix, dix ans après l'avoir entendu, comme d'une musique étrange et ineffaçable qui s'était gravée dans leur mémoire. Elle avait dans ce clavier de l'âme des notes si sonores et si graves, que l'entendre c'était, disaient-ils, plus que la voir, et qu'en elle le son faisait partie de la beauté.

Cette jeune fille se nommait Charlotte Corday-d'Armont. Quoique noble de sang, elle était née dans une chaumière nommée le Ronceray, au village de Ligneries, non loin d'Argentan. L'infortune l'avait reçue dans la vie, d'où elle devait sortir par l'échafaud.

IV

Son père, François de Corday-d'Armont, était un de ces gentilshommes de province que la pauvreté confondait presque avec le paysan. Cette noblesse ne conservait de son ancienne élévation qu'un certain respect pour le nom de famille et une espérance vague du retour de la fortune, qui l'empêchait à la fois de s'abaisser par les mœurs et de se relever par le travail. La terre que cette noblesse rurale cultivait dans de petits domaines inaliénables la nourrissait seule sans l'humilier de son indigence. La noblesse et la terre semblaient s'être épousées en France, comme l'aristocratie et la mer s'épousaient à Venise.

M. de Corday joignait à cette occupation agricole une inquiétude politique et des goûts littéraires, très-répandus alors dans cette classe lettrée de la population noble. Il aspirait de l'âme une révolution prochaine. Il se tourmentait dans son inaction et dans sa misère. Il avait écrit quelques ouvrages de circonstance contre le despotisme et le droit d'aînesse. Ces écrits étaient pleins de l'esprit qui allait éclore. Il avait en lui l'horreur de la superstition, l'ardeur d'une philosophie naissante, le pressentiment d'une révolution nécessaire. Soit insuffisance de génie, soit inquiétude de caractère, soit obstination de fortune qui engloutit les plus beaux talents, il ne put se faire jour à travers les événements.

Il languissait dans son petit fief de Ligneries, au sein d'une famille qui s'accroissait tous les ans. Cinq enfants, deux fils et trois filles, dont Charlotte était la seconde, lui faisaient sentir de jour en jour davantage les tristesses du besoin. Sa femme, Jacqueline-Charlotte-Marie de Gontier-des-Autiers, mourut de ces angoisses, laissant un père à ses filles en bas âge; mais laissant en réalité leurs âmes orphelines de cette tradition domestique et de cette inspiration quotidienne qu'avec la mère la mort enlève aux enfants.

Charlotte et ses sœurs vécurent encore quelques années à Ligneries, presque abandonnées à la nature, vêtues de grosse toile comme les filles de la Normandie, et comme elles sarclant le jardin, fanant le pré, glanant les gerbes et cueillant les pommes de l'étroit domaine de leur père. A la fin, la nécessité força M. de Corday à se séparer de ses filles. Elles entrèrent, sous les auspices de leur noblesse et de leur indigence, dans un monastère de Caen, dont madame de Belzunce était abbesse. On appelait ce monastère l'abbaye aux Dames. Cette abbaye, avec ses vastes cloîtres et sa chapelle d'architecture romane, avait été construite en 1066 par Mathilde, femme de Guillaume le Conquérant. Dégradée et oubliée en ruines jusqu'en 1730, elle fut magnifiquement restaurée alors, et forme aujourd'hui un des plus beaux hospices du royaume et un des plus splendides monuments publics de la ville de Caen et de la Normandie.

V

Charlotte avait treize ans. Ces couvents étaient alors de véritables gynécées chrétiens où les femmes vivaient à l'écart du monde, mais en écoutant tous ses bruits et en participant à tous ses mouvements. La vie monastique, pleine de pratiques douces, d'amitiés intimes, séduisit quelque temps la jeune fille. Son âme ardente et son imagination passionnée la jetèrent dans cette contemplation rêveuse au fond de laquelle on croit apercevoir Dieu, état de l'âme que l'obsession affectueuse d'une supérieure et la puissance de l'imitation changent si aisément dans l'enfance en foi et en exercices de dévotion. Le caractère de fer de madame Roland elle-même s'était allumé et amolli à ce feu du ciel. Charlotte, plus tendre, y céda plus facilement encore. Elle fut quelques années un modèle de piété. Elle rêvait de fermer sa vie à peine ouverte à cette première page, et de s'ensevelir dans ce sépulcre où, au lieu de la mort, elle trouvait le repos, l'amitié et le bonheur.

Mais plus son âme était forte, plus elle creusait vite et arrivait à l'extrémité de ses pensées. Elle descendit promptement au fond de sa foi d'enfant. Elle entrevit au delà de ces dogmes domestiques d'autres dogmes nouveaux, lumineux, sublimes. Elle n'abandonna ni Dieu ni la vertu, ces deux premières passions de son âme; mais elle leur donna d'autres noms et d'autres formes. La philosophie, qui inondait alors la France de ses lueurs, franchissait avec les livres en vogue les grilles des monastères. C'est là que, plus profondément méditée dans le recueillement du cloître et en opposition avec les petitesses monastiques, la philosophie formait ses plus ardents adeptes. Ces jeunes hommes et ces jeunes femmes, dans le triomphe de la raison générale, voyaient surtout leurs chaînes brisées et adoraient leur liberté reconquise.

Charlotte noua au couvent ces tendres prédilections d'enfance semblables à des parentés de cœur. Ses amies étaient deux jeunes filles de nobles maisons et d'humble fortune comme elle, mesdemoiselles de Faudoas et de Forbin. L'abbesse, madame de Belzunce, et la coadjutrice, madame Doulcet de Pontécoulant, avaient distingué Charlotte. Elles l'admettaient dans ces sociétés un peu mondaines que l'usage permettait aux abbesses d'entretenir avec leurs parents du dehors, dans l'enceinte même de leurs couvents. Charlotte avait connu ainsi deux jeunes gens, neveux de ces deux dames : M. de Belzunce, colonel d'un régiment de cavalerie en garnison à Caen, et M. Doulcet de Pontécoulant, officier des gardes du corps du roi : l'un qui devait être massacré bientôt dans une émeute par la populace de Caen; l'autre qui allait accepter avec une constance modérée la Révolution, entrer à l'Assemblée législative et à la Convention, et subir l'exil et la persécution pour la cause des Girondins. On a prétendu depuis que le souvenir trop tendre du jeune Belzunce, immolé à Caen par le peuple, avait fait jurer à Charlotte, veuve de son premier amour, une vengeance qui avait attendu et frappé Marat. Rien ne confirme cette supposition, et tout la réfute. Si la Révolution n'avait jeté dans le cœur de Charlotte que l'horreur et le ressentiment du meurtre d'un amant, elle aurait confondu dans la même haine tous les partis de la république ; elle n'aurait pas embrassé jusqu'au fanatisme et jusqu'à la mort une cause qui avait ensanglanté ses souvenirs et couvert son avenir de deuil.

VI

Au moment de la suppression des monastères, Charlotte avait dix-neuf ans. La détresse de la maison paternelle s'était accrue avec les années. Ses deux frères, engagés au service du roi, avaient émigré. Une de ses sœurs était morte. L'autre gouvernait à Argentan le pauvre ménage de leur père. La vieille tante, madame de Bretteville, recueillit Charlotte dans sa maison de Caen. Cette tante était sans fortune, comme toute sa famille. Elle vivait dans cette obscurité et dans ce silence qui laissent à peine connaître des plus proches voisins le nom et l'existence d'une pauvre veuve. Son âge et ses infirmités épaississaient encore l'ombre que sa condition jetait sur sa vie. Une seule femme la servait. Charlotte assistait cette femme dans les soins domestiques. Elle recevait avec grâce les vieilles amies de la maison. Elle accompagnait, le soir, sa tante dans ces sociétés nobles de la ville, que les fureurs du peuple n'avaient pas encore toutes dispersées, et où l'on permettait à quelques vieux débris de l'ancien régime de se resserrer, pour se consoler ou pour gémir. Charlotte, respectueuse envers ces regrets et ces superstitions du passé, ne les contrariait jamais par des paroles cruelles; mais elle en souriait intérieurement, et nourrissait dans son âme le foyer d'opinions bien différentes. Ce foyer devenait en elle de jour en jour plus ardent. Mais la tendresse de son âme, la grâce de ses traits, la puérilité enfantine de ses manières, ne laissaient soupçonner aucune arrière-pensée sous son enjouement. Sa gaieté douce rayonnait sur la maison de sa tante, comme le rayon du matin d'un jour d'orage, d'autant plus éclatant que le soir sera plus ténébreux.

Ces soins domestiques remplis, sa tante accompagnée à l'église et ramenée à la maison, Charlotte était libre de toutes ses pensées et de toutes ses heures. Elle passait ses jours à folâtrer dans la cour et dans le jardin, à rêver et à lire. On ne la gênait, on ne la dirigeait en rien, dans sa liberté, dans ses opinions, dans ses lectures. Les opinions religieuses et politiques de madame de Bretteville étaient des habitudes plutôt que des convictions. Elle les gardait comme le costume de son âge et de son temps, mais elle ne les imposait pas. D'ailleurs la philosophie avait sapé à cette époque le fond des croyances dans l'esprit même de la vieille noblesse. La Révolution remettait tout en doute. On tenait peu à des idées qu'on voyait tous les jours chanceler et crouler. Et puis les opinions républicaines du père de Charlotte s'étaient infiltrées plus ou moins dans ses proches. La famille de Corday penchait pour les idées nouvelles. Madame de Bretteville elle-même cachait sous la décence de ses regrets pour l'ancien régime une faveur secrète pour la Révolution. Elle laissait sa nièce se nourrir des ouvrages, des opinions, des journaux de son choix. L'âge de Charlotte la portait à la lecture des romans, qui fournissent des rêves tout faits à l'imagination des âmes oisives. Son esprit la portait à la lecture des œuvres de philosophie, qui transforment les instincts vagues de l'humanité en théories sublimes de gouvernement, et des livres d'histoire, qui changent les théories en actions et les idées en hommes.

Elle trouvait ce double besoin de son esprit et de son cœur satisfait dans Jean-Jacques Rousseau, ce philosophe de l'amour, ce poëte de la politique; dans Raynal, ce fanatique d'humanité; dans Plutarque, enfin, ce personnificateur de l'histoire, qui peint plus qu'il ne raconte, et qui vivifie les événements et les caractères de ses héros. Ces trois livres se succédaient sans cesse dans ses mains. Les livres passionnés ou légers de l'époque, tels que l'*Héloïse* ou *Faublas*, étaient aussi feuilletés par elle. Mais, bien que son imagination y allumât ses rêves, son âme n'y perdit jamais sa pudeur, ni son adolescence sa chasteté. Dévorée du besoin d'aimer, inspirant et ressentant quelquefois les premiers symptômes de l'amour, sa réserve, sa dépendance et sa misère la retinrent toujours aux derniers aveux de ses sentiments. Elle déchirait son cœur pour emporter violemment le premier lien qui s'y attachait. Son amour, refoulé ainsi par la volonté et par le sort, changea non de nature, mais d'idéal. Il se transforma en vague et sublime dévouement à un rêve de bonheur public. Ce cœur était trop vaste pour ne contenir que sa propre félicité. Elle voulut y contenir la félicité de tout un peuple. Le feu dont elle aurait brûlé pour un seul homme, elle s'en consuma pour sa patrie. Elle se concentra de plus en plus dans ses idées, cherchant sans cesse en elle quel service elle pourrait rendre à l'humanité. La soif du sacrifice de soi-même était devenue sa démence, son amour ou sa vertu. Ce sacrifice dût-il être sanglant, elle était résolue à l'accomplir. Elle était arrivée à cet état désespéré de l'âme, qui est le suicide du bonheur, non au profit de la gloire ou de l'ambition, comme madame Roland, mais au profit de la liberté et de l'humanité, comme Judith ou Épicharis. Il ne lui manquait plus qu'une occasion ; elle l'épiait, elle crut la saisir.

VII

C'était le temps où les Girondins luttaient avec un retentissement de courage et d'éloquence prodigieux contre leurs ennemis à la Convention. Les Jacobins ne voulaient, croyait-on, arracher la république à la Gironde que pour précipiter la France dans une sanglante anarchie. Les suprêmes dangers de la liberté, la tyrannie odieuse de la populace de Paris substituée à la souveraineté légale de la nation représentée par ses députés; les emprisonnements arbitraires, les assassinats de septembre, la conjuration du 10 mars, l'insurrection des 30 et 31 mai, l'expulsion et la proscription de la partie la plus pure de l'Assemblée, leur échafaud dans le lointain, où la liberté monterait avec eux ; la vertu de Roland, la jeunesse de Fonfrède et de Barbaroux, le cri de désespoir d'Isnard, la constance de Buzot, l'intégrité de Pétion, d'idole devenu victime ; le martyre de tribune de Lanjuinais, auquel il n'avait manqué pour égaler le sort de Cicéron que la langue de l'orateur clouée sur les rostres; enfin l'éloquence de Vergniaud, cet espoir des bons citoyens, ce remords des pervers, devenue tout à coup muette et abandonnant les honnêtes gens à leur découragement, les méchants à leur scélératesse ; à la place de ces hommes, ou intéressants ou sublimes, qui paraissaient défendre sur la brèche les derniers remparts de la société et les foyers sacrés de chaque citoyen, un Marat, la lie et la lèpre du peuple, triomphant des lois par la sédition, couronné par l'impunité, rapporté dans les bras des faubourgs sur la tribune, prenant la dictature de l'anarchie, de la spoliation, de l'assassinat, et menaçant toute indépendance, toute propriété, toute liberté, toute vie dans les départements : toutes ces convulsions, tous ces excès, toutes ces terreurs, avaient fortement ému les provinces de la Normandie.

VIII

La présence dans le Calvados de ces députés proscrits et fugitifs, venant faire appel à la liberté contre l'oppression et embraser les foyers des départements pour y susciter des vengeurs à la patrie, avait porté jusqu'à l'adoration l'attachement de la ville de Caen pour les Girondins et l'exécration contre Marat. Le nom de Marat était devenu un des noms du crime. Les opinions plus anglaises que romaines, le républicanisme attique et modéré de la Gironde, contrastaient avec le cynisme des Maratistes. Ce qu'on avait désiré en Normandie avant le 10 août, c'était bien moins le renversement du trône qu'une constitution égalitaire de la monarchie. La ville de Rouen, capitale de cette province, était attachée à la personne de Louis XVI, et lui avait offert un asile avant sa chute. L'échafaud de ce prince avait attristé et humilié les bons citoyens. Les autres villes de cette partie de la France étaient riches; industrielles, agricoles. La paix et la marine étaient nécessaires à leur prospérité. L'amour du roi pour l'agriculture, sa prédilection éclairée pour la navigation, les forces navales de la France qu'il s'efforçait de reconstituer, les constructions de vaisseaux qu'il ordonnait dans la rade de Brest, les travaux merveilleux du port de Cherbourg, les voyages qu'il avait faits dans l'intérieur et sur le littoral de nos côtes pour visiter et vivifier toutes nos rades sur l'Océan, ses études avec Turgot pour favoriser les industries et affranchir le commerce, avaient laissé dans le cœur des Normands de l'estime pour son nom, de l'attendrissement sur ses infortunes, de l'horreur contre ses meurtriers et une disposition secrète au rétablissement d'un régime qui unirait les garanties de la monarchie aux libertés de la république. De là l'enthousiasme pour ces Girondins, hommes de la constitution de 1791 ; de là aussi l'espérance qui s'attachait à leur réintégration et à leur vengeance. Tout patriotisme se sentait frappé, toute vertu se sentait flétrir, toute liberté se sentait mourir en eux.

Le cœur déjà blessé de Charlotte Corday sentit tous ces coups portés à la patrie se résumer en douleurs, en désespoir et en courage dans un seul cœur. Elle vit la perte de la France, elle vit les victimes, elle crut voir le tyran. Elle se jura à elle-même de venger les unes, de punir l'autre, de sauver tout. Elle couva quelques jours sa résolution vague dans son âme, sans savoir quel acte la patrie demandait d'elle, et quel nœud du crime il était le plus urgent de trancher. Elle étudia les choses, les hommes, les circonstances pour que son courage ne fût pas trompé et que son sang ne fût pas vain.

IX

Les Girondins Buzot, Salles, Pétion, Valady, Gorsas, Kervélégan, Mollevault, Barbaroux, Louvet, Giroux, Bussy, Bergoing, Lesage (d'Eure-et-Loir), Meilhan, Henri Larivière, du Chastel, étaient, comme on l'a vu, depuis quelques semaines assemblés à Caen. Ils s'occupaient à fomenter l'insurrection générale des départements du Nord, à la combiner avec l'insurrection républicaine de la Bretagne, à recruter les bataillons de volontaires, à les diriger sur l'armée de Puisaye et de Wimpfen, qui allait marcher sur Paris, et à entretenir dans les administrations locales le feu de l'indignation des départements qui devait consumer leurs ennemis. Ces députés, si souvent insultés par Marat, plaçaient naturellement la Montagne et la commune sous l'horreur du nom de leur ennemi. Ce nom odieux leur suscitait des vengeurs et leur valait une armée. En se soulevant contre l'omnipotence de Paris et contre la dictature de la Convention, la jeunesse des départements croyait se soulever contre le seul Marat. Danton et Robespierre, moins signalés dans les derniers mouvements contre la Gironde, n'avaient aux yeux des insurgés ni l'importance, ni l'autorité sur le peuple, ni le délire sanguinaire de Marat. On laissait ces noms des deux grands Montagnards dans l'ombre, pour ne pas froisser l'estime que ces deux popularités plus sérieuses conservaient chez les Jacobins des départements. La masse s'y trompait, et ne voyait la tyrannie et l'affranchissement que dans un seul homme. Charlotte s'y trompa comme l'opinion. L'ombre de Marat lui offusqua toute la république.

X

Les Girondins que la ville de Caen avait pris sous sa garde étaient logés tous ensemble au palais de l'ancienne intendance. Le siége du gouvernement fédéraliste y était transporté avec la commission insurrectionnelle; on y tenait des assemblées du peuple, où les citoyens et les femmes même s'empressaient d'accourir pour contempler et pour entendre ces premières victimes de l'anarchie, ces derniers vengeurs de la liberté. Les noms si longtemps dominants de Pétion, de Buzot, de Louvet, de Barbaroux, parlaient plus haut que leurs discours à l'imagination du Calvados. La vicissitude des révolutions, qui montrait exilés et suppliants, à une ville de la république, ces orateurs qui avaient renversé la monarchie, soulevé le peuple de

Paris, rempli la tribune et la nation de leur voix, attendrissait les spectateurs et les rendait fiers de venger bientôt de si illustres hôtes. On s'enivrait des accents de ces hommes; on se les nommait, on se montrait du doigt ce Pétion, roi de Paris, et ce Barbaroux, héros de Marseille, dont la jeunesse et la beauté relevaient l'éloquence, le courage et les malheurs. On sortait en criant aux armes et en provoquant les fils, les époux, les frères, à s'enrôler dans les bataillons. Charlotte Corday, surmontant les préjugés de son rang et la timidité de son sexe et de son âge, osa plusieurs fois assister avec quelques amies à ces séances. Elle s'y fit remarquer par un enthousiasme silencieux qui relevait sa beauté féminine et qui ne se trahissait que par des larmes. Elle voulait avoir vu ceux qu'elle voulait sauver. La situation, les paroles, les visages de ces premiers apôtres de la liberté, presque tous jeunes, se gravèrent dans son âme et donnèrent quelque chose de plus personnel et de plus passionné à son dévouement à leur cause.

XI

Le général Wimpfen, sommé par la Convention de se replier sur Paris, venait de répondre qu'il n'y marcherait qu'à la tête de soixante mille hommes, non pour obéir à un pouvoir usurpateur, mais pour rétablir l'intégrité de la représentation nationale et venger les départements. Louvet adressait des proclamations brûlantes aux villes et aux villages du Morbihan, des Côtes-du-Nord, de la Mayenne, d'Ille-et-Vilaine, de la Loire-Inférieure, du Finistère, de l'Eure, de l'Orne, du Calvados. « La force départementale qui s'achemine vers Paris, disait-il, ne va pas chercher des ennemis pour les combattre, elle va fraterniser avec les Parisiens, elle va raffermir la statue chancelante de la iberté! Citoyens, qui verrez passer dans vos routes, dans vos villes, dans vos hameaux, ces phalanges amies, fraternisez avec elles. Ne souffrez pas que des monstres altérés de sang s'établissent parmi vous pour les arrêter dans leur marche. » Ces paroles enfantaient des milliers de volontaires. Plus de six mille étaient déjà rassemblés dans la ville de Caen. Le dimanche 7 juillet, ils furent passés en revue par les députés girondins et par les autorités du Calvados avec tout l'appareil propre à électriser leur courage. Ce rassemblement spontané, se levant les armes à la main, pour aller mourir et venger la liberté des insultes de l'anarchie, rappelait l'insurrection patriotique de 1792 entraînant aux frontières tout ce qui ne voulait plus vivre s'il n'y avait plus de patrie.

Charlotte Corday assistait du haut d'un balcon à cet enrôlement et à ce départ. L'enthousiasme de ces jeunes citoyens abandonnant leurs foyers pour aller couvrir le foyer violé de la représentation nationale et braver les balles ou la guillotine répondait à peine au sien. Elle le trouvait encore trop froid. Elle s'indignait du petit nombre d'enrôlements que cette revue avait ajouté aux régiments et aux bataillons de Wimpfen. Il n'y en eut, en effet, qu'une vingtaine ce jour-là.

Cet enthousiasme était, dit-on, attendri en elle par le sentiment mystérieux, mais pur, que lui portait un de ces jeunes volontaires qui s'arrachaient ainsi à leur famille, à leurs amours, peut-être à la vie. Charlotte Corday n'avait pu rester insensible à ce culte caché, mais elle immolait cet attachement de pure reconnaissance à un culte plus sublime.

Ce jeune homme se nommait Franquelin. Il adorait en silence la belle républicaine. Il entretenait avec elle une correspondance pleine de réserve et de respect. Elle y répondait avec la triste et tendre réserve d'une jeune fille qui n'a que des infortunes à apporter en dot. Elle avait donné son portrait au jeune volontaire et lui permettait de l'aimer, du moins dans son image. M. de Franquelin, emporté par l'élan général, et sûr d'obtenir un regard et une approbation en s'armant pour la liberté, s'était enrôlé dans le bataillon de Caen. Charlotte ne put s'empêcher de faiblir et de pâlir en voyant ce bataillon défiler pour le départ. Des larmes roulèrent dans ses yeux. Pétion, qui passait sous le balcon et qui connaissait Charlotte, s'étonna de cette faiblesse et lui adressa la parole : « Est-ce que vous seriez contente, lui dit-il, s'ils ne partaient pas ? » La jeune fille rougit, retint sa réponse dans son cœur et se retira. Pétion n'avait pas compris ce trouble. L'avenir le révéla. Le jeune Franquelin, après l'acte et le supplice de Charlotte Corday, se retira dans un village de Normandie, frappé lui-même à mort par le contre-coup de la hache qui avait tranché la tête de celle qu'il adorait. Là, seul avec sa mère, il languit quelques mois, et mourut en demandant que le portrait et les lettres de Charlotte fussent ensevelis avec lui. Cette image et ce secret reposent dans ce cercueil.

XII

Depuis ce départ des volontaires, Charlotte n'eut qu'une pensée : prévenir leur arrivée à Paris, épargner leur généreuse vie et rendre leur patriotisme inutile, en délivrant avant eux la France de la tyrannie. Cet attachement, souffert plutôt qu'éprouvé, fut une des tristesses de son dévouement, mais n'en fut pas la cause.

La vraie cause était son patriotisme. Un pressentiment de la terreur courait déjà sur la France en ce moment. L'échafaud était dressé à Paris. On parlait de le promener bientôt dans toute la république. La puissance de la Montagne et de Marat, si elle triomphait, ne devait se défendre que par la main des bourreaux. Le monstre, disait-on, avait déjà écrit les listes de proscription et compté le nombre de têtes qu'il fallait à ses soupçons ou à sa vengeance. Deux mille cinq cents victimes étaient désignées à Lyon, trois mille à Marseille, vingt-huit mille à Paris, trois cent mille dans la Bretagne et dans le Calvados. Le nom de Marat donnait le frisson comme le nom de la mort. Contre tant de sang Charlotte voulait donner le sien. Plus elle rompait de liens sur la terre, plus la victime volontaire serait agréable à la liberté qu'elle voulait apaiser.

Telle était la secrète disposition de son esprit; mais Charlotte voulait bien voir avant de frapper.

XIII

Elle ne pouvait mieux s'éclairer sur l'état de Paris, sur les choses et sur les hommes, qu'auprès des Girondins, principaux intéressés dans cette cause. Elle voulut les sonder sans se découvrir à eux. Elle les respectait assez pour ne pas leur révéler un projet qu'ils auraient pu prendre pour un crime ou prévenir comme une généreuse témérité. Elle eut la constance de cacher à ses amis la pensée qui allait la perdre elle-même pour les sauver. Elle se présenta sous des prétextes spécieux à l'hôtel de l'intendance, où les citoyens qui avaient affaire à eux pouvaient approcher les députés. Elle vit Buzot, Pétion, Louvet. Elle s'entretint deux fois avec Barbaroux. Les entretiens d'une jeune fille belle et enthousiaste avec le plus jeune et le plus beau des Girondins, sous couleur de politique, pouvaient motiver la calomnie, où du moins exciter le sourire de l'incrédulité sur quelques lèvres. Il en fut ainsi au premier moment. Louvet, qui depuis écrivit un hymne à la pureté et à la gloire de la jeune héroïne, crut d'abord à une de ces vulgaires séductions des sens dont il avait accumulé les tableaux dans son roman de *Faublas*. Buzot, tout rempli d'une autre image, abaissa à peine un coup d'œil sur Charlotte. Pétion, en traversant la salle commune de l'intendance où Charlotte attendait Barbaroux, la railla gracieusement de son assiduité, et, faisant ressortir le contraste de sa démarche avec sa naissance : « Voilà donc, lui dit-il en souriant, la belle aristocrate qui vient voir les républicains ! » La jeune fille comprit le sourire et l'insinuation blessante pour sa pureté. Elle rougit, puis s'indigna de rougir, et d'un ton de reproche sérieux et tendre : « Citoyen Pétion, répondit-elle, vous me jugez aujourd'hui sans me connaître, un jour vous saurez qui je suis. »

XIV

Dans ces audiences qu'elle obtint de Barbaroux et qu'elle prolongea à dessein, pour se nourrir, dans ses discours, du républicanisme, de l'enthousiasme et des projets de la Gironde, elle prit l'humble rôle de solliciteuse; elle demanda au jeune Marseillais une lettre d'introduction auprès d'un de ses collègues de la Convention, qui pût la présenter au ministre de l'intérieur. Elle avait, disait-elle, des réclamations à présenter au gouvernement en faveur de mademoiselle de Forbin, son amie d'enfance. Mademoiselle de Forbin avait été entraînée en émigration par ses parents, et souffrait l'indigence en Suisse. Barbaroux donna une lettre pour Lauze de Perret, un des soixante-treize députés du parti de la Gironde, oublié dans la première proscription.

Cette lettre de Barbaroux, qui fut plus tard pour Lauze de Perret une cédule d'échafaud, ne contenait aucun mot qui pût être imputé à crime au député qui la recevait. Barbaroux se bornait à recommander une jeune citoyenne de Caen aux égards et à la protection de Lauze de Perret. Il lui annonçait un écrit de leur ami commun, Salles, sur la constitution. Munie de cette lettre et d'un passe-port, qu'elle avait pris quelques jours auparavant, pour Argentan, Charlotte adressa à Barbaroux des remercîments et des adieux. Le son de sa voix frappa Barbaroux d'un pressentiment qu'il ne put comprendre alors. « Si nous avions su son dessein, dit-il plus tard, et si nous eussions été capables d'un crime par une telle main, ce n'est pas Marat que nous aurions désigné à sa vengeance. »

La gaieté que Charlotte avait constamment mêlée au sérieux des conversations patriotiques s'évanouit de son front en quittant pour jamais la demeure des Girondins. Le dernier combat se livrait en elle entre la pensée et l'exécution. Elle couvrit ce combat intérieur d'une prévoyante et minutieuse dissimulation. La gravité seule de son visage et quelques larmes mal dérobées à l'œil de ses proches révélaient l'agonie volontaire de son suicide. Interrogée par sa tante : « Je pleure, répondit-elle, sur les malheurs de mon pays, sur ceux de mes parents et sur les vôtres ; tant que Marat vivra, personne ne sera sûr d'un jour de vie. »

Madame de Bretteville se souvint depuis qu'en entrant dans la chambre de Charlotte pour la réveiller, elle avait trouvé sur son lit une vieille Bible ouverte au livre de Judith, et qu'elle y avait lu ce verset souligné au crayon : « Judith sortit de la ville parée d'une merveilleuse beauté, » dont le Seigneur lui avait fait don pour délivrer Israël. »

Le même jour, Charlotte étant sortie pour faire ses préparatifs de départ, elle rencontra dans la rue des bourgeois de Caen qui jouaient aux cartes devant leur porte : « Vous jouez, leur dit-elle avec un accent d'amère ironie, et la patrie se meurt ! »

Sa démarche et ses paroles avaient l'impatience et la précipitation d'un départ. Elle partit, en effet, le 8 juillet, pour Argentan. Là, elle fit ses derniers adieux à son père et à sa sœur. Elle leur dit qu'elle allait chercher contre la Révolution et contre la misère un refuge et une existence en Angleterre, et qu'elle avait voulu recevoir la bénédiction paternelle avant cette longue séparation.

Son père approuva cet éloignement.

XV

La tristesse et la nudité de la maison paternelle, la tombe prématurée de sa mère, l'exil de ses frères, le découragement de toutes les espérances, le déchirement de tous les liens d'enfance, confirmèrent la résolution de la jeune fille, au lieu de l'affaiblir. Elle ne laissait derrière elle aucune félicité à regretter, aucune vie à compromettre, aucune dépouille à livrer. En embrassant son père et sa sœur, elle pleura plus sur le passé que sur l'avenir. Elle revint le même jour à Caen. Elle y trompa la tendresse de sa tante par la même ruse qui avait trompé son père. Elle lui dit qu'elle partait bientôt pour l'Angleterre, où des amis émigrés lui avaient préparé un asile et un sort qu'elle ne pouvait espérer dans sa patrie. Ce prétexte couvrit l'attendrissement des adieux et les arrangements intérieurs de son départ. Elle l'avait arrêté en secret, pour le lendemain, 9 juillet, par la diligence de Paris.

Charlotte combla ces dernières heures de reconnaissance, de prévoyance et de tendresse pour cette tante, à qui elle avait dû une si longue et si douce hospitalité; elle pourvut par une de ses amies au sort de la vieille servante qui avait eu soin de sa jeunesse. Elle commanda et paya d'avance, chez des ouvrières de Caen, de petits présents de robes et de broderies destinés à être portés après son départ, en souvenir, à quelques jeunes compagnes de son enfance. Elle distribua ses livres de prédilection entre les personnes de son intimité; elle ne réserva pour l'emporter qu'un volume de Plutarque, comme si elle eût voulu ne pas se séparer, dans la crise de sa vie, de la société de ces grands hommes avec lesquels elle avait vécu et voulait mourir.

Enfin, le 9 juillet, de très-bonne heure, elle prit sous son bras un petit paquet de ses vêtements les plus indispensables; elle embrassa sa tante, elle lui dit qu'elle allait dessiner les faneuses dans les prairies voisines. Un carton de dessin à la main, elle sortit pour ne plus rentrer.

Au pied de l'escalier elle rencontra l'enfant d'un pauvre ouvrier, nommé Robert, qui logeait dans la maison, sur la rue. L'enfant jouait habituellement dans la cour. Elle lui donnait quelquefois des images. « Tiens, Robert, lui dit-elle en lui remettant son carton de dessin, dont elle n'avait plus besoin pour lui servir de contenance, voilà pour toi; sois bien sage et embrasse-moi, tu ne me reverras jamais. » Et elle embrassa l'enfant en lui laisant une larme sur la joue. Ce fut sa dernière larme sur le seuil de la maison de sa jeunesse. Elle n'avait plus à donner que son sang.

Son départ, dont on ignorait la cause, fut révélé à ses

voisins de la rue Saint-Jean par une circonstance qui achève de peindre la calme sérénité de son âme jusqu'à l'extrémité de sa résolution.

En face de la maison de madame de Bretteville, de l'autre côté de la rue Saint-Jean, habitait une respectable famille de Caen, nommée Lacouture. Le fils de la maison, passionné pour la musique, consacrait régulièrement chaque jour quelques heures de la matinée à son instrument. Ses fenêtres, ouvertes en été, laissaient les notes s'évaporer et retentir jusque dans les maisons voisines. Charlotte, comme pour laisser entrer plus librement ces mélodies dans sa chambre, entr'ouvrait aussi ses abat-jour à l'heure où commençait le concert, et s'accoudait quelquefois, la tête à demi cachée dans ses rideaux, sur la pierre de la croisée, écoutant et rêvant aux sons. Le jeune musicien, encouragé par cette apparition de jeune fille attentive, ne manquait pas un jour de s'asseoir devant son clavier à la même heure; Charlotte, pas un jour d'ouvrir ses volets. Le goût du même art semblait avoir établi une muette intelligence entre ces deux âmes, qui ne se connaissaient que dans ce retentissement.

La veille du jour où Charlotte, déjà affermie dans sa résolution, se préparait à partir pour l'accomplir et mourir, le piano se fit entendre à l'heure accoutumée. Charlotte, arrachée sans doute à la fixité de ses pensées par la puissance de l'habitude et par l'attrait de l'art qu'elle aimait, ouvrit sa fenêtre comme à l'ordinaire, et parut écouter les notes avec une attention aussi calme et plus rêveuse encore que les autres jours. Cependant elle referma la croisée avec une sorte de précipitation inusitée avant que le musicien eût refermé son clavier, comme si elle eût voulu s'arracher violemment elle-même dans un adieu pénible au dernier plaisir qui la captivait.

Le lendemain, le jeune voisin, s'étant assis de nouveau devant son instrument, regarda au fond de la cour du *Grand Manoir*, en face, si les premiers préludes feraient ouvrir les volets de la nièce de madame de Bretteville. La fenêtre fermée ne s'ouvrit plus ! Ce fut ainsi qu'il apprit le départ de Charlotte. L'instrument résonnait encore, l'âme de la jeune fille n'écoutait plus que l'orageuse obsession de son idée, l'appel de la mort et les éloges de la postérité.

XVI

La liberté et la sécurité de sa conversation dans la voiture qui l'emportait vers Paris n'inspirèrent à ses compagnons de voyage d'autre sentiment que celui de l'admiration, de la bienveillance et de cette curiosité naturelle qui s'attache au nom et au sort d'une inconnue éblouissante de jeunesse et de beauté. Elle ne cessa de jouer, pendant la première journée, avec une petite fille que le hasard avait placée à côté d'elle dans la voiture : soit que son amour pour les enfants l'emportât sur sa préoccupation, soit qu'elle eût déposé déjà le fardeau de ses peines, et qu'elle voulût jouir de ces dernières heures d'enjouement avec l'innocence et avec la vie.

Les autres voyageurs étaient des Montagnards exaltés, qui fuyaient le soupçon de fédéralisme à Paris et qui se répandaient en imprécations contre la Gironde et en adoration pour Marat. Éblouis des grâces de la jeune fille, ils s'efforcèrent de lui arracher son nom, l'objet de son voyage, son adresse à Paris. Son isolement à cet âge les encourageait à des familiarités qu'elle réprima par la décence de ses manières, par la brièveté évasive de ses réponses, et auxquelles elle parvint à se soustraire tout à fait en feignant le sommeil. Un jeune homme plus réservé, séduit par tant de pudeur et de charmes, osa lui déclarer une respectueuse admiration. Il la supplia de l'autoriser à demander sa main à ses parents. Elle tourna en raillerie douce et en enjouement cet amour soudain. Elle promit à ce jeune homme de lui faire connaître plus tard son nom et ses dispositions à son égard. Elle charma jusqu'à la fin du voyage ses compagnons de route par cette apparition ravissante, dont tous regrettèrent de se séparer.

XVII

Elle entra dans Paris le jeudi 11 juillet, à midi. Elle se fit conduire dans une hôtellerie qu'on lui avait indiquée à Caen : rue des Vieux-Augustins, n° 17, à l'hôtel de la Providence. Elle se coucha à cinq heures du soir, et s'endormit d'un profond sommeil jusqu'au lendemain. Sans confidente et sans témoin, pendant ces longues heures de solitude et d'agitation dans une maison publique et au bruit de cette capitale dont l'immensité et le tumulte engloutissent les idées et troublent les sens, nul ne sait ce qui se passa dans cette âme, à son réveil, en retrouvant devant soi une résolution qui la sommait de l'accomplir. Qui peut mesurer la force de la pensée et la résistance de la nature? La pensée l'emporta.

XVIII

Elle se leva, s'habilla d'une robe simple, mais décente, et se rendit chez Lauze de Perret. L'ami de Barbaroux était à la Convention. Ses filles, en l'absence de leur père, reçurent de la jeune étrangère la lettre d'introduction de Barbaroux. Lauze de Perret ne devait revenir que le soir. Charlotte rentra et passa la journée entière dans sa chambre, à lire, à réfléchir et à prier. A six heures elle retourna de nouveau chez Lauze de Perret. Le député était à table et soupait avec sa famille et ses amis. Il se leva et la reçut dans son salon sans témoin. Charlotte lui expliqua le service qu'elle attendait de son obligeance, et le pria de la conduire chez le ministre de l'intérieur, Garat, pour appuyer de sa présence et de son crédit les réclamations qu'elle avait à faire valoir. Cette requête n'était dans l'esprit de mademoiselle de Corday qu'un prétexte pour aborder un de ces Girondins à la cause desquels elle venait se sacrifier, et pour tirer de son entretien avec lui des renseignements et des indices propres à mieux assurer ses pas et sa main.

Lauze de Perret, pressé par l'heure et rappelé par ses convives, lui dit qu'il ne pouvait la conduire ce jour-là chez Garat, mais qu'il irait la prendre chez elle, le lendemain matin, pour l'accompagner dans les bureaux. Elle lui laissa son nom et son adresse et fit quelques pas pour se retirer; puis, comme vaincue par l'intérêt que la figure honnête de cet homme de bien et l'enfance de ses filles lui avaient inspiré : « Permettez-moi un conseil, citoyen, lui dit-elle d'une voix pleine de mystère et d'intimité : quittez la Convention, vous ne pouvez plus y faire de bien; allez à Caen rejoindre vos collègues et vos frères. — Mon poste est à Paris, répondit le représentant, je ne le quitterai pas. — Vous faites une faute, répliqua Charlotte avec une insistance significative et presque suppliante. Croyez-moi, ajouta-t-elle d'une voix plus basse et d'un accent plus rapide, fuyez, fuyez avant demain soir! » Et elle sortit sans attendre la réponse.

XIX

Ces mots, dont le sens n'était connu que de l'étrangère, furent interprétés par Lauze de Perret comme une simple allusion à l'urgence des périls qui menaçaient les hommes de son opinion à Paris. Il vint se rasseoir avec ses amis. Il leur dit que la jeune fille qu'il venait d'entendre avait dans l'attitude et dans les paroles je ne sais quoi d'étrange et de mystérieux dont il était frappé, et qui lui commandait la réserve et la circonspection. Dans la soirée, un décret de la Convention ordonna de mettre les scellés chez les députés suspects d'attachement aux vingt-deux. Lauze de Perret était du nombre. Il alla cependant le lendemain 12, de très-grand matin, prendre Charlotte à son logement et la conduisit chez Garat. Garat ne les reçut pas. Le ministre ne pouvait donner audience avant huit heures du soir. Ce contre-temps sembla décourager Lauze de Perret. Il représenta à la jeune fille que sa qualité de suspect et la mesure prise contre lui, cette nuit même, par la Convention, rendaient désormais son patronage plus nuisible qu'utile à ses clients ; que d'ailleurs elle ne s'était pas munie d'une procuration de mademoiselle de Forbin pour agir en son nom, et qu'à défaut de cette formalité ses démarches seraient vaines.

L'étrangère insista peu, comme une personne qui n'a plus besoin du prétexte dont elle a coloré une action, et qui se contente du premier raisonnement pour abandonner sa pensée. Lauze de Perret la quitta à la porte de l'hôtel de la Providence. Elle feignit d'y rentrer. Elle en sortit aussitôt, et se fit indiquer, de rue en rue, le chemin du Palais-Royal.

Elle entra dans le jardin, non comme une étrangère qui veut satisfaire sa curiosité par la contemplation des monuments et des jardins publics, mais comme une voyageuse qui n'a qu'une affaire dans une ville, et qui ne veut perdre ni un pas ni un jour. Elle chercha de l'œil, sous les galeries, le magasin d'un coutelier. Elle y entra, choisit un couteau-poignard à manche d'ébène, le paya trois francs, le cacha sous son fichu, et rentra à pas lents dans le jardin. Elle s'assit un moment sur un des bancs de pierre adossés aux arcades.

Là, quoique plongée dans ses réflexions, elle s'en laissa distraire par les jeux des enfants, dont quelques-uns folâtraient à ses pieds et s'appuyaient avec confiance sur ses genoux. Elle eut un dernier sourire de femme pour ces visages et pour ces jeux. Ses indécisions l'oppressaient, non pas sur l'acte lui-même, pour lequel elle était déjà armée, mais sur la manière dont elle l'accomplirait. Elle voulait faire du meurtre une immolation solennelle qui jetât la terreur dans l'âme des imitateurs du tyran. Sa première pensée avait été d'aborder Marat et de le sacrifier au Champ de Mars, à la grande cérémonie de la fédération qui devait avoir lieu le 14 juillet, en commémoration de la liberté conquise. L'ajournement de cette solennité jusqu'au triomphe de la république sur les Vendéens et les insurgés lui enlevait le théâtre et la victime. Sa seconde pensée avait été jusqu'à ce dernier moment de frapper Marat au sommet de la Montagne, au milieu de la Convention, sous les yeux de ses adorateurs et de ses complices. Son espoir, en ce cas, était d'être immolée elle-même aussitôt après, et mise en pièces par la fureur du peuple, sans laisser d'autres traces et d'autre mémoire que deux cadavres et la tyrannie renversée dans son sang. Ensevelir son nom dans l'oubli, et ne chercher sa récompense que dans son acte même, en ne demandant sa honte ou sa renommée qu'à sa conscience, à Dieu et au bien qu'elle aurait accompli : telle était jusqu'à la fin la seule ambition de son âme. La honte? elle n'en voulait pas pour sa famille. La renommée? elle n'en voulait pas pour elle-même. La gloire lui semblait un salaire humain, indigne du désintéressement de son action, ou propre seulement à ravaler sa vertu.

Mais les entretiens qu'elle avait eus, depuis son arrivée

à Paris, avec Lauze de Perret et avec ses hôtes lui avaient appris que Marat ne paraissait plus à la Convention. Il fallait donc trouver sa victime ailleurs, et pour l'aborder il fallait la tromper.

XX

Elle s'y résolut. Cette dissimulation, qui froissait la loyauté naturelle de son âme, qui changeait le poignard en piége, le courage en ruse et l'immolation en assassinat, fut le premier remords de sa conscience et sa première punition. On distingue un acte criminel d'un acte héroïque, avant même que ces actes soient accomplis, et par les moyens dont il faut se servir pour leur accomplissement. Le crime est toujours obligé de mentir, la vertu jamais. C'est que l'un est le mensonge, l'autre la vérité dans l'action. L'un a besoin des ténèbres, l'autre ne veut que la lumière. Charlotte se décida à tromper. Il lui en coûta plus que de frapper. Elle l'avoua elle-même. La conscience est juste avant la postérité.

Elle rentra dans sa chambre, écrivit à Marat un billet qu'elle remit à la porte de l'*ami du peuple*. « J'arrive de Caen, lui disait-elle; votre amour pour la patrie me fait présumer que vous connaîtrez avec plaisir les malheureux événements de cette partie de la république. Je me présenterai chez vous vers une heure, ayez la bonté de me recevoir et de m'accorder un moment d'entretien. Je vous mettrai dans le cas de rendre un grand service à la France. »

Charlotte, comptant sur l'effet de ce billet, se rendit, à l'heure qu'elle avait indiquée, à la porte de Marat; mais elle ne put être introduite auprès de lui. Elle laissa alors à sa portière un second billet plus pressant et plus insidieux que le premier. Elle y faisait appel non plus seulement au patriotisme, mais à la pitié de l'*ami du peuple*, et lui tendait un piége par la générosité même qu'elle lui supposait. « Je vous ai écrit ce matin, Marat, lui disait-elle; avez-vous reçu ma lettre? Je ne puis le croire, puisqu'on me refuse votre porte. J'espère que demain vous m'accorderez une entrevue. Je vous le répète, j'arrive de Caen; j'ai à vous révéler les secrets les plus importants pour le salut de la république. D'ailleurs, je suis persécutée pour la cause de la liberté. Je suis malheureuse; il suffit que je le sois pour avoir droit à votre patriotisme. »

XXI

Sans attendre la réponse, Charlotte sortit de sa chambre à sept heures du soir, vêtue avec plus de recherche qu'à l'ordinaire, pour séduire par une apparence plus décente les yeux des personnes qui surveillaient Marat. Sa robe blanche était recouverte aux épaules par un fichu de soie. Ce fichu, qui voilait sa poitrine, se repliait plus bas en ceinture et se renouait derrière la taille. Ses cheveux étaient renfermés dans une coiffe normande dont les dentelles flottantes battaient les deux joues. Un large ruban de soie verte pressait cette coiffe autour des tempes. Ses cheveux s'en échappaient sur la nuque; quelques boucles seulement se répandaient sur le cou. Aucune pâleur du teint, aucun égarement du regard, aucune émotion de la voix, ne révélaient en elle la mort qu'elle portait. Elle se présenta sous ces traits séduisants à la demeure de Marat.

XXII

Marat habitait le premier étage d'une maison délabrée de la rue des Cordeliers, aujourd'hui rue de l'École-de-Médecine, numéro 18. Son logement se composait d'une antichambre et d'un cabinet de travail prenant jour sur une cour étroite, d'une petite pièce adjacente où était sa baignoire, d'une chambre à coucher et d'un salon dont les fenêtres recevaient le jour de la rue. Ce logement était presque nu. Les nombreux ouvrages de Marat entassés sur le plancher, les feuilles publiques encore humides d'encre, éparses sur les chaises et sur les tables, des protes d'imprimerie entrant et sortant sans cesse, des femmes employées à plier et à adresser les brochures et les journaux, les marches usées de l'escalier, le seuil mal balayé des portes, tout attestait ce mouvement et ce désordre habituels autour d'un homme affairé, et la perpétuelle affluence des citoyens dans la maison d'un journaliste et d'un coryphée du peuple.

Cette demeure étalait, pour ainsi dire, l'orgueil de son indigence. Il semblait que son maître, tout-puissant alors sur la nation, voulût faire dire aux visiteurs à l'aspect de sa misère et de son travail : « Regardez l'ami et le modèle du peuple! il n'en a dépouillé ni le logement, ni les mœurs, ni l'habit! »

Cette misère était l'enseigne du tribun; mais, quoique affectée, elle était réelle. Le ménage de Marat était celui d'un humble artisan. On connaît la femme qui gouvernait sa maison. Elle se nommait naguère Catherine Évrard; mais on l'appelait Albertine Marat depuis que l'*ami du peuple* lui avait donné son nom, en la prenant pour épouse, *un jour de beau temps, à la face du soleil*, à l'exemple de Jean-Jacques Rousseau. Une seule servante assistait cette femme dans les soins de la domesticité. Un commissionnaire, nommé Laurent Basse, faisait les messages et les travaux du dehors. Dans ses moments de liberté, cet homme de peine s'occupait dans l'antichambre aux travaux manuels nécessités par l'envoi des feuilles et des affiches de l'*ami du peuple:*

L'activité dévorante de l'écrivain n'avait pas été ralentie par la maladie lente qui le dévorait. L'inflammation de son sang semblait allumer son âme. Tantôt de son lit, tantôt de son bain, il ne cessait d'écrire, d'apostropher, d'invectiver ses ennemis, d'inciter la Convention et les Cordeliers. Offensé du silence de l'Assemblée à la réception de ses messages, il venait de lui adresser une nouvelle lettre dans laquelle il menaçait la Convention de se faire porter mourant à la tribune, pour faire honte aux représentants de leur mollesse, et pour leur dicter les meurtres nécessaires. Il ne laissait aucun repos ni aux autres ni à lui-même. Plein du pressentiment de la mort, il semblait craindre seulement que l'heure suprême trop rapide ne lui laissât pas le temps d'immoler assez de coupables. Plus pressé de tuer que de vivre, il se hâtait d'envoyer devant lui le plus de victimes possible, comme autant d'otages donnés par le glaive à la révolution complète qu'il voulait laisser sans ennemis après lui. La terreur qui sortait de la maison de Marat y rentrait sous une autre forme : la crainte perpétuelle d'un assassinat. Sa compagne et ses affidés croyaient voir autant de poignards levés sur lui qu'il en levait lui-même sur les têtes de trois cent mille citoyens. L'accès de sa demeure était interdit comme l'accès du palais de la tyrannie. On ne laissait approcher de sa personne que des amis sûrs, ou des dénonciateurs recommandés d'avance, et soumis à des interrogatoires et à de sévères confrontations. L'amour, la défiance et le fanatisme veillaient à la fois sur ses jours.

XXIII

Charlotte ignorait ces obstacles, mais elle les soupçonnait. Elle descendit de voiture du côté opposé de la rue, en face de la demeure de Marat. Le jour commençait à baisser, surtout dans ce quartier assombri par des maisons hautes et par des rues étroites. La portière refusa d'abord de laisser pénétrer la jeune inconnue dans la cour. Celle-ci insista néanmoins et franchit quelques degrés de l'escalier, rappelée en vain par la voix de la concierge. A ce bruit, la maîtresse de Marat entr'ouvrit la porte, et refusa l'entrée de l'appartement à l'étrangère. La sourde altercation entre ces femmes, dont l'une suppliait qu'on la laissât parler à l'*ami du peuple*, dont l'autre s'obstinait à barrer la porte, arriva jusqu'aux oreilles de Marat. Il comprit, à ces explications entrecoupées, que la visiteuse était l'étrangère dont il avait reçu deux lettres dans la journée. D'une voix impérative et forte, il ordonna qu'on la laissât pénétrer.

Soit jalousie, soit défiance, Albertine obéit avec répugnance et en grondant. Elle introduisit la jeune fille dans la petite pièce où se tenait Marat, et laissa, en se retirant, la porte du corridor entr'ouverte, pour entendre le moindre mot ou le moindre mouvement du malade.

Cette pièce était faiblement éclairée. Marat était dans son bain. Dans ce repos forcé de son corps, il ne laissait pas reposer son âme. Une planche mal rabotée, posée sur la baignoire, était couverte de papiers, de lettres ouvertes et de feuilles commencées. Il tenait de la main droite la plume que l'arrivée de l'étrangère avait suspendue sur la page. Cette feuille de papier était une lettre à la Convention, pour lui demander le jugement et la proscription des derniers Bourbons tolérés en France. A côté de la baignoire, un lourd billot de chêne, semblable à une bûche posée debout, portait une écritoire de plomb du plus grossier travail : source impure d'où avaient coulé depuis trois ans tant de délires, tant de dénonciations, tant de sang. Marat, recouvert dans sa baignoire d'un drap sale et taché d'encre, n'avait hors de l'eau que la tête, les épaules, le haut du buste et le bras droit. Rien dans les traits de cet homme n'était de nature à attendrir le regard d'une femme et à faire hésiter le coup. Les cheveux gras entourés d'un mouchoir sale, le front fuyant, les yeux effrontés, les pommettes saillantes, la bouche immense et ricaneuse, la poitrine velue, les membres grêles, la peau livide : tel était Marat.

XXIV

Charlotte évita d'arrêter son regard sur lui, de peur de trahir l'horreur de son âme à cet aspect. Debout, les yeux baissés, les mains pendantes auprès de la baignoire, elle attend que Marat l'interroge sur la situation de la Normandie. Elle répond brièvement, en donnant à ses réponses le sens et la couleur propres à flatter les dispositions présumées du démagogue. Il lui demande ensuite les noms des députés réfugiés à Caen. Elle les lui dicte. Il les note; puis, quand il a fini d'écrire ces noms : « C'est bien! dit-il de l'accent d'un homme sûr de sa vengeance; avant huit jours ils iront tous à la guillotine! »

A ces mots, comme si l'âme de Charlotte eût attendu un dernier forfait pour se résoudre à frapper le coup, elle tire de son sein le couteau, et le plonge avec une force surnaturelle jusqu'au manche dans le cœur de Marat. Charlotte retire du même mouvement le couteau ensanglanté du corps de la victime et le laisse glisser à ses pieds. « A moi!

ma chère amie! à moi! » s'écrie Marat, et il expire sous le coup.

Au cri de détresse de la victime, Albertine, la servante et Laurent Basse se précipitent dans la chambre ; ils reçoivent dans leurs bras la tête évanouie de Marat. Charlotte, immobile et comme pétrifiée de son crime, était debout derrière le rideau de la fenêtre. La transparence de l'étoffe, aux derniers rayons du jour, laissait apercevoir l'ombre de son corps. Le commissionnaire Laurent s'arme d'une chaise, lui assène un coup mal assuré sur la tête et la précipite sur le carreau. La maîtresse de Marat la foule en trépignant de rage sous ses pieds. Au tumulte de la scène, aux cris des deux femmes, les habitants de la maison accourent, les voisins et les passants s'arrêtent dans la rue, montent l'escalier, inondent l'appartement, la cour et bientôt le quartier, et demandent avec des vociférations forcenées qu'on leur jette l'assassin, pour venger sur son cadavre encore chaud la mort de l'idole du peuple. Les soldats des postes voisins et les gardes nationaux accourent. L'ordre se rétablit dans le tumulte. Les chirurgiens arrivent, s'efforcent d'étancher la blessure. L'eau rougie donne à l'homme sanguinaire l'apparence d'expirer dans un bain de sang. On ne transporte qu'un mort sur son lit.

XXV

Charlotte s'était relevée d'elle-même. Deux soldats lui tenaient les bras fixés en croix l'un sur l'autre comme dans des menottes, en attendant qu'on apportât des cordes pour lier ses mains. La haie de baïonnettes qui l'entourait avait peine à contenir la foule, qui se précipitait sans cesse sur elle pour la déchirer. Les gestes, les poings levés, les bâtons, les sabres, brandissaient mille morts sur sa tête. La concubine de Marat, échappant aux femmes qui la consolaient, s'élançait par intervalles sur Charlotte et retombait dans les larmes et dans les évanouissements. Un Cordelier fanatique, nommé Langlois, perruquier de la rue Dauphine, avait ramassé le couteau ensanglanté. Il faisait le discours funèbre sur le cadavre de la victime. Il entrecoupait ses lamentations et ses éloges de gestes vengeurs, par lesquels il semblait enfoncer autant de fois le fer dans le cœur de l'assassin. Charlotte, qui avait accepté d'avance toutes ces morts, contemplait d'un regard fixe et pétrifié ce mouvement, ces gestes, ces mains, ces armes dirigées de si près contre elle. Elle ne paraissait émue que des cris déchirants de la maîtresse de Marat. Sa physionomie semblait exprimer devant cette femme l'étonnement de n'avoir pas pensé qu'un tel homme pût être aimé, et le regret d'avoir été forcée de percer deux cœurs pour en atteindre un. Excepté l'impression de pitié que les reproches d'Albertine donnaient par moments à sa bouche, on n'apercevait aucune altération ni dans ses traits ni dans sa couleur. Seulement, aux invectives de l'orateur et aux gémissements du peuple sur la perte de son idole, on voyait se dessiner sur ses lèvres le sourire amer du mépris. « Pauvres gens, dit-elle une fois, vous voulez ma mort, et vous me devriez un autel pour vous avoir délivrés d'un monstre ! Jetez-moi à ces forcenés, dit-elle une autre fois aux soldats qui la protégeaient; puisqu'ils le regrettent, ils sont dignes d'être mes bourreaux ! »

Ce sourire, comme un défi au fanatisme de la multitude, soulevait de plus furieuses imprécations et des gestes plus menaçants. Le commissaire de la section du Théâtre-Français, Guillard, entra escorté d'un renfort de baïonnettes. Il dressa le procès-verbal du meurtre et fit conduire Charlotte dans le salon de Marat pour commencer à l'interroger. Il écrivait ses réponses. Elle les faisait calmes, lucides, réfléchies, d'une voix ferme et sonore, où l'on ne sentait d'autre accent que celui d'une satisfaction fière de l'acte qu'elle avait commis. Elle dictait ses aveux comme des éloges. Les administrateurs de la police départementale, Louvet et Marion, ceints de l'écharpe tricolore, assistaient à l'interrogatoire. Ils avaient envoyé prévenir le conseil de la commune, le comité de salut public et le comité de sûreté générale. Le bruit de la mort de l'*ami du peuple* était répandu avec la rapidité d'une commotion électrique par des hommes qui couraient éperdus de quartier en quartier. Tout Paris s'arrêta comme frappé de stupeur au récit de cet attentat. Il sembla que la république eût tremblé ou que des événements inconnus dussent éclore du meurtre de Marat. Des députés, pâles et frémissants, entrant à la Convention et interrompant la séance, jetèrent les premières rumeurs de l'événement dans la salle. On se refusa à les croire comme on se refuse à croire à un sacrilége. Le commandant général de la garde nationale, Hanriot, vint bientôt confirmer la nouvelle. « Oui, tremblez tous, dit-il, Marat est mort assassiné par une jeune fille qui se glorifie du coup qu'elle a porté. Redoublez de vigilance sur vos propres vies. Les mêmes dangers nous environnent tous. Méfiez-vous des rubans verts, et jurons de venger la mort de ce grand homme! »

XXVI

Les députés Maure, Chabot, Drouet et Legendre, membres des comités du gouvernement, sortirent à l'instant de la salle et coururent sur le théâtre du crime. Ils y trouvèrent la foule grossissante et Charlotte répondant aux premiers interrogatoires. Ils restèrent confondus et muets à l'aspect de tant de jeunesse et de beauté sur le visage, de tant de calme et de résolution dans les paroles. Jamais le crime n'avait apparu sous de pareils traits à l'esprit des hommes. Elle semblait le transfigurer tellement à leurs yeux, que même à côté du cadavre ils furent attendris sur l'assassin.

Le procès-verbal terminé et les premières réponses de Charlotte écrites, les députés Chabot, Drouet, Legendre et Maure ordonnèrent qu'elle fût transportée à l'Abbaye, prison la plus voisine de la maison de Marat. On fit approcher la même voiture de place qui l'avait amenée. La foule remplissait la rue des Cordeliers. Sa rumeur sourde, interrompue de vociférations et d'accès de rage, annonçait la vengeance et rendait la translation difficile. Les détachements de fusiliers successivement accourus, l'écharpe des commissaires, le respect pour les membres de la Convention, refoulèrent et continrent mal la multitude. Le cortége se fraya avec peine un passage. Au moment où Charlotte, les bras liés de cordes, et soutenue par les mains des deux gardes nationaux qui lui tenaient les coudes, franchit le seuil de la maison pour monter le marchepied de la voiture, le peuple afflua autour des roues avec de tels gestes et de tels hurlements, qu'elle crut sentir ses membres déchirés par ces milliers de mains et qu'elle s'évanouit.

En revenant à elle, elle s'étonna et elle s'affligea de respirer encore. Cette mort était celle qu'elle avait rêvée. La nature avait jeté le voile de l'évanouissement sur son supplice. Elle regretta de n'avoir pas disparu ainsi dans la tempête qu'elle avait soulevée, et d'avoir à livrer son nom à la terre avant une autre mort; et cependant elle remercia avec émotion ceux qui l'avaient protégée contre les mutilations de la foule.

XXVII

Chabot, Drouet, Legendre, la suivirent à l'Abbaye et lui firent subir une seconde enquête. Elle se prolongea longtemps dans la nuit. Quelques membres des comités, et entre autres Harmand (de la Meuse), attirés par la curiosité, s'étaient introduits avec leurs collègues et assistaient à l'interrogatoire, souvent interrompu par des repos et des conversations. Legendre, fier de son importance révolutionnaire et jaloux d'avoir été réputé digne aussi du martyre des patriotes, crut ou feignit de croire qu'il reconnaissait dans Charlotte une jeune fille qui était venue chez lui la veille, sous le costume d'une religieuse, et qu'il avait repoussée. « Le citoyen Legendre se trompe, dit Charlotte avec un sourire qui déconcertait l'orgueil du député, je ne l'ai jamais vu. Je n'estimais pas la vie ou la mort d'un tel homme si importante au salut de la république. »

On la fouilla. On ne trouva en ce moment dans ses poches que la clef de sa malle, son dé en argent, un peloton de fil, instruments de travaux d'aiguille, tout à l'heure si près du poignard de Brutus; deux cents francs en assignats et en monnaie, une montre d'or faite par un horloger de Caen, et son passe-port. Sous son fichu elle cachait encore l'étui du couteau avec lequel elle avait frappé Marat. « Reconnaissez-vous ce couteau? lui demanda-t-on. — Oui. — Qui vous a portée à ce crime? — J'ai vu, répondit-elle, la guerre civile prête à déchirer la France; persuadée que Marat était la cause principale des périls et des calamités de la patrie, j'ai fait le sacrifice de ma vie contre la sienne pour sauver mon pays. — Nommez-nous les personnes qui vous ont conseillé cet exécrable forfait, que vous n'auriez pas conçu de vous-même. — Personne n'a connu mon dessein. J'ai trompé sur l'objet de mon voyage la tante chez qui j'habitais. J'ai trompé mon père. Peu de personnes fréquentent la maison de cette parente. Aucun n'a pu seulement soupçonner en moi ma pensée. — N'avez-vous pas quitté la ville de Caen avec le projet formé d'assassiner Marat? — Je ne suis partie que pour cela. — Où vous êtes-vous procuré l'arme? Quelles personnes avez-vous vues à Paris? Qu'avez-vous fait depuis jeudi, jour où vous y êtes arrivée? » A ces questions, elle raconta avec une sincérité littérale toutes les circonstances déjà connues de son séjour à Paris et de son action. « N'avez-vous pas cherché à fuir après le meurtre? — Je me serais évadée par la porte, si on ne s'y était pas opposé. — Êtes-vous fille, et n'avez-vous jamais aimé d'homme? — Jamais! »

XXVIII

Ces réponses précises, fières, dédaigneuses tour à tour, faites d'une voix dont le timbre rappelait l'enfance en annonçant des pensées viriles, firent réfléchir plusieurs fois les interrogateurs sur la puissance d'un fanatisme qui empruntait et qui affermissait une si faible main. Ils espéraient toujours découvrir un instigateur derrière cette candeur et cette beauté. Ils ne trouvèrent que l'inspiration d'un cœur intrépide.

L'interrogatoire terminé, Chabot, mécontent du résultat, dévorait de l'œil les cheveux, le visage, la taille, toute la personne de la jeune fille garrottée devant lui. Il crut apercevoir un papier plié et attaché par une épingle sur son sein; il tendit la main pour le saisir. Charlotte avait oublié le papier qu'entrevoyait Chabot, et qui contenait une adresse aux Français, rédigée par elle, pour inviter les citoyens à la punition des tyrans et à la concorde. Elle crut voir dans le geste et dans les yeux de Chabot un outrage à sa pudeur. Désarmée de ses deux mains par ses liens, elle ne pouvait les opposer à l'insulte. L'horreur et l'indignation qu'elle éprouva lui firent faire un mouvement en arrière si brusque et si convulsif du corps et des épaules, que le cordon de sa robe éclata et que sa robe elle-même, se détachant, laissa à découvert sa poitrine. Confuse, elle se baissa aussi prompte que la pensée et se replia en deux pour dérober sa nudité à ses juges. Il était trop tard : sa chasteté avait eu à rougir des regards des hommes.

Le patriotisme ne rendait ces hommes ni cyniques ni insensibles. Ils parurent souffrir autant que Charlotte Corday de ce supplice involontaire de sa pudeur. Elle supplia qu'on lui déliât les mains pour rattacher sa robe. L'un d'eux détacha les cordes. Le respect pour son innocence ferma les yeux de ces hommes. Ses mains déliées, Charlotte Corday se tourna du côté du mur et rajusta son fichu. On

profita du moment où elle avait les mains libres pour lui
faire signer ses réponses. Les cordes avaient laissé leur
empreinte et leurs sillons bleus sur la peau de ses bras.
Quand on dut les lui lier de nouveau, elle pria les geôliers
de lui permettre de rabattre ses manches et de mettre des
gants sous ses cordes, pour lui épargner un supplice inutile
avant le dernier supplice. L'accent et le geste de la pauvre
fille furent tels en adressant cette prière à ses juges et en
montrant ses mains meurtries, qu'Harmand ne put retenir
ses larmes et s'éloigna pour les cacher.

Voici les principaux passages textuels de cette adresse
aux Français, dérobée jusqu'ici aux recherches curieuses
de l'histoire, et qui nous a été communiquée, depuis le
commencement de la publication de ce livre, par le zèle
obligeant pour la vérité de la personne qui la possède,
M. Paillet. Elle est écrite de la main de Charlotte Corday,
d'une écriture à grands traits, mâle, ferme, fortement
tracée, et comme destinée à frapper de loin les regards.
La feuille de papier est pliée en huit, pour occuper moins
de place sous le vêtement; elle est percée de huit piqûres
encore visibles par l'épingle qui l'attachait sur le sein de
Charlotte.

Adresse aux Français amis des lois et de la paix.

« Jusqu'à quand, ô malheureux Français, vous plairez-
vous dans le trouble et dans les divisions? Assez et trop
longtemps des factieux, des scélérats, ont mis l'intérêt de
leur ambition à la place de l'intérêt général; pourquoi,
victimes de leur fureur, vous anéantir vous-mêmes, pour
établir le désir de leur tyrannie sur les ruines de la France?

» Les factions éclatent de toutes parts, la Montagne triomphe par le crime et l'oppression, quelques monstres abreuvés de notre sang conduisent ces détestables complots... Nous travaillons à notre propre perte avec plus de zèle et d'énergie que l'on n'en mit jamais à conquérir la liberté! O Français, encore un peu de temps, et il ne restera de vous que le souvenir de votre existence!

» Déjà les départements indignés marchent sur Paris, déjà le feu de la discorde et de la guerre civile embrase la moitié de ce vaste empire; il est encore un moyen de l'éteindre, mais ce moyen doit être prompt. Déjà le plus vil des scélérats, Marat, dont le nom seul présente l'image de tous les crimes, en tombant sous le fer vengeur, ébranle la Montagne et fait pâlir Danton, Robespierre, ces autres brigands assis sur ce trône sanglant, environnés de la foudre, que les dieux vengeurs de l'humanité ne suspendent sans doute que pour rendre leur chute plus éclatante, et pour effrayer tous ceux qui seraient tentés d'établir leur fortune sur les ruines des peuples abusés!

» Français! vous connaissez vos ennemis, levez-vous! marchez! que la Montagne anéantie ne laisse plus que des frères, des amis! J'ignore si le ciel nous réserve un gouvernement républicain, mais il ne peut nous donner un Montagnard pour maître que dans l'excès de ses vengeances... O France! ton repos dépend de l'exécution des lois; je n'y porte pas atteinte en tuant Marat: condamné par l'univers, il est hors la loi. Quel tribunal me jugera? Si je suis coupable, Alcide l'était donc lorsqu'il détruisait les monstres?...

. . . .

» O ma patrie! tes infortunes déchirent mon cœur; je ne

puis t'offrir que ma vie! et je rends grâce au ciel de la liberté que j'ai d'en disposer; personne ne perdra par ma mort; je n'imiterai point Pâris (le meurtrier de Lepelletier de Saint-Fargeau) en me tuant. Je veux que mon dernier soupir soit utile à mes concitoyens, que ma tête portée dans Paris soit un signe de ralliement pour tous les amis des lois! que la Montagne chancelante voie sa perte écrite avec mon sang! que je sois leur dernière victime, et que l'univers vengé déclare que j'ai bien mérité de l'humanité! Au reste, si l'on voyait ma conduite d'un autre œil, je m'en inquiète peu.

> Qu'à l'univers surpris cette grande action
> Soit un objet d'horreur ou d'admiration,
> Mon esprit, peu jaloux de vivre en la mémoire,
> Ne considère point le reproche ou la gloire,
> Toujours indépendant et toujours citoyen,
> Mon devoir me suffit, tout le reste n'est rien.
> Allez, ne songez plus qu'à sortir d'esclavage!...

» Mes parents et amis ne doivent point être inquiétés, personne ne savait mes projets. Je joins mon extrait de baptême à cette adresse, pour montrer ce que peut la plus faible main conduite par un entier dévouement. Si je ne réussis pas dans mon entreprise, Français! je vous ai montré le chemin, vous connaissez vos ennemis; levez-vous! marchez! frappez! »

En lisant ces vers, insérés par la main de la petite-fille de Corneille à la fin de cette adresse, comme un cachet antique sur une page du temps, on pourrait croire au premier regard que ces vers sont de son aïeul et qu'elle a ainsi invoqué le patriotisme romain du grand tragique de sa race. On se tromperait : ces vers sont de Voltaire, dans la tragédie *la Mort de César.*

L'authenticité de cette adresse est attestée par une lettre de Fouquier-Tinville annexée au même dossier. Cette lettre de l'accusateur public est adressée au comité de sûreté générale de la Convention ; la voici :

« Citoyens, je vous fais passer ci-inclus l'interrogatoire subi par la fille Charlotte Corday et les deux lettres par elle écrites dans la maison d'arrêt, dont l'une est destinée à Barbaroux. Ces lettres courent les rues d'une manière tellement tronquée qu'il serait peut-être nécessaire de les faire imprimer telles qu'elles sont. Au surplus, citoyens, quand vous en aurez pris lecture, si vous jugez qu'il n'y ait pas d'inconvénient à les imprimer, vous m'obligerez de m'en donner avis.

» Je vous observe que je viens d'être informé que cet assassin femelle était l'ami de Belzunce, colonel tué à Caen dans une insurrection, et que depuis cette époque elle a conçu une haine implacable contre Marat, et que cette haine paraît s'être ranimée chez elle au moment où Marat a dénoncé Biron, qui était parent de Belzunce, et que Barbaroux paraît avoir profité des dispositions criminelles où était cette fille contre Marat, pour l'amener à exécuter cet horrible assassinat.

» Fouquier-Tinville. »

On voit à ces hésitations et à ces conjectures que l'opinion s'égarait d'hypothèse en hypothèse, au premier moment, cherchant le motif du crime tantôt dans l'amour, tantôt dans le ressentiment, et se refusant à le voir où il était, dans l'égarement du patriotisme.

On consigna Charlotte Corday au cachot. Gardée à vue, même pendant la nuit, par deux gendarmes, elle réclama en vain contre cette profanation de son sexe. Le comité de sûreté générale pressait son jugement et son supplice. Elle entendait de son grabat les crieurs publics qui colportaient le récit du meurtre dans les rues, et les hurlements de la foule qui souhaitait mille morts à l'assassin. Charlotte ne prenait pas cette voix du peuple pour l'arrêt de la postérité. A travers l'horreur qu'elle inspirait, elle pressentait l'apothéose. Dans cette pensée, elle écrivit au comité de sûreté générale : « Puisque j'ai encore quelques instants à vivre, pourrais-je espérer, citoyens, que vous me permettrez de me faire peindre? Je voudrais laisser ce souvenir de moi à mes amis. D'ailleurs, comme on chérit l'image des bons citoyens, la curiosité fait quelquefois rechercher celle des grands criminels, pour perpétuer l'horreur de leur crime. Si vous daignez acquiescer à ma demande, je vous prie de m'envoyer demain un peintre en miniature. Je vous renouvelle la prière de me laisser dormir seule. J'entends sans cesse crier dans la rue, ajoutait-elle, l'arrestation de Fauchet, mon complice. Je ne l'ai jamais vu que par ma fenêtre, il y a deux ans. Je ne l'aime ni ne l'estime. C'est l'homme du monde à qui j'aurais le moins volontiers confié mon projet. Si cette déclaration peut lui servir, j'en certifie la vérité. »

XXIX

Le président du tribunal révolutionnaire, Montané, vint, le lendemain 16, interroger l'accusée. Touché de tant de beauté, de jeunesse, et convaincu de la sincérité d'un fanatisme qui innocentait presque l'assassin aux yeux de la justice humaine, il voulut sauver la vie de l'accusée. Il dirigea les questions et insinua tacitement les réponses de manière à faire conclure plutôt la démence que le crime aux juges. Charlotte trompa obstinément cette miséricordieuse intention du président. Elle revendiqua son acte comme sa gloire. On la transporta à la Conciergerie. Madame Richard, femme du concierge de cette prison, l'y reçut avec la compassion qu'inspirait ce rapprochement de la jeunesse et de l'échafaud.

Grâce à l'indulgence de ses geôliers, Charlotte obtint de l'encre, du papier, de la solitude. Elle en profita pour écrire à Barbaroux une lettre tronquée. Cette lettre racontait toutes les circonstances de son séjour à Paris, dans un style où le patriotisme, la mort et l'enjouement se mêlaient, comme l'amertume et la douceur dans la dernière coupe d'un banquet d'adieu. Après avoir décrit les détails presque facétieux de son voyage en compagnie de Montagnards et l'amour dont un jeune voyageur s'était soudainement épris à son aspect : « J'ignorais, poursuivait-elle, que le comité de salut public avait interrogé les voyageurs. Je soutins d'abord que je ne les connaissais pas, afin de leur éviter le désagrément de s'expliquer. Je suivais en cela mon oracle Raynal, qui dit qu'on ne doit pas la vérité à ses tyrans. C'est par la voyageuse qui était avec moi qu'ils ont appris que je vous connais et que j'avais vu de Perret. Vous connaissez l'âme ferme de de Perret. Il leur a répondu l'exacte vérité. Il n'y a rien contre lui, mais sa fermeté est un crime. Je me repentis trop tard de lui avoir parlé. Je voulus réparer mon tort, en le suppliant de fuir et d'aller vous rejoindre. Il est trop résolu pour se laisser influencer... Le croiriez-vous? Fauchet est emprisonné comme mon complice, lui qui ignorait mon existence! Mais on n'est guère content de n'avoir qu'une femme sans conséquence à offrir aux mânes de ce grand homme! Pardon! ô hommes! ce nom de Marat déshonore votre espèce. C'était une bête féroce qui allait dévorer le reste de la France par le feu de la guerre civile. Grâce au ciel, il n'est pas né Français. A mon premier interrogatoire, Chabot avait l'air d'un fou. Legendre a voulu m'avoir vue le matin chez lui, moi qui n'ai jamais songé à cet homme. Je ne le crois pas de taille à être le tyran de son pays, et je ne prétends pas punir tout le monde... Je crois qu'on a imprimé les dernières paroles de Marat. Je doute qu'il en ait proféré. Mais voici les dernières qu'il m'avait dites à moi: après avoir reçu vos noms à tous et ceux des administrateurs du département du Calvados, qui sont à Évreux, il me dit pour me consoler que dans peu de jours il les ferait tous guillotiner à Paris. Ces derniers mots décidèrent de son sort. J'avoue que ce qui m'a décidée tout à fait, c'est le courage avec lequel nos volontaires se sont enrôlés le dimanche 7 juillet. Vous vous souvenez que je me promettais de faire repentir

Pétion des soupçons qu'il manifestait sur mes sentiments. J'ai considéré que, tant de braves gens marchant pour avoir la tête d'un seul homme, qu'ils auraient manqué ou qui aurait entraîné dans sa perte beaucoup de bons citoyens, cet homme ne méritait pas tant d'honneur, et qu'il lui suffisait de la main d'une femme. J'avoue que j'ai employé un artifice perfide pour l'engager à me recevoir... Je comptais en partant le sacrifier sur la cime de la Montagne, mais il n'allait plus à la Convention. On est si bon citoyen à Paris, que l'on n'y conçoit pas comment une femme inutile, dont la plus longue vie ne serait bonne à rien, peut se sacrifier de sang-froid pour son pays!... Comme j'étais vraiment de sang-froid en sortant de chez Marat pour être conduite à l'Abbaye, je souffris des cris de quelques femmes. Mais qui sauve la patrie ne s'aperçoit point de ce qu'il en coûte. Puisse la paix s'établir aussitôt que je le désire! Voici un grand préliminaire. Je jouis délicieusement de la paix depuis deux jours. Le bonheur de mon pays fait le mien. Il n'est point de dévouement dont on ne tire plus de jouissance qu'il n'en coûte à s'y décider. Une imagination vive, un cœur sensible, promettaient une vie bien orageuse. Je prie ceux qui me regretteraient de le considérer et de se réjouir. Chez les modernes il y a peu de patriotes qui sachent s'immoler pour leur pays. Presque tout est égoïsme. Quel triste peuple pour former une république!... »

XXX

Cette lettre fut interrompue à ces mots par la translation de la captive à la Conciergerie. Elle la continua en ces termes dans sa nouvelle prison : « Je continue. J'avais eu hier l'idée de faire hommage de mon portrait au département du Calvados. Le comité de salut public ne m'a pas répondu, et maintenant il est trop tard. Il faut un défenseur, c'est la règle. J'ai pris le mien sur la Montagne. J'ai pensé demander Robespierre ou Chabot... C'est demain à huit heures que l'on me juge. Probablement à midi j'aurai vécu, pour parler le langage romain. J'ignore comment se passeront les derniers moments. C'est la fin qui couronne l'œuvre. Je n'ai pas besoin d'affecter l'insensibilité, car jusqu'à ce moment je n'ai pas la moindre crainte de la mort. Je n'ai jamais estimé la vie que par l'utilité dont elle pouvait être. Marat n'ira point au Panthéon. Il le méritait pourtant bien... Souvenez-vous de l'affaire de mademoiselle de Forbin. Voici son adresse en Suisse. Dites-lui que je l'aime de tout mon cœur. Je vais écrire à mon père. Je ne dis rien à mes autres amis. Je ne leur demande qu'un prompt oubli : leur affliction déshonorerait ma mémoire. Dites au général Wimpfen que je crois lui avoir aidé à gagner plus qu'une bataille en facilitant la paix. Adieu, citoyen. Les prisonniers de la Conciergerie, loin de m'injurier comme le peuple dans les rues, ont l'air de me plaindre. Le malheur rend compatissant. C'est ma dernière réflexion. »

XXXI

Sa lettre à son père, écrite la dernière, était courte et d'un accent où la nature s'attendrissait, au lieu de sourire comme avec Barbaroux. « Pardonnez-moi d'avoir disposé de mon existence sans votre permission, disait-elle. J'ai vengé bien d'innocentes victimes. J'ai prévenu bien d'autres désastres. Le peuple, un jour désabusé, se réjouira d'être délivré d'un tyran. Si j'ai cherché à vous persuader que je passais en Angleterre, c'est que j'espérais rester inconnue. J'en ai reconnu l'impossibilité. J'espère que vous ne serez pas tourmenté; en tout cas, vous avez des défenseurs à Caen. J'ai pris pour défenseur Gustave Doulcet de Pontécoulant. Un tel attentat ne permet nulle défense. C'est pour la forme. Adieu, mon cher papa, je vous prie de m'oublier, ou plutôt de vous réjouir de mon sort. La cause en est belle. J'embrasse ma sœur, que j'aime de tout mon cœur. N'oubliez pas ce vers de Corneille :

Le crime fait la honte, et non pas l'échafaud!

C'est demain à huit heures que l'on me juge... »

Cette allusion à un vers de son aïeul, en rappelant à son père l'orgueil du nom et l'héroïsme du sang, semblait placer son action sous la sauvegarde du génie de sa famille. Elle défendait la faiblesse ou le reproche au cœur de son père, en lui montrant le peintre des sentiments romains applaudissant d'avance à son dévouement.

XXXII

Le lendemain, à huit heures du matin, les gendarmes vinrent la prendre pour la conduire au tribunal révolutionnaire. La salle était située au-dessus des voûtes de la Conciergerie. Un escalier sombre, étroit, funèbre, rampant dans le creux des épaisses murailles du soubassement du palais de justice, conduisait les accusés au tribunal et ramenait les condamnés dans leur cachot. Avant de monter, elle arrangea ses cheveux et son costume pour paraître avec décence devant la mort; puis elle dit en souriant au concierge, qui assistait à ces préparatifs : « Monsieur Richard, ayez soin, je vous prie, que mon déjeuner soit préparé lorsque je descendrai de là-haut : mes juges sont sans doute pressés. Je veux faire mon dernier repas avec madame Richard et avec vous. »

L'heure du jugement de Charlotte Corday était connue la veille dans Paris. La curiosité, l'horreur, l'intérêt, la pitié, avaient attiré une foule immense dans l'enceinte du tribunal et dans les salles qui la précèdent. Quand l'accusée approcha, un bruit sourd s'éleva comme une malédiction sur son nom du sein de cette multitude. Mais à peine eut-elle fendu la foule et fait rayonner sa beauté surnaturelle dans tous les regards, que ce murmure de colère se changea en frémissement d'intérêt et d'admiration. Toutes les physionomies passèrent de l'horreur à l'attendrissement; ses traits, exaltés par la solennité du moment, colorés par l'émotion, troublés par la confusion de la jeune fille sous tant de regards, raffermis et ennoblis par la grandeur même d'un crime qu'elle portait dans l'âme et sur le front comme une vertu, enfin la fierté et la modestie rassemblées et confondues dans son attitude, donnaient à sa figure un charme mêlé d'effroi qui troublait toutes les âmes et tous les yeux : ses juges mêmes paraissaient des accusés devant elle. On croyait voir la justice divine ou la Némésis antique substituant la conscience aux lois, et venant demander à la justice humaine non de l'absoudre, mais de la reconnaître et de trembler !

XXXIII

Quand elle fut assise au banc des accusés, on lui demanda si elle avait un défenseur; elle répondit qu'elle avait chargé un ami de ce rôle, mais que, ne le voyant pas dans l'enceinte, elle présumait qu'il avait manqué de courage. Le président lui désigna alors un défenseur d'office : c'était le jeune Chauveau-Lagarde, illustré depuis par sa défense de la reine, et déjà connu par son éloquence et par son courage dans les causes et dans les temps où l'avocat partageait les périls de l'accusé. Ce choix du président indiquait une arrière-pensée de salut. Chauveau-Lagarde vint se placer au barreau. Charlotte le regarda d'un œil scrutateur et inquiet, comme si elle eût craint que, pour sauver sa vie, son défenseur n'abandonnât quelque chose de son honneur.

La veuve de Marat déposa en sanglotant. Charlotte, émue de la douleur de cette femme, abrégea sa déposition en s'écriant : « Oui, oui, c'est moi qui l'ai tué ! » Elle raconta ensuite la préméditation d'un acte conçu depuis trois mois, le projet de frapper le tyran au milieu de la Convention, la ruse employée pour l'approcher. «Je conviens, dit-elle avec humilité, que ce moyen était peu digne de moi, mais il fallait paraître estimer cet homme pour arriver jusqu'à lui. — Qui vous a inspiré tant de haine contre Marat? lui demanda-t-on. — Je n'avais pas besoin de la haine des autres, répondit-elle, j'avais assez de la mienne; d'ailleurs on exécute mal ce qu'on n'a pas conçu soi-même. — Que haïssiez-vous en lui? — Ses crimes! — En lui donnant la mort, qu'espériez-vous? — Rendre la paix à mon pays. — Croyez-vous donc avoir assassiné tous les Marat? — Celui-là mort, les autres trembleront peut-être. » On lui représenta le couteau pour qu'elle le reconnût. Elle le repoussa d'un geste de dégoût. « Oui, dit-elle, je le reconnais. » Le crime refroidi lui faisait horreur dans l'instrument qui l'avait consommé. « Quelles personnes fréquentiez-vous à Caen? — Très-peu de monde; je voyais Larue, officier municipal, et le curé de Saint-Jean. — Était-ce à un prêtre assermenté ou non assermenté que vous vous confessiez à Caen? — Je n'allais ni aux uns ni aux autres. — Depuis quand aviez-vous formé ce dessein? — Depuis la journée du 31 mai, où l'on arrêta ici les députés du peuple. J'ai tué un homme pour en sauver cent mille. J'étais républicaine bien avant la Révolution. »

On confronte Fauchet avec elle. « Je ne connais Fauchet que de vue, dit-elle avec dédain; je le regarde comme un homme sans mœurs et sans principes, et je le méprise. »

L'accusateur, lui reprochant d'avoir porté le coup de haut en bas pour qu'il fût plus sûr, lui dit qu'il fallait sans doute qu'elle fût bien exercée au crime! A cette supposition qui bouleversait toutes ses pensées en l'assimilant aux meurtriers de profession, elle poussa une exclamation de honte : « Oh! le monstre! s'écria-t-elle, il me prend pour un assassin ! »

Fouquier-Tinville résuma les débats et conclut à la mort.

Le défenseur se leva. « L'accusée, dit-il, avoue le crime, elle avoue la longue préméditation, elle en avoue les circonstances les plus accablantes. Citoyens, voilà sa défense tout entière. Ce calme imperturbable et cette complète abnégation de soi-même, qui ne révèlent aucun remords en présence de la mort, ce calme et cette abnégation, sublimes sous un aspect, ne sont pas dans la nature; ils ne peuvent s'expliquer que par l'exaltation du fanatisme politique qui lui a mis le poignard à la main. C'est à vous de juger de quel poids un fanatisme si inébranlable doit peser dans la balance de la justice. Je m'en rapporte à vos consciences. »

Les jurés portèrent à l'unanimité la peine de mort. Elle entendit l'arrêt sans pâlir. Le président lui ayant demandé si elle avait à parler sur la nature de la peine qui lui était infligée, elle dédaigna de répondre, et s'approchant de son défenseur : « Monsieur, lui dit-elle d'une voix pénétrante et douce, vous m'avez défendue comme je voulais l'être, je vous en remercie ; je vous dois un témoignage de ma reconnaissance et de mon estime, je vous l'offre digne de vous. Ces messieurs (en montrant les juges) viennent de déclarer mes biens confisqués ; je dois quelque chose à la prison, je vous lègue cette dette à acquitter pour moi. »

Pendant qu'on l'interrogeait et que les jurés recueillaient ses réponses, elle avait aperçu dans l'auditoire un peintre qui dessinait ses traits. Sans s'interrompre, elle s'était tournée avec complaisance et en souriant du côté de l'artiste, pour qu'il pût mieux retracer son image. Elle pensait à l'immortalité. Elle posait déjà devant l'avenir.

XXXIV

Derrière le peintre, un jeune homme, dont les cheveux blonds, l'œil bleu, le teint pâle, révélaient un homme du Nord, s'élevait sur la pointe des pieds pour mieux apercevoir l'accusée. Il tenait les yeux attachés sur elle, comme un fantôme dont le regard aurait contracté l'immobilité de la mort. A chaque réponse de la jeune fille, le sens viril et le son féminin de cette voix le faisaient frissonner et changer de couleur. Il semblait boire des yeux ses paroles et s'associer par le geste, par l'attitude et par l'enthousiasme, aux sentiments que l'accusée exprimait. Plusieurs fois, ne pouvant contenir son émotion, il provoqua par des exclamations involontaires les murmures de l'auditoire et l'attention de Charlotte Corday. Au moment où le président prononça l'arrêt de mort, ce jeune homme se leva à demi avec le geste d'un homme qui proteste dans son cœur, et se rassit aussitôt comme si les forces lui manquaient. Charlotte, insensible à son propre sort, vit ce mouvement. Elle comprit qu'au moment où tout l'abandonnait sur la terre une âme s'attachait à la sienne, et qu'au milieu de cette foule indifférente ou ennemie elle avait un ami inconnu. Son regard le remercia. Ce fut leur seul entretien ici-bas.

Ce jeune étranger était Adam Lux, républicain allemand, envoyé à Paris par les révolutionnaires de Mayence pour concerter les mouvements de l'Allemagne avec ceux de la France dans leur cause commune de la liberté des peuples. Ses yeux suivirent l'accusée jusqu'au moment où elle disparut, entre les sabres des gendarmes, sous la voûte de l'escalier. Sa pensée ne la quitta plus.

XXXV

Rentrée à la Conciergerie, qui allait la livrer dans peu d'instants à l'échafaud, Charlotte Corday sourit à ses compagnons de prison, rangés dans les corridors et dans les cours pour la voir passer. Elle dit au concierge : « J'avais espéré que nous déjeunerions encore ensemble; mais les juges m'ont retenue là-haut si longtemps, qu'il faut me pardonner de vous avoir manqué de parole. » Le bourreau arriva. Elle lui fit demander une minute pour achever une lettre commencée. Cette lettre n'était ni une faiblesse ni un attendrissement de son âme : c'était le cri de l'amitié indignée qui veut laisser un reproche immortel à la lâcheté d'un abandon. Elle était adressée à Doulcet de Pontécoulant, qu'elle avait connu chez sa tante, et qu'elle croyait

avoir invoqué en vain pour défenseur. Voici ce billet :
« Doulcet de Pontécoulant est un lâche d'avoir refusé de me défendre lorsque la chose était si facile. Celui qui l'a fait s'en est acquitté avec toute la dignité possible. Je lui en conserverai ma reconnaissance jusqu'au dernier moment. » Cette vengeance frappait à faux sur celui qu'elle accusait du bord de la tombe. Le jeune Pontécoulant, absent de Paris, n'avait pas reçu la lettre : sa générosité et son courage répondaient de son acceptation. Charlotte emportait une erreur et une injustice à l'échafaud.

L'artiste qui avait ébauché les traits de Charlotte Corday devant le tribunal était M. Hauer, peintre et officier de la garde nationale de la section du Théâtre-Français. Revenue dans son cachot, elle pria le concierge de le laisser entrer pour achever son ouvrage. M. Hauer fut introduit. Charlotte le remercia de l'intérêt qu'il paraissait prendre à son sort et posa avec sérénité devant lui. On eût dit qu'en lui permettant de transmettre ses traits et sa physionomie à la postérité, elle le chargeait de transmettre son âme et son patriotisme visibles aux générations à venir. Elle s'entretint avec M. Hauer de son art, de l'événement du jour, de la paix que lui laissait l'acte qu'elle venait de consommer. Elle parla de ses jeunes amies d'enfance à Caen, et pria l'artiste de copier en petit le portrait en grand qu'il exécutait, et d'envoyer cette miniature à sa famille.

Au milieu de cet entretien, entrecoupé de silences, on entendit frapper doucement à la porte du cachot placée derrière l'accusée. On ouvrit, c'était le bourreau. Charlotte, se retournant au bruit, aperçut les ciseaux et la chemise rouge que l'exécuteur portait sur le bras. On vit sa peau pâlir et frissonner à cet appareil. « Quoi, déjà ! »

s'écria-t-elle involontairement. Elle se raffermit bientôt, et, jetant un regard sur le portrait inachevé : « Monsieur, dit-elle à l'artiste avec un sourire triste et bienveillant, je ne sais comment vous remercier du soin que vous avez pris ; je n'ai que cela à vous offrir, conservez-le en mémoire de votre bonté et de ma reconnaissance. » En disant ces mots, elle prit les ciseaux de la main du bourreau, et coupant une mèche de ses longs cheveux blond cendré qui s'échappaient de son bonnet, elle la présenta à M. Hauer. Les gendarmes et le bourreau, à ces paroles et à ce geste, sentirent des larmes monter dans leurs yeux.

La famille de M. Hauer possède encore ce portrait interrompu par la mort. La tête seule était peinte, le buste était à peine esquissé. Mais le peintre, qui suivit de l'œil les préparatifs de l'échafaud, fut si frappé de l'effet de splendeur sinistre que la chemise rouge ajoutait à la beauté du modèle, qu'après le supplice de Charlotte il la peignit sous ce costume.

Un prêtre autorisé par l'accusateur public se présenta, selon l'usage, pour lui offrir les consolations de la religion. « Remerciez, lui dit-elle avec une grâce affectueuse, ceux qui ont eu l'attention de vous envoyer ; mais je n'ai pas besoin de votre ministère : le sang que j'ai versé et mon sang que je vais répandre sont les seuls sacrifices que je puisse offrir à l'Éternel. » L'exécuteur lui coupa les cheveux ; elle les ramassa, les regarda une dernière fois et les donna à madame Richard. On lui lia les mains et on la revêtit de la chemise des suppliciés. « Voilà, dit-elle en souriant, la toilette de la mort faite par des mains un peu rudes, mais elle conduit à l'immortalité. »

Au moment où elle monta sur la charrette pour aller au

supplice, un orage éclatait sur Paris. Les éclairs et la pluie ne dispersèrent pas la foule qui encombrait les places, les ponts, les rues, sur la route du cortége. Des hordes de femmes forcenées la poursuivaient de leurs malédictions. Insensible à ces outrages, elle promenait un regard rayonnant de sérénité et de pitié sur ce peuple.

XXXVI

Le ciel s'était éclairci. La pluie, qui collait ses vêtements sur ses membres, dessinait sous la laine humide les gracieux contours de son corps, comme ceux d'une femme sortant du bain. Ses mains, liées derrière le dos, la forçaient à relever la tête; cette contrainte des muscles donnait plus de fixité à son attitude et faisait ressortir les courbes de sa stature. Le soleil couchant éclairait son front de rayons semblables à une auréole. Les couleurs de ses joues, relevées par les reflets de sa chemise rouge, donnaient à son visage une splendeur dont les yeux étaient éblouis. On ne savait si c'était l'apothéose ou le supplice de la beauté que suivait ce tumultueux cortége. Robespierre, Danton, Camille Desmoulins, s'étaient placés sur le passage pour l'entrevoir. Tous ceux qui avaient le pressentiment de l'assassinat étaient curieux d'étudier sur ses traits l'expression du fanatisme qui pouvait les menacer demain. Elle ressemblait à la vengeance céleste satisfaite et transfigurée. Elle paraissait par moments chercher dans ces milliers de visages un regard d'intelligence sur lequel son regard pût se reposer. Adam Lux attendait la charrette à l'entrée de la rue Saint-Honoré. Il suivit pieusement les roues jusqu'au pied de l'échafaud. Il gravait dans son cœur, dit-il lui-même, cette inaltérable douceur au milieu des hurlements barbares de la foule, ce regard si doux et si pénétrant, ces étincelles vives et humides qui s'échappaient comme des pensées enflammées de ces beaux yeux dans lesquels parlait une âme aussi intrépide que tendre. « Yeux charmants qui auraient dû émouvoir un rocher! s'écrie-t-il. Souvenirs uniques et immortels, ajoutait-il, qui brisèrent mon cœur et qui le remplirent d'émotions jusqu'alors inconnues! émotions dont la douceur égale l'amertume et qui ne mourront qu'avec moi. Qu'on sanctifie le lieu de son supplice et qu'on y élève sa statue avec ces mots : *Plus grande que Brutus!* Mourir pour elle, être souffleté comme elle par la main du bourreau, sentir en mourant le froid du même couteau qui trancha la tête angélique de Charlotte, être uni à elle dans l'héroïsme, dans la liberté, dans l'amour, dans la mort, voilà désormais mes seuls vœux! Je n'atteindrai jamais cette vertu sublime; mais n'est-il pas juste que l'objet adoré soit toujours au-dessus de l'adorateur?

XXXVII

Ainsi un amour enthousiaste et immatériel, éclos du dernier regard de la victime, l'accompagnait à son insu pas à pas jusqu'à l'échafaud, et se disposait à la suivre pour mériter avec son modèle et son idéal l'éternelle union des âmes. La charrette s'arrêta. Charlotte pâlit en voyant l'instrument du supplice. Elle reprit promptement ses couleurs naturelles et monta les marches glissantes de l'échafaud d'un pas aussi ferme et aussi léger que le permettaient sa chemise traînante et ses mains liées. Quand l'exécuteur, pour lui découvrir le cou, arracha le fichu qui couvrait sa gorge, la pudeur humiliée lui donna plus d'émotion que la mort prochaine; mais, reprenant sa sérénité et son élan presque joyeux vers l'éternité, elle plaça d'elle-même son cou sous la hache. Sa tête roula et rebondit. Un des valets du bourreau, nommé Legros, prit la tête d'une main et la souffleta de l'autre par une vile adulation au peuple. Les joues de Charlotte rougirent, dit-on, de l'outrage, comme si la dignité et la pudeur avaient survécu un moment au sentiment de la vie. La foule irritée n'accepta pas l'hommage. Un frisson d'horreur parcourut la multitude et demanda vengeance de cette indignité. Cependant la violation de l'humanité ne s'arrêta pas là. L'infâme curiosité des Maratistes chercha jusque sur les restes inanimés de la jeune fille les preuves du vice dont ses calomniateurs voulaient la flétrir. Sa vertu trouva son témoignage où ses ennemis cherchaient sa honte. Cette profanation de la beauté et de la mort attesta l'innocence de ses mœurs et la pureté de son corps.

XXXVIII

Telle fut la fin de Marat. Telles furent la vie et la mort de Charlotte Corday. En présence du meurtre, l'histoire n'ose glorifier; en présence de l'héroïsme, l'histoire n'ose flétrir. L'appréciation d'un tel acte place l'âme dans cette redoutable alternative de méconnaître la vertu ou de louer l'assassinat. Comme ce peintre qui, désespérant de rendre l'expression complexe d'un sentiment mixte, jeta un voile sur la figure de son modèle et laissa un problème au spectateur, il faut jeter ce mystère à débattre éternellement dans l'abîme de la conscience humaine. Il y a des choses que l'homme ne doit pas juger, et qui montent, sans intermédiaire et sans appel, au tribunal direct de Dieu. Il y a des actes humains tellement mêlés de faiblesse et de force, d'intention pure et de moyens coupables, d'erreur et de vérité, de meurtre et de martyre, qu'on ne peut les qualifier d'un seul mot, et qu'on ne sait s'il faut les appeler crime ou vertu. Le dévouement coupable de Charlotte Corday est du nombre de ces actes que l'admiration et l'horreur laisseraient éternellement dans le doute, si la morale ne les réprouvait pas. Quant à nous, si nous avions à trouver pour cette sublime libératrice de son pays et pour cette généreuse meurtrière de la tyrannie un nom qui renfermât à la fois l'enthousiasme de notre émotion pour elle et la sévérité de notre jugement sur son acte, nous créerions un mot qui réunît les deux extrêmes de l'admiration et de l'horreur dans la langue des hommes, et nous l'appellerions l'ange de l'assassinat.

Peu de jours après le supplice, Adam Lux publiait l'apologie de Charlotte Corday, et s'associait à son attentat pour être associé à son martyre. Arrêté pour cette audacieuse provocation, il était jeté à l'Abbaye. Il s'écriait en passant le seuil de la prison : « Je vais donc mourir pour elle! » Et il mourait en effet, en saluant comme l'autel de la liberté et de l'amour l'échafaud que le sang de son modèle avait consacré.

L'héroïsme de Charlotte fut chanté par André Chénier, qui devait bientôt mourir lui-même pour la patrie commune des grandes âmes : la pure liberté. La poésie de tous les peuples s'empara du nom de Charlotte Corday pour en faire l'effroi des tyrans. « Quelle est cette tombe? chante le poëte allemand Klopstock. C'est la tombe de Charlotte. Allons cueillir des fleurs et les effeuiller sur sa cendre, elle est morte pour la patrie. — Non, non, ne cueillez rien. — Allons chercher un saule pleureur et plantons-le sur son gazon, car elle est morte pour la patrie. — Non, non, ne plantez rien, mais pleurez, et que vos larmes soient de sang, car elle est morte en vain pour la patrie. »

En apprenant dans sa prison le crime, le jugement et la mort de Charlotte Corday, Vergniaud s'écria : « Elle nous tue, mais elle nous apprend à mourir! »

LIVRE QUARANTE-CINQUIÈME

Apothéose de Marat. — Les Girondins quittent la Normandie. — Leurs destinées diverses. — Retraite des armées françaises. — Les départements insurgés se soumettent. — Custine appelé à Paris. — Robespierre combat l'anarchie. — Danton mécontent. — Robespierre développe ses théories. — Réorganisation du comité de salut public. — Robespierre y domine. — Fête de la nouvelle constitution. — Adresse à la Convention. — Décrets. — Mouvement des patriotes. — Excès. — Échafauds. — Maximum — Réorganisation du tribunal révolutionnaire. — Merlin de Douai. — Loi des suspects. — Les prisons insuffisantes. — La Terreur. — Son but.

I

La vertu la plus pure est toujours trompée dans ses desseins, quand elle emprunte la main et l'arme du crime. Le sang de Marat enivra le peuple. La Montagne, Robespierre, Danton, heureux d'être débarrassés de ce rival dont ils redoutaient l'empire sur la multitude, jetèrent son cadavre à la populace pour qu'elle s'en fît une idole. Ses funérailles ressemblèrent plus à une apothéose qu'à un deuil. La Convention donna le culte de Marat en diversion à l'anarchie. Celui dont elle rougisssait comme collègue, elle permit qu'on en fît un dieu. La nuit même qui suivit sa mort, le peuple vint suspendre des couronnes à la porte de sa maison. La commune inaugura son buste dans la salle de ses séances. Les sections vinrent processionnellement pleurer à la Convention et demander le Panthéon pour cette cendre. D'autres demandèrent que son corps, embaumé, fût promené dans les départements et jusqu'aux limites du monde; d'autres enfin qu'on lui élevât une tombe vide sous tous les arbres de la liberté plantés dans toutes les communes de la république. Robespierre, aux Jacobins, essaya seul de modérer cette idolâtrie. « Et à moi aussi, dit-il, les honneurs du poignard me sont sans doute réservés. La priorité n'a été déterminée que par le hasard, et ma chute s'avance à grands pas. »

La Convention décréta qu'elle assisterait en masse aux obsèques. Le peintre David les ordonna. Plagiaire de l'antiquité, il voulut imiter les funérailles de César. Il fit placer le corps de Marat dans l'église des Cordeliers sur un catafalque recouvert de sa chemise sanglante. Le poignard, la baignoire, le billot, l'encrier, les plumes, les papiers, étaient étalés à côté du corps, comme les armes du philosophe et les témoignages de sa stoïque indigence. Les députations des sections se succédèrent avec des harangues, de l'encens, des fleurs, autour du cadavre. Elles y prononcèrent des serments terribles.

II

Le soir, le cortége funèbre sortit aux flambeaux de l'église et n'arriva qu'à minuit au lieu de la sépulture. On avait choisi pour abriter les restes de Marat le lieu même où il avait tant harangué et tant agité le peuple, la cour du club des Cordeliers, comme on enterre le combattant sur le champ de bataille. On descendit le corps dans la fosse à l'ombre de ces arbres dont les feuilles illuminées de milliers de lampions répandaient sur sa tombe le jour doux et serein de l'Élysée antique. Le peuple sous les bannières des sections, les départements, les électeurs, la commune, les Cordeliers, les Jacobins, la Convention, assistèrent à cette cérémonie. Dérisoire apothéose! Le président de l'Assemblée, Thuriot, adressa l'adieu suprême et national à ces mânes. Il annonça que la Convention allait placer la statue de Marat à côté de celle de Brutus. Le club des Cordeliers réclama son cœur. Renfermé dans une urne, il fut suspendu à la voûte de la salle des séances. La société lui vota enfin un autel. « Restes précieux d'un dieu! s'écria un orateur au pied de cet autel, serons-nous parjures à tes mânes? Tu nous demandes vengeance, et tes assassins respirent!... »

Les pèlerinages du peuple à la tombe de Marat s'organisèrent tous les dimanches, et confondirent dans une même adoration le cœur de cet apôtre du meurtre avec le cœur du Christ de paix. Les théâtres se décorèrent tous de son image. Les places et les rues changèrent leur nom pour prendre le sien. Les femmes lui élevèrent un obélisque. Des journalistes intitulèrent leurs feuilles *l'Ombre de Marat*. Ce délire se propagea dans les départements. Ce nom devint l'enseigne du patriotisme. Le maire de Nîmes se fit appeler le Marat du Midi; celui de Strasbourg, le Marat du Rhin. Le conventionnel Carrier appela ses troupes l'armée de Marat. La veuve de l'*ami du peuple* vint demander à la Convention vengeance pour son époux et un tombeau pour elle. Des fêtes funèbres, des processions, des anniversaires, furent institués dans un grand nombre de communes de la république. Des jeunes filles, vêtues de blanc et tenant à la main des couronnes de cyprès et de chêne, y chantaient, autour du catafalque, des hymnes à Marat. Tous les refrains de ces hymnes étaient sanguinaires. Le poignard de Charlotte Corday, au lieu d'étancher le sang, semblait avoir ouvert les veines de la France.

III

La Convention reprenait partout son ascendant. Après la rencontre de Vernon, où l'avant-garde des fédéralistes s'était évanouie au premier coup de canon, les Girondins réfugiés à Caen cherchèrent à regagner Bordeaux, abandonnant la Normandie et la Bretagne aux royalistes d'un côté, aux commissaires de la Convention de l'autre. Pétion, Louvet, Barbaroux, Salles, Meilhan, Kervélégan, Gorsas, Girey-Dupré, Marchenna, Espagnol enrôlé volontairement dans les rangs de la Gironde, Riouffe enfin, jeune Marseillais qui suivait cette cause jusque dans ses désastres, prirent l'uniforme des volontaires du Finistère et se confondirent avec ces soldats pour atteindre la Bretagne. Guadet était venu les rejoindre depuis peu à Caen. Il n'assista qu'à leur ruine. Buzot, du Chastel, Bergoing, Lesage, Valady, partirent avec les bataillons. Lanjuinais les avait devancés à Brest, semant son indignation et son courage autour de lui. Henri Larivière et Mollevault, membres de la fatale commission des Douze, précédèrent les fugitifs à Quimper et leur préparèrent non des auxiliaires, mais des asiles. Réduits au nombre de dix-neuf et séparés du bataillon du Finistère, qui les avait protégés jusqu'à Lamballe, les députés quittèrent les grandes routes et marchèrent par des chemins détournés, demandant de chaumière en chaumière une hospitalité qui pouvait à chaque instant les trahir.

Reconnus à Montcontour par quelques fédérés, et ayant entendu murmurer autour d'eux : « Voilà Pétion, voilà Buzot, » ils se réfugièrent dans les bois. On soupçonnait leur retraite. Ils y passèrent de longues heures cachés sous les feuilles. La pluie ruisselait sur leurs corps engourdis. Un jeune citoyen de Montcontour, qui avait épié leur fuite, vint les prendre et les dirigea, la nuit, vers une maison écartée où ils se reposèrent quelques heures.

Ils entendaient de là la générale battre dans les villages. On fouillait les champs, les bois, les maisons pour les saisir. Giroust et Lesage se séparèrent de leurs compagnons et acceptèrent l'hospitalité dans les environs. Les autres continuèrent leur route. Ils avaient des armes. Ils intimidaient les paysans qu'ils ne pouvaient séduire. Ils échappaient, de miracle en miracle, aux dangers qui les entouraient.

IV

Cependant la marche, la faim, la soif, l'inquiétude, la maladie, les décimaient. Cussy, torturé par un accès de goutte, gémissait à chaque pas. Buzot, affaibli, jetait ses armes, fardeau trop pesant pour lui. Barbaroux, quoique à peine âgé de vingt-huit ans, avait la stature lourde et l'embonpoint d'un homme avancé en âge. Une entorse avait fait enfler son pied. Il ne pouvait marcher qu'à l'aide du bras de Pétion et de Louvet, qui le soutenaient tour à tour. Riouffe, les pieds écorchés par la marche, se traînait en tachant les chemins de son sang. Pétion, Salles et Louvet conservaient seuls leur infatigable vigueur.

Un soir, aux approches d'une petite ville, un guide sûr leur annonça que dix gendarmes et quelques gardes nationaux les attendaient le lendemain au passage pour leur fermer la route. « Il faut les prévenir, dit Barbaroux à ses amis, forcer la marche et nous glisser cette nuit à travers la ville. Avant que les gendarmes aient sellé leurs chevaux, nous aurons franchi le pas dangereux. S'ils nous poursuivent, les fossés et les haies de la campagne nous serviront de remparts. Ils tomberont sous nos balles, ou ils n'auront que nos cadavres. Marchons sur nos genoux, s'il le faut, plutôt que de tomber vivants dans les mains des Maratistes. Demain, si nous échappons, nous serons en sûreté dans l'asile que Kervélégan nous a préparé à Quimper. »

Les blessés et les malades aimaient mieux attendre la mort sur la place que de la fuir. Cependant l'énergie de Barbaroux les fit rougir de leur résignation. Ils se levèrent, ils franchirent en silence le passage, et se couchèrent à quelques lieues plus loin dans l'herbe haute qui cachait leur corps et qui protégea leur sommeil. Accablés de fatigue, énervés de faim, ils touchaient enfin à Quimper, mais ils n'osaient y entrer. Ils envoyèrent un de leurs guides avertir Kervélégan de leur approche et lui demander les indications nécessaires pour gagner les retraites que son amitié leur avait sans doute assurées. Ce guide ne revenait pas. Ils attendaient depuis trente-deux heures, sans toit et sans nourriture, battus par la pluie et couchés dans un marais dont l'eau glacée engourdissait leurs membres. Cussy invoquait la mort, plus clémente que la douleur. Riouffe et Girey-Dupré perdaient l'enjouement de leur jeunesse, qui les avait soutenus jusque-là. Buzot s'enveloppait de sa mélancolie taciturne. Barbaroux même sentait s'évanouir, non son courage, mais son espoir. Louvet pressait sur sa poitrine l'arme chargée qui contenait sa délivrance et sa mort. L'image de la femme adorée qui cherchait sa trace pour le rejoindre le rattachait seule à la vie. Pétion conservait l'indifférence stoïque d'un homme qui défie le sort de le précipiter plus bas, après l'avoir élevé plus haut. Il touchait le fond de l'infortune et s'y reposait.

V

Cependant Kervélégan veillait à Quimper. Un messager à cheval, envoyé par lui, découvrit dans le marais les fugitifs. Il les conduisit chez un paysan, où le feu, le pain et le vin ranimèrent leur engourdissement. Un curé constitutionnel des environs les reçut ensuite. Ils y restaurèrent leurs forces; puis ils se séparèrent en plusieurs groupes, dont chacun eut sa fortune et sa fin diverses. Cinq d'entre eux, au nombre desquels étaient Salles, Girey-Dupré, Cussy, reçurent asile chez Kervélégan; Buzot fut confié à la discrétion d'un généreux citoyen dans une maison du faubourg de Quimper; Pétion et Guadet s'abritèrent dans une maison de campagne isolée; Louvet, Barbaroux, Riouffe, chez un patriote de la ville. L'amante de Louvet l'avait devancé à Quimper. Elle apportait à son ami le dévouement, les espérances et les illusions de son amour.

Du fond de leurs retraites, les proscrits concertèrent les moyens de se réfugier ensemble à Bordeaux, sans courir les dangers de la route par terre. Du Chastel découvrit une barque pontée, à l'ancre sur la petite rivière qui se jette dans la mer à Quimper. Il fit réparer cette embarcation et la nolisa pour transporter ses amis et lui à Bordeaux. Bien que les commissaires de la Montagne n'osassent pas encore se montrer dans le département, d'où l'opinion les repoussait, le projet de du Chastel découvert fut déjoué. Une autre embarcation, préparée à Brest, emporta vers l'embouchure de la Gironde du Chastel, Cussy, Bois-Guyon, Girey-Dupré, Salles, Meilhan, Bergoing, Marchenna et Riouffe. Pétion, Guadet, Buzot, pour ne pas se séparer de Barbaroux mourant, refusèrent de s'embarquer à Brest, et attendirent dans leurs asiles la guérison de leur ami. Louvet se retira seul avec Lodoïska dans une chaumière qu'elle lui avait préparée. Il savoura, entre deux tempêtes, ces moments de félicité d'autant plus vive qu'elle est plus menacée : halte des infortunes sur la route de la mort. Barbaroux, léger dans ses amours, que son inconstance ne changeait jamais en attachement durable, enviait, disait-il, ce bonheur que Louvet proscrit devait au dévouement et à la fidélité.

La nouvelle de la prise de Toulon par les Anglais redoubla la surveillance et la persécution des patriotes contre les fédéralistes accusés du démembrement de la patrie. Louvet, Barbaroux, Buzot, Pétion, s'embarquèrent enfin de nuit dans une chaloupe de pêcheur qui devait les conduire à un navire mouillé sur la côte. Couchés sous des nattes à fond de cale, ils traversèrent sans être découverts la flotte de vingt-deux vaisseaux de la république. S'ils eussent été visités, ils auraient été infailliblement reconnus au signalement de Pétion. Les soucis de la Révolution, l'ardeur de l'ambition, les orages de la popularité conquise et perdue, avaient blanchi avant quarante ans ses cheveux et sa barbe. Ce vieillard précoce était connu de la France entière. Les proscrits entrèrent dans le lit de la Gironde et débarquèrent au Bec-d'Ambès, petit port aux environs de Bordeaux. Ils croyaient toucher le sol de la liberté, il était devenu le sol de la mort.

VI

Pendant que les Girondins vaincus tombaient un à un dans les mains de leurs ennemis ou prolongeaient si douloureusement l'agonie de leur parti par la fuite, la république, raffermie au centre, était entamée aux extrémités. Les frontières étaient découvertes ; les places conquises par l'armée de Custine en Allemagne et nos propres places du Nord tombaient sous le canon de la coalition. Nous avons vu que Custine, replié sur Landau, avait laissé une imposante garnison à Mayence, comme un gage prochain d'une seconde invasion de l'Allemagne. Le général Doyré commandait la place. Dubayet, Kléber, officiers aussi éclairés qu'intrépides, étaient ses lieutenants. Le général Meynier, connu par les merveilleux travaux de Cherbourg, commandait Cassel, tête de pont sur la rive droite du Rhin. Rewbell et Merlin de Thionville, à la fois représentants et soldats, s'étaient enfermés dans Mayence, pour que les troupes combattissent sous l'œil même de la Convention. Deux cents bouches à feu défendaient la place. Le blocus était formé par cinquante-sept bataillons et quarante escadrons. Les grains étaient abondants dans la ville, mais la poudre manquait. Les prodiges d'habileté, d'audace et de courage dont Merlin de Thionville donnait l'exemple, du cœur et des bras, aux troupes, ne laissaient néanmoins d'autre espoir que celui d'une héroïque défense. Cette défense même paralysait vingt mille de nos meilleurs soldats bloqués de l'autre côté du Rhin dans leur conquête. Custine envoya un officier à l'armée prussienne. Cet officier demanda à traverser les lignes en parlementaire, accompagné d'un officier prussien, pour aller porter à Mayence l'ordre de capituler honorablement. Les commissaires de la Convention, Merlin et Rewbell, et les généraux commandant la ville et les troupes, réunis en conseil de guerre, repoussèrent énergiquement cette insinuation. Le blocus fut resserré par les Autrichiens et les Prussiens et converti en siége. Les Français, reprenant à chaque instant l'offensive par des sorties terribles, forçaient l'armée ennemie à conquérir plusieurs fois chaque pas qui la rapprochait des murailles. Le général Meynier, atteint, dans une de ces sorties, d'un biscaïen qui lui fracassa le genou, expira quelques jours après. Les Prussiens, saisis d'admiration et de respect, cessèrent le feu pour donner aux Français le temps d'élever la tombe de leur général dans un des bastions de la ville. « Je perds un ennemi qui m'a fait bien du mal, s'écria Frédéric-Guillaume ; mais la France perd un grand homme. »

Le bombardement commença par trois cents bouches à feu. Les moulins qui fournissaient les farines à la ville et à la garnison furent incendiés. La viande manqua comme le pain. Les chevaux, les chiens, les chats, les souris, furent dévorés par les habitants. La famine sans pitié força les généraux à renvoyer de la ville les bouches inutiles. Les vieillards, les femmes, les enfants, chassés de l'enceinte au nombre de deux ou trois mille, furent également repoussés par les Prussiens, et expirèrent, entre les deux armées, sous le canon des batteries ou dans les angoisses de la faim. Les hôpitaux, sans vivres, sans médicaments, sans toits, ne pouvaient plus abriter les blessés. La ville capitula.

Les troupes sortirent libres avec leurs drapeaux et leurs armes, sous la condition de ne pas combattre pendant un an contre la Prusse. La garnison murmura contre ses chefs. L'instinct des soldats leur révélait de prochains secours du côté du Nord par l'armée du général Houchard. Ils voulaient les attendre. Cette première retraite des armes françaises semblait à nos bataillons un démenti honteux au génie de la Révolution. La Convention en jugea ainsi. Le général Doyré, gouverneur de la place, et le général Dubayet, commandant des troupes, furent arrêtés à leur entrée en France, et conduits prisonniers à Paris. Merlin de Thionville lui-même, malgré la gloire dont il s'était couvert, eut peine à faire excuser la reddition de ce boulevard du Rhin, devenu le tombeau de cinq mille de ses défenseurs. La renommée de Custine en fut atteinte. A ces premiers revers, on commença à chercher des torts à ce général. On transporta dans la Vendée quinze mille soldats trempés au feu par le long siége de Mayence.

VII

Au même moment Condé, une des places de nos frontières du Nord, tomba. Dampierre était mort en tentant de la secourir. Le général Chancel, enfermé avec quatre mille soldats dans la ville, n'avait plus ni vivres ni munitions. La ration du soldat n'était que de deux onces de pain, et ne pouvait plus fournir qu'à quelques jours de vivres. Il fallut se rendre prisonniers le 12 juillet. Valenciennes, écrasée de bombes, se rendit le 28 aux Anglais et aux Autrichiens. Le général Ferrand, ce brave lieutenant de Dumouriez, âgé de soixante-dix ans, avait défendu trois mois la ville comme s'il eût voulu se faire un tombeau de ses ruines. Les fortifications, écroulées sous les coups de deux cent mille boulets, de trente mille obus et de cinquante mille bombes, laissaient des brèches assez larges pour le passage de la cavalerie. La terreur seule du nom de nos braves soldats et du nom de Ferrand couvrait la place. Valenciennes capitula enfin, et la garnison, après avoir tué vingt mille ennemis et perdu elle-même sept mille combattants, obtint de rentrer dans l'intérieur de la France avec ses armes et sous ses drapeaux.

La nouvelle de ces désastres consterna Paris sans le décourager. La constance de la Convention au milieu des revers raffermit l'esprit public. Tous s'affligèrent, nul ne désespéra de la patrie.

Les nouvelles des départements rassuraient l'Assemblée. Bordeaux, reconquis par les Jacobins, rouvrit ses portes aux envoyés de la Convention. Caen, après huit jours d'agitation et d'incertitude, rendit à la liberté les commissaires emprisonnés. L'insurrection de la Bretagne et de la Normandie s'affaissa sur elle-même. Les patriotes continrent quelque temps à Toulon les royalistes. Toulouse rentra dans l'obéissance. La Lozère s'apaisa. Les deux députés girondins Chasset et Biroteau, instigateurs de l'insurrection à Lyon et dans le Jura, virent, comme Rebecqui à Marseille, le mouvement qu'ils avaient suscité, républicain dans l'origine, se changer en mouvement royaliste. Ils tremblèrent eux-mêmes devant leur ouvrage. Nantes repoussa les Vendéens de ses murailles.

Ces revers d'un côté, ces succès de l'autre, rendaient les Jacobins à la fois défiants et téméraires. Les dénonciations contre Custine se multipliaient et s'envenimaient. On accusa d'autant plus ce général qu'on avait espéré de lui davantage. Sa confiance et son bonheur dans ses premières campagnes avaient fait attendre de lui l'impossible. Il était puni d'avoir trop promis. On l'accusait de complicité avec le duc de Brunswick, de ménagements envers le roi de Prusse, d'intelligence secrète avec les royalistes de l'intérieur, d'entente avec le général Wimpfen et avec les Girondins de Caen. Bazire demanda l'arrestation de Custine au milieu de son armée. La Convention pouvait craindre qu'un général qui avait fanatisé ses troupes ne fît appel à sa popularité dans son camp et n'aggravât la situation de la république en marchant contre Paris. Elle ne recula pas néanmoins; elle envoya l'ordre à Custine de venir rendre compte de sa conduite. Levasseur de la Sarthe se chargea de cette périlleuse mission. Arrivé au camp, le représentant demanda à passer les troupes en revue; quarante mille hommes étaient sous les armes. Les soldats, qui suspectent Levasseur de venir leur enlever leur chef, lui refusent les honneurs militaires. Levasseur les exige et fait incliner les drapeaux : « Soldats de la République, leur dit-il, la Convention a fait arrêter le général Custine. — Qu'on nous le rende ! » répondent d'une voix irritée les troupes. Le représentant brave ces clameurs. Il tire son sabre et parcourt les rangs, défiant de l'œil et menaçant de la pointe de son arme le soldat qui oserait attenter, dans sa personne, à la patrie. Un sergent sort des rangs. « Nous voulons qu'on nous rende notre général, dit-il. — Avance-toi, toi qui demandes Custine! répond Levasseur; oses-tu répondre sur ta tête de son innocence?... Soldats! poursuit le représentant, si Custine est innocent, il vous sera rendu; s'il est coupable, son sang expiera ses crimes. Point de grâce pour les traîtres! Malheur aux rebelles! »

VIII

Le silence du devoir répondit seul à ces paroles. Le général fut arrêté. Custine n'imita pas Dumouriez. Il préféra l'échafaud au sol étranger. Arrivé à Paris, il y obéit et retrouva un reste de popularité qu'on lui reprocha comme un crime. Il se promena au Palais-Royal et y fut applaudi par la jeunesse et par les femmes.

Cette obéissance passive encouragea les Jacobins à de nouvelles dénonciations. Le ministre de l'intérieur, Garat, le ministre de la marine, Dalbarade, furent l'objet d'odieuses insinuations. Le pouvoir exécutif, ainsi obsédé de soupçons et d'incriminations incessantes, devenait non-seulement dangereux, mais impossible à exercer. Robespierre, qui n'avait favorisé l'anarchie qu'autant qu'il croyait l'anarchie nécessaire au triomphe de la Révolution, se posa énergiquement contre les instigateurs du désordre, du moment que la Révolution lui parut assurée. Il défendit le comité de salut public accusé de mollesse, bien qu'il n'en fît pas partie lui-même ; il défendit Danton ; il défendit Garat et Dalbarade contre Chabot et Rossignol ; il fulmina contre les dénonciateurs. Les murmures des Jacobins exaltés qui couvraient sa voix ne l'intimidèrent pas. « Il suffira donc qu'un homme soit en place pour qu'on le calomnie ! s'écriait-il au milieu des murmures des Jacobins. Nous ne cesserons donc jamais d'ajouter foi aux contes ridicules ou perfides dont on nous accable de toutes parts ! On ose accuser même Danton. Serait-ce lui qu'on voudrait nous rendre suspect ? On accuse Bouchotte, on accuse Pache. Il est écrit que les meilleurs patriotes seront dénoncés. Il est temps de mettre fin à ces indignités. » Quelques jours après, Robespierre s'opposa avec la même fermeté aux accusations qu'on généralisait contre les nobles employés dans les armées. « Que signifient tous ces lieux communs de noblesse qu'on vous débite maintenant ? dit-il. Mes antagonistes ici ne sont pas plus républicains que moi. Voulez-vous donc tenir le comité de salut public en lisière ? Des hommes nouveaux, des patriotes d'un jour veulent perdre dans l'esprit du peuple ses plus anciens amis. Je cite pour exemple Danton qu'on calomnie ; Danton, sur lequel personne n'a le droit d'élever le plus léger reproche ; Danton, qu'on ne discréditera qu'après avoir prouvé qu'on a plus d'énergie, de talent ou d'amour de la patrie que lui. Je ne prétends pas m'identifier avec lui pour nous faire valoir tous deux l'un par l'autre, je le cite seulement. Deux hommes salariés par les ennemis du peuple, deux hommes que Marat dénonça, affectent de succéder à cet écrivain patriote. C'est par eux que ces ennemis distillent leur poison contre nous. L'un est un prêtre connu par des actions infâmes, Jacques

Roux; le second est un jeune homme, Leclerc, qui prouve que la corruption peut entrer dans de jeunes âmes ! Avec des phrases bien patriotiques, ils parviennent à faire croire au peuple que ses nouveaux amis sont plus zélés que nous. Ils donnent de grandes louanges à Marat pour avoir le droit de dénigrer les patriotes actuels. Qu'importe de louer les morts, pourvu qu'on puisse calomnier les vivants ?

IX

Pendant que Robespierre, cherchant enfin la popularité dans la raison publique et dans la force du gouvernement, modérait ainsi les Jacobins et se posait en homme de gouvernement, Danton se laissait pour ainsi dire protéger par Robespierre. La chute des Girondins l'avait déconcerté. Les Girondins étaient pour lui un des poids de l'équilibre qu'il avait espéré établir dans la Convention à son profit, en se portant, de sa personne, tantôt vers la Montagne, tantôt vers la Plaine. Aucune balance n'était plus possible depuis le triomphe de la commune. Il fallait être ou proscripteur ou proscrit. Danton répugnait également à l'un ou à l'autre de ces deux rôles. Plongé dans les délices de l'attachement que lui inspirait la jeune femme qu'il venait d'épouser, cherchant le repos, humilié de sa renommée sanguinaire et voulant la racheter par des amnisties et des générosités naturelles à l'état présent de son cœur, Danton voulait faire halte dans son bonheur domestique, et sinon abdiquer, du moins ajourner son ambition. Fatigué d'être terrible, il voulait être aimé.

La Montagne l'aimait en effet. Il était dans les crises sa lumière; dans les tumultes, sa voix; dans l'action, sa main; mais depuis que Marat avait disparu de la Montagne, Danton y retrouvait Robespierre, rival plus sérieux que Marat. Bien que Robespierre affichât, comme on l'a vu, la plus haute estime pour lui, et qu'il le consultât même dans les conjonctures difficiles, Danton ne se dissimulait pas que cette déférence n'était qu'un hommage, et que, tant que Robespierre existerait, nul autre que l'idole des Jacobins ne serait le premier dans la république. Or Danton aimait mieux disparaître que d'être le second. Son ambition était moindre que son orgueil. Il pouvait s'effacer, il ne voulait pas être chassé. Il comptait sur la fortune et sur son génie pour le rapporter à sa vraie place, c'est-à-dire à la tête de la Révolution.

X

De plus, Danton était arrivé, au moins pour un moment, à cet état de lassitude morale qui saisit et qui alanguit quelquefois les ambitions les plus fougueuses, quand elles ne sont pas soutenues par la toute-puissance d'une idée désintéressée. Homme de passion et non de théorie, il éprouvait les faiblesses de la nature. Les passions personnelles se lassent et s'usent, les passions publiques jamais.

Robespierre avait cet avantage sur Danton, que sa passion était infatigable parce qu'elle était impersonnelle. Danton était un homme, Robespierre était une idée.

Aussi Danton étonnait-il depuis quelque temps ses amis par la langueur et l'incohérence de ses résolutions. Ses propos annonçaient ce désordre et ce découragement de l'âme qui regarde en arrière, qui a plus de force pour regretter que pour vouloir, pour se résigner que pour agir; symptômes certains du déclin de l'ambition, et présage du déclin de la destinée dans les hommes publics. « Malheureux Girondins, s'écriait-il quelquefois dans ses gémissements intérieurs, ils nous ont précipités dans l'abîme de l'anarchie, ils en ont été submergés, nous le serons à notre tour, et déjà je sens la vague à cent pieds au-dessus de ma tête ! »

Dans cette disposition d'esprit, Danton désertait la tribune des Jacobins, sans cesse occupée par Robespierre, parlait rarement aux Cordeliers, se taisait à la Convention. Il semblait abandonner la Révolution à son courant, et s'asseoir lui-même sur le bord pour voir passer les débris et pour attendre les retours de l'opinion. Mais Danton avait été trop grand pour être oublié. L'oubli ne sauve que les médiocrités. La Révolution mécontente s'aigrissait contre lui et contre ses amis. Legendre, Camille Desmoulins, Fabre d'Églantine, Chabot, étaient devenus comme lui suspects aux Cordeliers et aux Jacobins. On accusait sourdement ces hommes de mauvaise renommée de s'arrêter, de faiblir, de s'engraisser des dépouilles, d'agioter avec des banquiers étrangers, de caresser les vaincus, de voiler d'une indulgence intéressée les trahisons des généraux, d'imiter les vices des aristocrates, d'amollir les mœurs du peuple, de substituer la vénalité à la probité dans les ressorts du gouvernement, de transformer les Spartiates en Sybarites, enfin de former la faction des hommes corrompus, la pire des factions dans une république qui ne pouvait être fondée que sur la liberté et sur la vertu.

XI

Ces reproches faisaient sourire Danton de dédain et lui inspiraient même un secret orgueil. Il ne se targuait pas d'austérité, il n'avait pas l'hypocrisie du désintéressement; il étalait plutôt ses faiblesses qu'il ne les cachait. Il comptait de plus sur l'inconnu. La mort naturelle l'avait délivré de la supériorité de Mirabeau; le poignard l'avait débarrassé de Marat; le 31 mai l'avait soulagé de l'éloquence supérieure de Vergniaud; le hasard pouvait l'affranchir de la rivalité de Robespierre. Le temps court vite en révolution. Il suffit de se placer sur la route du temps, pour qu'il vous apporte à son heure tout ce que la fortune peut avoir à donner. Ainsi raisonnait instinctivement Danton.

C'est à cette époque que, pressé par sa jeune femme et par sa nouvelle famille de séparer sa cause et son nom de la cause et du nom de la terreur qui commençait à soulever l'âme des bons citoyens, il se décida à quitter la scène, à fuir Paris et à se retirer à Arcis-sur-Aube.

Danton était trop versé dans les mystères du cœur humain pour ne pas comprendre que cette retraite, dans un pareil moment, était un acte trop humble ou trop orgueilleux pour un homme de son importance dans la république. Se séparer de la Convention dans la crise de ses périls et de ses violences, c'était déclarer qu'on se sentait inutile à la patrie, ou c'était déclarer qu'on ne voulait pas accepter la solidarité avec le gouvernement. Une telle attitude était une abdication ou une menace : Danton le savait. Aussi déguisa-t-il sous des prétextes de lassitude et d'épuisement de ses forces les véritables causes de son éloignement. Il allégua aussi la nécessité de présenter sa nouvelle épouse à sa mère et à son beau-père, M. Ricordin, qui vivait encore.

Le motif principal de cette retraite, motif qu'il avoua à sa femme et à ses proches dans l'intimité des épanchements domestiques, fut l'horreur que lui inspirait le prochain jugement de la reine Marie-Antoinette. Ce meurtre d'une femme prisonnière par un peuple répugnait à l'âme de Danton : il avait juré souvent qu'il sauverait ces têtes de femmes et d'enfants. Il avait proposé de renvoyer la reine, Madame Royale et Madame Élisabeth en Autriche. Il avait caché sous des paroles de mépris l'intérêt réel que lui inspiraient ces victimes désarmées. Il voulait se laver les mains de ce sang de femmes qu'on allait répandre.

Avant de partir, Danton eut un entretien secret avec Robespierre. Il s'humilia devant son rival jusqu'à lui faire confidence de son découragement des affaires publiques. Il lui demanda de le défendre pendant son absence contre les calomnies que les Cordeliers ne cessaient de répandre sur son patriotisme et sur sa probité. Robespierre, satisfait de la déférence et de l'éloignement du seul homme qui pût le balancer dans la république, se garda bien de retenir Danton. Les deux rivaux, en apparence amis, se jurèrent une mutuelle estime et un constant appui. Danton partit.

XII

Danton, dans sa retraite rurale d'Arcis-sur-Aube, vécut uniquement occupé de son amour, du soin de ses jeunes enfants, de la surveillance de ses intérêts domestiques, du bonheur de revoir sa mère, ses amis de jeunesse, les champs paternels. Il paraissait avoir déposé entièrement le poids et même le souvenir des affaires publiques. Il n'écrivait aucune lettre. Il n'en recevait aucune de Paris. Le fil de toutes ses trames était coupé. Un seul député à la Convention le visitait quelquefois : c'était le député Courtois, son compatriote, qui possédait des moulins à Arcis-sur-Aube. Leurs entretiens roulaient sur les périls de la patrie.

Dans ses conversations intimes avec sa femme, sa mère et M. Ricordin, Danton ne déguisait pas son repentir sincère des emportements révolutionnaires dans lesquels la fougue des passions avait jeté son nom et sa main. Il cherchait à se laver de toute complicité dans les massacres de septembre. Il parlait de ces journées non plus comme il en avait parlé le lendemain en ces mots : « J'ai regardé mon crime en face, et je l'ai commis; » mais comme d'un excès de fureur patriotique auquel des scélérats de la commune avaient poussé le peuple, que lui ne s'était pas senti de force à prévenir et qu'il avait dû subir, tout en le détestant. Il ne dissimulait pas non plus son espérance de ressaisir l'ascendant dû à son génie politique, quand les convulsions présentes auraient usé les petits génies et les faibles caractères qui régnaient à la Convention. Il parlait de Robespierre comme d'un rêveur quelquefois cruel, quelquefois vertueux, toujours chimérique. « Robespierre se noie dans ses idées, disait-il, il ne sait pas toucher aux hommes. » Il ne croyait pas à la durée de la république. « Il faut, disait-il quelquefois, plusieurs générations humaines pour passer d'une forme de gouvernement à une autre forme. Avant d'avoir une cité, ayez donc des citoyens! »

Il lisait beaucoup les historiens de Rome. Il écrivait beaucoup aussi. Mais il brûlait aussitôt ce qu'il avait écrit. Il ne voulait laisser d'autre trace de lui que son nom.

XIII

Robespierre, au contraire, quoique malade et épuisé par des travaux d'esprit qui auraient consumé plusieurs hommes, se dévouait avec plus d'ardeur que jamais à la poursuite de son idéal de gouvernement. Il grandissait son ambition en la confondant tout entière dans l'ambition de la république qu'il voulait fonder. Les inconséquences, les repentirs, l'aristocratie propriétaire et commerciale des Girondins, lui avaient sincèrement persuadé que ces hommes voulaient rétrograder vers la monarchie, ou constituer une république où la domination de la richesse serait substituée à la domination de l'Église et du trône, et où le peuple aurait quelques milliers de tyrans au lieu d'en avoir un seul. Il avait cru voir dans ces hommes de la bourgeoisie les ennemis les plus dangereux de la démocratie universelle. Depuis leur chute il croyait toucher à son but. Ce but, c'était la souveraineté représentative de tous les citoyens, puisée dans une élection aussi large que le peuple lui-même, et agissant par le peuple et pour le peuple dans un conseil électif qui serait tout le gouvernement. Il croyait ce but celui de la nature et de Dieu. Fonder ce gouvernement, éprouver ses rouages, régulariser ses oscillations, assister à ses premiers mouvements, le vivifier de ses principes, c'était le rêve et l'aspiration de Robespierre.

XIV

Aussi changea-t-il d'attitude et de langage dès que les Girondins eurent disparu. Il ne s'étudia plus qu'à trois choses : rallier l'opinion publique à la Convention par les Jacobins, dont il était l'oracle; résister aux empiétements anarchiques de la commune, qui menaçaient d'asservir l'indépendance de la représentation; et enfin établir l'harmonie et l'unité d'action dans l'organisation d'un comité de gouvernement. Sa popularité, de jour en jour plus générale et plus fanatique dans ses adeptes, était pour lui un instrument et non un but. Il la dépensait avec autant de prodigalité qu'il avait mis de soin et de patience à la conquérir. L'obscurité dans laquelle il se tenait renfermé hors de l'arène publique jetait sur sa personne le voile qui dérobe les grandes pensées à l'envie et le mystère qui sied aux oracles. La calomnie s'arrêtait confondue sur le seuil de cette chambre, dans une maison d'honnête artisan. L'âme de la république semblait alors s'y cacher avec lui dans la pauvreté, dans le travail, dans l'austérité des mœurs.

XV

De ce jour, Robespierre devint plus assidu que jamais aux séances du soir des Jacobins. Il tourna les méditations de cette société vers les grands problèmes de l'organisation sociale, pour les distraire des factions, dont le règne, selon lui, devait être passé. Il s'écarta avec plus de dégoût apparent de tous les hommes corrompus qui voulaient mêler la démagogie à la Révolution, comme on mêle au pur métal l'alliage impur qui le rend plus souple et plus facile à manier. Il ne voulut pas abaisser les principes républicains à la portée d'un peuple vieilli et usé. Il prétendait élever la pensée du peuple à la hauteur la plus spiritualiste des principes. Par là même il flatta l'orgueil de ce peuple, et, en lui persuadant qu'il était capable d'institutions vertueuses, il lui fit croire à sa propre vertu. Il se lia d'une amitié plus intime avec le très-petit nombre d'hommes âpres, mais intègres, qui poussaient jusqu'au culte la logique rigoureuse, mais vague et implacable, de la démocratie. C'étaient Couthon, Lebas, Saint-Just, hommes purs de tout jusque-là, excepté de fanatisme. Nul sang ne les tachait encore. Ils espéraient que leur système prévaudrait par la seule évidence de la raison, par le seul attrait de la vérité; mais ils étaient malheureusement décidés à ne rien refuser à leur système, pas même des sacrifices de générations entières. Ces députés, en petit nombre, se réunissaient presque tous les soirs chez leur oracle; ils y enflammaient leur imagination aux ravissantes perspectives de la justice, de l'égalité et de la félicité promises par la doctrine nouvelle à la terre. A la nudité de cette salle, à la sobriété de ces repas, au ton philosophique de ces entretiens, aux images sans cesse reproduites de vertu, de désintéressement, de sacrifice à la patrie, nul n'aurait cru voir une conjuration de démagogues, mais une rencontre de sages rêvant les institutions d'un âge d'or. Des images pastorales s'y mêlaient aux tragiques émotions du temps et du lieu. L'amour même échauffait, sans l'amollir, le cœur de ces hommes. La tendresse de Couthon pour la femme dévouée qui consolait sa vie infirme, le sentiment orageux et passionné de Saint-Just pour la sœur de Lebas, la prédilection grave de Robespierre pour la seconde fille de son hôte, l'amour de Lebas pour la plus jeune, les projets d'union, les plans de bonheur après les orages, donnaient à ces entretiens un caractère de famille, de sécurité et quelquefois d'enjouement, qui ne laissait pas soupçonner le conciliabule des maîtres et bientôt des tyrans de la république. On n'y parlait que du bonheur de l'abdication de tout rôle public aussitôt après le triomphe des principes, d'un humble métier à exercer, d'un champ à cultiver. Robespierre lui-même, plus lassé en apparence de l'agitation et plus altéré de repos, ne parlait que de chaumière isolée au fond de l'Artois, où il emmènerait sa femme et d'où il contemplerait, du sein de sa félicité privée, la félicité générale. Chose étrange et cependant témoignage sincère de l'instabilité et de la lassitude du cœur humain! les deux hommes qui agitaient alors la république, et qui allaient se tuer l'un l'autre en s'entre-choquant dans ses mouvements, Robespierre et Danton, n'aspiraient au même moment qu'à l'abdication. Mais la popularité ne permet pas qu'on l'abdique. Elle soulève ou elle engloutit. Ces deux hommes étaient condamnés à épuiser ses faveurs et à en mourir.

XVI

Quoique leurs théories fussent différentes, l'esprit de Robespierre et celui de Danton s'accordaient alors à concentrer le pouvoir dans la Convention. Ils ne présentaient la constitution aux yeux du peuple que comme un plan d'institution en perspective, sur lequel on jetterait un voile après l'avoir montré de loin à la nation. Pour le moment, gouverner c'était vaincre. Le gouvernement le plus propre à assurer la victoire sur les factions ennemies de la Révolution était, selon eux, le meilleur gouvernement. La France et la liberté étaient en péril. C'étaient des institutions de péril qu'il fallait à la France. Les lois devaient être des armes et non des lois. La Convention devait être le bras autant que la tête de la république. Tous les membres de cette assemblée avaient cet instinct. C'est celui du salut quand les lois sont brisées. Cet instinct se manifesta à l'instant dans ses actes. La Convention ne demanda pas la dictature, elle ne la délégua point, elle la prit. Cette dictature se résuma, dès le lendemain du 31 mai, dans le comité de salut public.

De même que la nation avait rappelé à elle seule son inaliénable souveraineté en 1789, la Convention rappela à elle seule tous les pouvoirs en 1793. Les forces déléguées sont essentiellement plus faibles que les forces directes. Dans les crises extrêmes, les peuples révoquent leurs délégations, soit qu'elles s'appellent royautés, soit qu'elles s'appellent lois et magistratures. Elles ne peuvent hésiter. Les lois sont les rapports définis des citoyens entre eux et des citoyens avec l'État en temps régulier; mais quand ces lois sont abolies ou détruites, quand les rapports sont intervertis, faire appel à ces lois qui n'existent plus ou qui n'existent pas encore, c'est faire appel au néant pour sauver l'empire. L'État lui-même devient la seule loi vivante, et toutes ses lois sont des coups d'État. Telle était la situation de la Convention au mois de juillet 1793. Elle était condamnée, par cette situation, ou à la dictature, ou à la mort. Si elle eût accepté la mort, la nation et la Révolution périssaient avec elle. Elle prit la dictature, ce ne fut pas son tort. Il y a de légitimes usurpations : ce sont celles qui sauvent les idées, les peuples, les institutions. Ce n'est donc pas l'usurpation que l'histoire doit reprocher à la Convention, mais les moyens qu'elle employa pour l'exercer. Plus les lois disparaissent du gouvernement, plus l'équité doit y régner à leur place. C'est à cette condition seule que Dieu et la postérité absolvent les gouvernements. La conscience est la loi des lois.

XVII

C'est une loi du pouvoir, quand il devient action, de tendre sans cesse à se resserrer et à se personnifier dans un petit nombre d'hommes. Les corps politiques peuvent avoir mille têtes et mille langues, tant qu'ils restent assemblées délibérantes. Il ne leur faut qu'une main quand ils s'emparent du pouvoir exécutif. La Convention eut d'abord faiblement, puis complétement l'intuition de cette vérité. Elle avait commencé par créer des ministres investis d'une certaine responsabilité et d'une certaine indépendance, comme sous le ministère girondin de Roland. Elle avait ensuite annulé presque entièrement l'action de ces ministres, institué des commissions de gouvernement aussi spéciales et aussi diverses que chacun de ces ministères; puis elle avait créé des commissions de gouvernement dans le sein même de la représentation nationale, et distribué entre ces grandes commissions les différentes fonctions du pouvoir. Chacune de ces commissions apportait, par l'organe de son rapporteur, le résultat de ses délibérations à la sanction de la Convention tout entière. La Convention régnait bien ainsi, mais elle régnait avec incohérence et faiblesse. Un lien d'unité manquait à ces commissions éparses. C'étaient des avis, ce n'étaient pas des ordres qu'elles formulaient.

La Convention sentit le besoin de se personnifier elle-même dans un comité qui sortît d'elle, mais qui lui imposât sa propre volonté et, pour ainsi dire, sa propre terreur. Elle craignait son anarchie intérieure; elle avait peur de sa propre instabilité. Pour mieux écraser les résistances, elle consentit à se soumettre elle-même, à obéir et à trembler. Elle réorganisa le comité de salut public, et elle lui décerna tout le gouvernement. Ce fut l'abdication de la Convention, mais une abdication qui lui donnait l'empire.

XVIII

Le nom de comité de salut public était déjà ancien dans la Convention. Dès le mois de mars précédent, tous les hommes de pressentiment dans l'Assemblée, Robespierre, Danton, Marat, Isnard, Albitte, Bentabole, Quinette, avaient demandé l'unité de vues, la force d'action concentrées dans un comité d'un petit nombre de membres, et réunissant dans sa main tous les fils épars de la trame trop relâchée du pouvoir exécutif. On avait institué ce centre de gouvernement. Les Girondins y avaient été élus en majorité. Cet instrument de force était dans leurs mains, s'ils avaient su s'en servir. Les premiers membres du comité de salut public, au nombre de vingt-cinq, étaient : Dubois-

Crancé, Pétion, Gensonné, Guyton de Morveau (le collaborateur de Buffon), Robespierre, Barbaroux, Ruhl, Vergniaud, Fabre d'Églantine, Buzot, Delmas, Condorcet, Guadet, Bréard, Camus, Prieur (de la Marne), Camille Desmoulins, Barère, Quinette, Danton, Sieyès, Lasource, Isnard, Jean Debry et Cambacérès, cet oracle futur du despotisme sorti des conseils de la liberté.

Ce comité avait l'initiative de toutes les lois ou mesures motivées par les dangers de la patrie, au dedans ou au dehors. Il appelait les ministres dans son sein, il contrôlait leurs actes; il rendait compte tous les huit jours à la Convention. L'Assemblée, jalouse, craignait encore alors son propre despotisme dans ses délégués. L'âme des dictatures, le secret, était ainsi interdite au comité. L'antagonisme régnait dans son sein par la lutte des opinions. Ce n'était que l'anarchie concentrée sur elle-même. Robespierre, qui l'avait reconnu du premier coup d'œil et qui ne voulait pas, avec raison, entacher sa popularité de la responsabilité d'actes contraires à sa pensée, sortit dès les premières séances. Il ne voulait pas s'isoler, mais il craignait de se confondre. La sortie de Robespierre dépopularisa ce premier comité.

Les Girondins eux-mêmes, unis à Danton, proposèrent de le fortifier en le transformant et en l'épurant. Buzot seul, pressentant la mort dans le glaive que forgeaient ses amis, combattit cette pensée. Elle fut adoptée malgré ses réclamations. On restreignit le nombre des membres du comité à neuf au lieu de vingt-cinq. On lui donna le secret, la surveillance de tous les ministères, le droit de suspendre les décrets qu'il jugeait nuisibles à l'intérêt national, et le droit de prendre lui-même les décrets d'urgence. On lui alloua des fonds particuliers. On ne lui interdit alors qu'un seul acte de la souveraineté, l'emprisonnement arbitraire des citoyens.

Le comité de salut public devait être renouvelé tous les mois par l'élection de l'Assemblée. Ses membres furent Barère, Delmas, Bréard, Cambon, Danton, Guyton de Morveau, Treilhard, Lacroix (d'Eure-et-Loir) et Robert Lindet. Danton avait été exilé dans ce comité par les Girondins, pour neutraliser son influence au milieu des hommes faibles et indécis de la Plaine. Ils furent trompés par leur tactique. Danton, ne trouvant pas d'énergie dans ses collègues, en chercha dans la commune. Danton alors s'était réservé au comité la direction des affaires extérieures, vers lesquelles son génie généralisateur, militaire et diplomatique le portait. Il y étudiait le gouvernement, comme un homme qui médite de s'en emparer un jour. Après la défaite des Girondins, Danton se démit de ses fonctions, qui pouvaient éveiller l'envie. Il se retira sur son banc et s'enveloppa d'indifférence apparente. L'envie ne s'y trompa pas. On l'accusa pour sa retraite, comme on l'avait accusé pour sa domination dans le comité. Il vit que certains noms ne peuvent échapper ni par l'éclat ni par l'ombre à l'attention des hommes, et qu'il y a des renommées auxquelles il n'est plus donné de s'éteindre pour se cacher. « Formez un autre comité, dit-il, formez-le sans moi, plus fort et plus nombreux ; j'en serai l'éperon au lieu d'en être le frein. » Ces mots, qui trahissaient un si haut sentiment de son importance et un si humiliant dédain pour ses collègues, sentaient l'usurpateur et dévoilaient l'ambition. Ils furent applaudis, mais notés.

XIX

Après des hésitations, des nominations et des éliminations successives, le comité définitif de salut public, proclamé par Danton lui-même un gouvernement provisoire, fut investi de la toute-puissance. Cette fois Danton, qui n'avait pas de confiance dans une institution dont il était absent, refusa imprudemment d'y entrer, soit qu'il crût paraître plus grand quand on le verrait seul, soit qu'il voulût s'isoler par dégoût des affaires publiques. Il s'y fit représenter par Hérault de Séchelles, un de ses partisans, et par Thuriot, un de ses organes. Robespierre s'abstint aussi d'entrer au commencement au comité, pour ne pas offusquer Danton. Mais ses amis y avaient la majorité et y faisaient dominer son esprit. Les huit membres furent Saint-Just, Couthon, Barère, Gasparin, Thuriot, Hérault de Séchelles, Robert Lindet, Jean-Bon Saint-André. Gasparin s'étant retiré, le cri unanime de la Convention porta Robespierre à sa place. Carnot et Prieur (de la Côte-d'Or) y furent appelés peu de jours après par la nécessité d'y personnifier le génie militaire de la France en présence des armées de la coalition. Enfin Billaud-Varennes et Collot-d'Herbois le complétèrent et y portèrent au comble l'esprit du jacobinisme, que la Montagne se plaignait d'y voir languir sous le souffle trop froid de Robespierre, de Saint-Just et de Couthon.

Ainsi fut constitué ce *décemvirat*, qui assuma sur soi, pendant cette convulsion de quatorze mois, tous les périls, tous les pouvoirs, et toutes les malédictions de la postérité.

XX

Les membres du comité de salut public se partagèrent les attributions selon les aptitudes. La capacité fit les lots et marqua les rangs. L'influence y fut aussi mobile que les services. Elle y déplaça l'importance, sans jamais y rompre l'unité. L'extrémité de la crise, le danger de s'affaiblir en se désunissant, le secret juré et gardé, la difficulté de la tâche, relièrent ce faisceau terrible, qui ne trahit ses dissensions qu'en tombant tout entier.

Billaud-Varennes et Collot-d'Herbois se chargèrent d'incendier l'esprit public, dans la correspondance du comité avec les agents de la république dans les départements. Saint-Just s'arrogea l'empire des théories constituantes, aussi vague et aussi absolu que sa métaphysique impassible. Couthon prit la surveillance de la police, conforme à son esprit scrutateur et sombre. Les relations extérieures furent dévolues à Hérault de Séchelles, inspiré secrètement par le génie européen de Danton. Robert Lindet eut les subsistances, question vitale dans un moment où la disette affamait les villes et désorganisait les armées; Jean-Bon Saint-André, la marine; Prieur, l'administration matérielle de la guerre; Carnot, la haute direction militaire, les plans de campagne, l'inspiration des généraux, la critique et le redressement de leurs fautes, la préparation des victoires, la réparation des revers. Il fut le génie armé de la patrie, couvrant les frontières pendant les convulsions du cœur et l'épuisement des veines de la France. Prieur (de la Côte-d'Or) secondait Carnot pour les détails. Quinze heures de travail par jour, et l'esprit tendu sur toutes les cartes et sur toutes les positions de nos campagnes, animaient ce génie organisateur de Carnot et ne l'accablaient pas. Il portait dans le cabinet le sang-froid et le feu du champ de bataille. Il avait le don des hommes; sa main marquait les noms d'avenir : Pichegru, Hoche, Moreau, Jourdan, Desaix, Marceau, Brune, Bonaparte, Kléber, furent, parmi tant de héros futurs, des illuminations de son discernement.

Barère, esprit souple et prompt, mais littéraire, rédigeait les délibérations du comité, et faisait en phrases brèves et lapidaires les rapports à la Convention. Il avait la couleur de la circonstance. Il jetait du haut de la tribune des mots tout faits au peuple. Enfin Robespierre planait sur toutes les questions, excepté sur la guerre. Il était la politique du comité. Il marquait le but et la route, les autres faisaient marcher la machine. Robespierre touchait peu aux rouages. Son attribution était la pensée.

Les délibérations se prenaient à la majorité des avis. La signature de trois membres suffisait néanmoins pour rendre les mesures exécutoires. Ces signatures de confiance se prêtaient et se rendaient trop cruellement plus tard, entre collègues, souvent sans examen. La précipitation d'un comité qui résolvait jusqu'à cinq cents affaires par jour motivait ces facilités, sans les justifier. Bien des têtes tombèrent par ces fatales complaisances de plume. Le secret était profond. Nul ne savait qui avait demandé ou refusé telle vie. La responsabilité de chacun des membres se perdait dans la responsabilité générale. Tous acceptaient tout, bien qu'ils n'eussent pas tout consenti. Ces hommes s'étaient livré jusqu'à leur réputation et jusqu'à leur conscience. Chose merveilleuse, il n'y avait point de président. Dans un chef, on craignait l'apparence d'un maître. On voulait une dictature anonyme. Le comité ne souffrait pas de cette absence de tête. Tout était membre, tout était tête. La république présidait.

XXI

Pendant que le comité de salut public, transformé ainsi en conseil exécutif, se saisissait du gouvernement, la Convention appela à Paris les envoyés des assemblées primaires, porteurs des votes du peuple tout entier, qui sanctionnaient la nouvelle constitution. Ces envoyés y arrivèrent au nombre de huit mille. Le peintre David conçut la fête qui devait confondre dans une même solennité populaire, au Champ de Mars, l'anniversaire du 10 août et l'acceptation de la constitution. David s'était inspiré de Robespierre. La Nature, la Raison, la Patrie, étaient les seules divinités qui présidassent à cette régénération du monde social. Le peuple y était la seule Majesté. Des symboles et des allégories en étaient le seul culte. L'âme y manquait, parce que Dieu en était absent. Robespierre n'osait pas encore en dévoiler l'image. Le lieu de réunion et le point de départ du cortége, comme dans toutes les fêtes de la Révolution, fut le sol de la Bastille, marqué du premier pas de la République. Les autorités de Paris, les membres de la commune, les envoyés des assemblées primaires, les Cordeliers, les Jacobins, les sociétés fraternelles de femmes, le peuple en masse, la Convention enfin, s'y rassemblèrent au lever du soleil. Sur le terrain de la Bastille, une fontaine, appelée la fontaine de la Régénération, *lavait* les traces de l'ancienne servitude. Une statue colossale de la Nature dominait la fontaine; ses mamelles versaient de l'eau. Hérault de Séchelles, président de la Convention, reçut l'eau dans une coupe d'or, la porta à ses lèvres, la transmit au plus âgé des citoyens. « Je touche aux bords du tombeau, s'écria ce vieillard; mais je crois renaître avec le genre humain régénéré. » La coupe circula de main en main entre tous les assistants. Le cortége défila, au son du canon, sur les boulevards. Chaque société élevait son drapeau, chaque section son symbole. Les membres de la Convention s'avancèrent les derniers, tenant chacun à la main un bouquet de fleurs, de fruits et d'épis nouveaux. Les tables où étaient écrits les droits de l'homme et l'arche ou était renfermée la constitution étaient portées comme des choses saintes, au milieu de la Convention, par huit de ses membres. Quatre-vingt-six envoyés des assemblées primaires, représentant les quatre-vingt-six départements, marchaient autour des membres de la Convention et déroulaient d'une main à l'autre autour de la représentation nationale un long ruban tricolore qui semblait enchaîner les députés dans les liens de la patrie. Un faisceau national couronné de rameaux d'olivier figurait la réconciliation et l'unité des membres de la république. Les enfants trouvés portés dans leurs berceaux; les sourds-muets se parlant entre eux par la langue des signes que la science leur avait rendue; les cendres des héros morts pour la patrie, renfermées dans des urnes où se lisaient leurs noms; une charrue triomphale qu'entouraient le laboureur, sa femme et ses fils; des tombereaux chargés, comme de viles dépouilles, de débris de tiares, de sceptres, de couronnes, d'armoiries brisées, de tous les symboles de l'esclavage et de l'orgueil; en un mot, la bienfaisance, le travail, la gloire, l'innocence de la vie rurale, les vertus guerrières, personnifiés, marchaient derrière les représentants. Après une station devant les Invalides, où la multitude salua sa propre image dans une statue colossale du peuple terrassant le fédéralisme, la foule se répandit dans le Champ de Mars. Les représentants et les corps constitués se rangèrent sur les marches de l'autel de la patrie. Un million de têtes hérissaient les gradins en talus de cet immense amphithéâtre. Un million de voix jurèrent de défendre les principes du code social, présenté par Hérault de Séchelles à l'acceptation de la république. Le canon, par ses salves, sembla jurer lui-même d'exterminer les ennemis de la patrie.

XXII

Cependant l'instinct public n'acceptait la constitution que dans l'avenir. Tout le monde sentait que son exécution serait ajournée jusqu'à la pacification de l'empire. La liberté, selon la Montagne, était une arme que la Révolution aurait remise à ses ennemis et qui aurait servi en ce moment à saper la liberté elle-même. Aucune constitution régulière ne pouvait fonctionner dans les mains des ennemis mêmes de toute constitution démocratique. Une pétition des envoyés des départements demanda à la Convention de continuer seule le gouvernement. Les dangers motivaient l'arbitraire. Pache rassembla la commune, fit battre le rappel dans les sections. Une adresse rédigée par Robespierre fut portée par des milliers de citoyens à la Convention pour la conjurer de garder le pouvoir suprême. Ce dialogue à mille voix du peuple et de ses représentants était accompagné des sons du tambour et du bruit du tocsin. On voyait que les Jacobins exerçaient la pression du peuple sur la Convention pour lui faire enfanter la terreur. « Législateurs, disaient-ils dans l'adresse, élevez-vous à la hauteur des grandes destinées de la France. Le peuple français est lui-même au-dessus de ses périls. Nous vous avons indiqué les mesures sublimes d'un appel général au peuple; vous avez seulement requis la première classe. Les demi-mesures sont toujours mortelles dans les dangers extrêmes. La nation entière est plus facile à ébranler qu'une partie de la nation. Si vous demandez cent mille hommes, peut-être ne les trouverez-vous pas; si vous demandez des millions de républicains, vous les verrez s'élever pour écraser les ennemis de la liberté! Le peuple ne veut plus d'une guerre de tactique, où des généraux traîtres et perfides vendent le sang des citoyens. Décrétez que le tocsin de la liberté sonnera à heure fixe dans toute la république! qu'il n'y ait d'exception pour personne! que l'agriculture seule conserve les bras nécessaires à l'ensemencement de la terre et aux récoltes! que le cours des affaires soit interrompu! que la grande et unique affaire des Français soit de sauver la république! que les moyens d'exécution ne vous inquiètent pas; décrétez seulement le principe. Nous présenterons au comité de salut public les moyens de faire éclater la foudre nationale sur tous les tyrans et sur tous les esclaves! »

XXIII

Cette réticence des Jacobins était transparente. Le sous-entendu était la terreur, le tribunal révolutionnaire et la mort. Le comité de salut public rougit de l'insuffisance de ses mesures de défense des frontières. Il se retira dans son bureau, et rapporta, séance tenante, le projet d'un nouveau décret qui levait la France entière. « Les généraux, disait Barère dans son rapport, ont méconnu jusqu'ici le véritable tempérament national. L'irruption, l'attaque soudaine, l'inondation d'un peuple soulevé, qui couvre de ses flots bouillonnants les hordes ennemies et renverse les digues du despotisme : telle est la nature, telle est l'image des guerres de liberté! Les Romains étaient tacticiens, ils conquirent le monde esclave; les Gaulois libres, sans autre tactique que leur impétuosité, détruisirent l'empire romain. C'est ainsi que l'impétuosité française fera écrouler ce colosse de la coalition. Quand un grand peuple veut être libre, il l'est, pourvu que son territoire lui fournisse les métaux avec lesquels on forge les armes. » La Convention se leva d'enthousiasme, comme en exemple des représentants aux citoyens, et vota le décret suivant.

XXIV

« De ce moment et jusqu'au jour où les ennemis auront été chassés du territoire de la république, tous les Français sont en réquisition permanente pour le service des armées. Les jeunes hommes iront au combat, les hommes mariés forgeront des armes et transporteront des subsistances ; les femmes feront des tentes, des habits, et serviront dans les hôpitaux ; les enfants effileront les vieux linges pour les pansements des blessés ; les vieillards se feront porter sur les places publiques pour exciter le courage des guerriers, la haine des rois et l'amour de la république. Les maisons nationales seront converties en casernes, les places publiques en ateliers d'armes. Le sol des caves sera lessivé pour en extraire le salpêtre. Les armes de calibre seront exclusivement confiées à ceux qui marcheront à l'ennemi. Les fusils de chasse et les armes blanches seront consacrés à la force publique dans l'intérieur. Les chevaux de selle seront requis pour compléter les corps de cavalerie. Tous les chevaux de trait qui ne sont pas nécessaires à l'agriculture conduiront l'artillerie et les vivres. Le comité de salut public est chargé de tout créer, de tout organiser, de tout requérir dans toute la république, hommes et choses, pour l'exécution de ces mesures. Les représentants du peuple envoyés dans leurs arrondissements respectifs sont investis de pouvoirs absolus pour cet objet. La levée sera générale. Les citoyens non mariés ou veufs sans enfants, de dix-huit à vingt-cinq ans, marcheront les premiers. Ils se rendront immédiatement au chef-lieu de leur district, et y seront exercés au maniement des armes jusqu'au jour de leur départ pour les armées. La bannière de chaque bataillon organisé portera pour inscription : *Le peuple français debout contre les tyrans !* »

Ces mesures, bien loin de consterner l'universalité de la France, furent reçues par les patriotes avec l'enthousiasme qui les avait inspirées. Les bataillons se formèrent avec plus d'élan et plus de régularité qu'en 1792. En compulsant les listes des premiers officiers qu'ils se nommèrent, on y trouve tous les noms héroïques de la France militaire de l'Empire. Ils étaient éclos de la république. La gloire dont le despotisme s'arma plus tard contre la liberté appartenait tout entière à la Révolution.

XXV

Ces décrets furent complétés, pendant deux mois, par des décrets empreints de la même énergie défensive. C'était l'organisation de l'enthousiasme et du désespoir d'un peuple qui sait mourir et d'une cause qui veut triompher. La France était aux Thermopyles de la Révolution;

mais ces Thermopyles étaient aussi étendues que les frontières de la république, et les combattants étaient vingt-huit millions d'hommes.

La commission des finances, par l'organe de Cambon, son rapporteur et son oracle, porta une main réparatrice sur le désordre du trésor public obéré, et sur le chaos où la masse et le discrédit des assignats jetaient les transactions privées ou publiques. Il y avait en circulation environ quatre milliards d'assignats déconsidérés. D'un côté, l'emprunt forcé sur les riches, équivalant à peu près à une année de leur revenu, légère taxe pour sauver le capital en sauvant la patrie, fit rentrer un milliard d'assignats dans les mains du gouvernement. Cambon les brûla en les recevant. D'un autre côté, la masse des impôts arriérés représentait presque un milliard. Cambon les absorba au cours nominal dans les caisses de l'État. La masse du papier-monnaie se trouva donc ainsi réduite à deux milliards. Pour relever ces assignats dans l'opinion publique, Cambon abolit toutes les compagnies qui émettaient des *actions*, afin que l'assignat devînt la seule *action* nationale en cours. Il fut défendu aux capitalistes de placer leurs capitaux ailleurs que dans les banques françaises. Le commerce de l'or et de l'argent fut interdit sous peine de mort. On réserva ces métaux, par un accaparement d'urgence, à la monétisation. Pour accroître la masse du numéraire servant aux petites transactions quotidiennes du peuple, on fit fondre les cloches des églises, et on en jeta au peuple le métal sacré, frappé au coin de la république.

Cambon, de plus, sonda le gouffre de la dette de l'État envers les particuliers. Le mot de banqueroute pouvait combler ce gouffre, mais il l'aurait comblé de spoliations, de dettes et de larmes. Cambon voulut que la probité, vertu des citoyens entre eux, fût surtout la vertu de la république envers ses créanciers. Il prit une mesure d'équité. Il s'empara de tous les titres, il les apprécia, il les confondit dans un titre commun et uniforme qu'il appela le Grand-Livre de la dette nationale. Chaque créancier fut inscrit sur ce grand-livre pour une somme égale à celle que l'État reconnaissait lui devoir. L'État servait la rente de cette somme reconnue, à cinq pour cent. Cette inscription de rente, s'achetant et se vendant librement, redevint ainsi un capital réel entre les mains des créanciers de l'État. L'État pouvait la racheter lui-même si la rente tombait dans le commerce au-dessous du pair, c'est-à-dire du rapport de l'intérêt au capital à cinq pour cent. Cette opération libérerait l'État sans violence et sans injustice. Quant au capital, il n'était jamais remboursable. Le gouvernement se reconnaissait débiteur d'une rente perpétuelle, et non d'un capital. La rente perpétuelle avait de plus cet avantage politique de coïntéresser des masses de citoyens à la fortune de l'État et de républicaniser les créanciers par leur intérêt. Enfin, elle créait un germe fécond de crédit public dans la ruine même des fortunes privées. Si, dans la première partie de son plan, Cambon, dominé par l'urgence des circonstances, s'écartait des vrais principes de l'économie publique en attentant à la liberté des échanges, en créant un maximum de l'argent et en proscrivant sa circulation hors de l'empire; dans la seconde, il créait la moralité du trésor et restaurait la confiance, ce capital illimité des nations. La fortune publique de la France repose encore tout entière aujourd'hui sur les bases jetées par Cambon.

XXVI

L'unité des poids et mesures, l'application de la découverte des aérostats aux opérations militaires, l'établissement des lignes télégraphiques pour porter la main du gouvernement, aussi promptement que sa pensée, aux extrémités de la république; la formation de musées nationaux pour exciter par l'exemple le goût et l'imitation des arts; la création d'un code civil uniforme pour toutes les parties de la France, afin que la justice y fût une comme la patrie; l'éducation publique enfin, cette seconde nature des peuples civilisés, furent l'objet d'autant de discussions et d'autant de décrets qui attestaient au monde que la république avait foi en elle-même et fondait un avenir, en disputant le lendemain à ses ennemis.

L'égalité d'éducation fut proclamée comme un principe découlant des droits de l'homme. Donner deux âmes au peuple, c'était créer deux peuples dans un, faire des ilotes et des aristocrates de l'intelligence. D'un autre côté, contraindre tous les enfants de fortunes, de conditions et de religions diverses à recevoir la même éducation dans les maisons nationales, c'était fausser toutes les situations sociales, confondre toutes les professions, violer toutes les libertés de la famille.

Robespierre voulait et devait vouloir cette éducation forcée, dans la logique radicalement égalitaire de ses idées, où la famille, la condition, la profession, la fortune, disparaissaient pour ne laisser place qu'à deux unités : la patrie et l'homme. L'uniforme tyrannie de la pensée de l'État devait, selon ses principes, précéder l'uniforme justice et l'uniforme égalité entre tous les enfants. Robespierre s'indignait de voir l'État subordonner sa raison et son enseignement général aux préjugés, aux superstitions et à la raison viciée de la famille et de l'individu. Il n'admettait pas que l'État, ayant tous les droits sur les actes des citoyens, n'eût pas aussi tous les droits sur leurs âmes, et ne leur enseignât pas son symbole religieux, philosophique et social, première dette de ceux qui pensent à ceux qui ne pensent pas encore. Le système de Robespierre, théoriquement vrai dans une société neuve, tombait devant une société organisée, où les dogmes anciens ne pouvaient s'effacer tous à la fois devant les dogmes nouveaux, à moins d'effacer toutes les générations vivantes devant les générations futures. Grégoire, Romme et Danton le combattirent. Ils transigèrent en hommes d'État entre les nécessités et les libertés de la famille et la rigueur de la philosophie de Robespierre. La Convention décréta les maisons nationales d'éducation publique dont la fréquentation serait obligatoire pour tous les enfants de la patrie, mais elle laissa aux familles le droit de conserver leurs enfants sous le toit paternel : donnant ainsi l'instruction à l'État, l'éducation aux pères, le cœur à la famille, l'âme à la patrie.

XXVII

Des décrets de violence, de vengeance et de sacrilége suivirent ces décrets de force, de sagesse et de prévoyance. Les mouvements menaçants du peuple de Paris, obsédé par la réalité de la famine et par le fantôme des accapareurs, les délires de Chaumette et d'Hébert à la commune, contraignirent la Convention à des concessions déplorables qui ressemblaient à des fureurs et qui n'étaient que de la faiblesse.

En demandant au peuple toute son énergie, la Convention se crut obligée d'accepter aussi ses emportements. Elle n'était pas assez forte pour dominer sa propre force. Elle feignit de partager les démences dont elle rougissait en les décrétant. Les pétitions des sections, les délibérations des Jacobins, les tumultes, les vociférations, les émeutes des marchés publics, les attroupements aux portes des boulangers, des bouchers, des épiciers, les pillages des boutiques par des femmes et des enfants affamés, lui demandaient de tarifer le commerce des denrées, première nécessité pour le peuple; c'était détruire le commerce lui-même. La Convention obéit et décréta le maximum, c'est-à-dire un prix arbitraire au-dessus duquel on ne pourrait vendre le pain, la viande, le poisson, le sel, le vin, le charbon, le bois, le savon, l'huile, le sucre, le fer, les cuirs, le tabac, les étoffes. Elle fixa aussi le maximum des salaires. C'était s'emparer de toutes les libertés des transactions de commerce, de spéculation et de travail qui ne vivent que de liberté. C'était mettre la main de l'État entre tous les vendeurs, tous les acheteurs, tous les travailleurs et tous les propriétaires de la république. Une telle loi ne pouvait amener que l'enfouissement des capitaux, la cessation du travail, la langueur de toute circulation, la ruine de tous. C'est la nature des choses qui fait le prix des denrées de première nécessité, ce n'est pas la loi. Ordonner au laboureur de donner son blé, et au boulanger de donner son pain, au-dessous du prix que ces denrées leur coûtent, c'était ordonner à l'un de ne plus semer, à l'autre de ne plus pétrir.

XXVIII

Le maximum porta ses fruits en resserrant partout le numéraire, le travail et les subsistances. Le peuple s'en prit aux riches, aux commerçants et aux contre-révolutionnaires des calamités de la nature. Il poursuivit de ses pétitions la contre-révolution jusque dans ses plus impuissantes victimes ensevelies dans les cachots du Temple, et jusque dans les restes de ses rois ensevelis dans les caveaux de Saint-Denis.

La Convention décréta « que le procès serait fait à la reine Marie-Antoinette, que les tombes royales de Saint-Denis seraient détruites et les cendres des rois balayées du temple que la superstition de la royauté leur avait consacré ». Ces concessions n'assouvissaient déjà plus le peuple. Il voulut rejeter sur d'autres ennemis la terreur dont il était assiégé lui-même. Le trône, l'Église et la noblesse ne lui furent plus ni des victimes ni des dépouilles suffisantes. L'aristocratie à ses yeux ne fut plus seulement dans la naissance ou dans le privilége, elle lui apparut dans la richesse, dans le commerce, dans la propriété, dans le plus humble négoce. Tout ce qui possédait une de ces denrées enviées par l'indigence et par la faim lui devint suspect d'accaparement, d'égoïsme, de crime. Nul ne possédait impunément ce dont le peuple manquait. Il demanda hautement une chambre ardente de la propriété ou le pillage. « Si vous ne nous faites pas justice des riches, s'écrie un orateur aux Jacobins, nous nous la ferons nous-mêmes. »

Les adresses des sociétés des départements réclamaient aussi une institution qui résumât la force du peuple et qui régularisât sa fureur, dans une armée ambulante, chargée d'exécuter partout sa volonté. C'était l'armée révolutionnaire, c'est-à-dire un corps de prétoriens populaires, composé de vétérans de l'insurrection aguerris aux larmes, au sang, aux supplices, et promenant dans toute la république l'instrument de mort et la terreur.

« Nous voulons, écrivait la société des Jacobins de Mâcon à la société mère de Paris, qu'une armée révolutionnaire se répande sur le territoire de la république et en arrache tous les germes de fédéralisme, de royalisme et de fanatisme qui le couvrent encore. Vous avez placé la terreur à l'ordre du jour ; qui pourra mieux imprimer cette terreur qu'une armée de trente mille hommes divisés en plusieurs corps, accompagnés d'un tribunal révolutionnaire et d'une guillotine, et faisant partout sur son passage justice des traîtres et des conspirateurs? »

Des masses d'ouvriers, d'indigents, de femmes, vociférant : *La mort ou du pain!* s'attroupaient autour de l'hôtel de ville et menaçaient d'un nouveau 31 mai la Convention alarmée. Hébert et Chaumette encourageaient ces attroupements.

Robespierre tantôt s'indignait de ces excès d'anarchie, qui allaient anéantir la Révolution sous la Révolution même; tantôt feignait de les comprendre, de les pardonner et de les susciter lui-même afin de les dominer encore. « On alarme le peuple en lui persuadant que ses subsistances vont lui manquer, disait-il aux Jacobins. On veut l'armer contre lui-même. On veut le porter sur les prisons pour égorger les prisonniers, bien sûr qu'on y trouverait le moyen de faire échapper les scélérats qui y sont détenus et d'y faire périr l'innocent ou le patriote que l'erreur a pu y conduire. Au moment où je vous parle, on m'assure que Pache est assiégé lui-même par quelques misérables qui l'injurient, l'insultent, le menacent! »

On voit dans ces paroles l'embarras de Robespierre, cédant d'une main pour contenir de l'autre l'égarement du peuple qui l'entraînait. Un second massacre des prisons lui faisait la même horreur que le premier, mais il partageait tous les préjugés des masses contre les accapareurs et les riches. Il croyait à la possibilité de niveler la fortune publique par des lois qui donneraient elles-mêmes, avec l'égalité de la justice divine, le pain et l'aisance proportionnels à chaque citoyen. Il croyait qu'un déploiement de force implacable était nécessaire pour abattre toutes les résistances. Il n'avait pas compté complaisamment, comme

Marat, le nombre des têtes à supprimer par le fer pour arriver à ce résultat. Il aurait même voulu pouvoir se passer de la mort dans l'accomplissement de son œuvre, mais il l'acceptait comme une dernière nécessité.

XXIX

Robespierre essaya en vain plusieurs fois de refréner ces pétitionnaires altérés de sang et de pillage. Sa popularité eut peine à survivre à sa résistance aux excès. Il rentra souvent seul et abandonné dans sa demeure. Pache vint une nuit se concerter secrètement avec lui sur les moyens de calmer ces bouillonnements. « C'en est fait, dit Robespierre à Pache, c'en est fait de la Révolution si on l'abandonne à ces insensés. Il faut que le peuple se sente défendu par des institutions terribles, ou qu'il se déchire lui-même avec l'arme dont il croit se défendre. La Convention n'a qu'un moyen de lui arracher son glaive : c'est de le prendre elle-même et d'en frapper impitoyablement ses ennemis. » Il s'indigna contre Chaumette, Hébert, Varlet, Vincent, qui fomentaient ces fureurs de la multitude. « Ne laissons pas, dit-il à Pache, ces enfants de la Révolution jouer avec la foudre du peuple; dirigeons-la nous-mêmes, ou elle nous dévorera. » Pache se rendit cependant à la séance du 5 septembre pour y présenter le prétendu vœu de Paris. Il chargea Chaumette de lire la pétition, pour laisser au procureur de la commune la responsabilité d'un acte auquel il était lui-même visiblement opposé. « Citoyens, dit Chaumette, on veut nous affamer. On veut contraindre le peuple à échanger honteusement sa souveraineté contre un morceau de pain. De nouveaux aristocrates, non moins cruels, non moins avides, non moins insolents que les anciens, se sont élevés sur les ruines de la féodalité. Ils calculent avec un sang-froid atroce combien leur rapportera une disette, une émeute, un massacre. Où est le bras qui tournera vos armes contre la poitrine de ces traîtres? Où est la main qui frappera les têtes criminelles? Il faut que vous détruisiez vos ennemis ou qu'ils vous détruisent. Ils ont défié le peuple : le peuple aujourd'hui accepte le défi. La masse du peuple veut enfin les écraser! Et vous, Montagne à jamais célèbre dans les pages de l'histoire, soyez le Sinaï des Français! lancez au milieu des foudres les décrets de la justice et de la volonté du peuple! Montagne sainte, devenez un volcan dont les laves dévorent nos ennemis! Plus de quartier, plus de miséricorde aux traîtres! Jetons entre eux et nous la barrière de l'éternité! Nous vous demandons, au nom du peuple de Paris rassemblé hier sur la place communale, la formation de l'armée révolutionnaire. Qu'elle soit suivie d'un tribunal incorruptible et de l'instrument de mort qui tranche d'un seul coup les complots avec la vie des conspirateurs! — Nous nous sommes aperçus, ajoute Chaumette après sa harangue, que ceux qui font croître des légumes se sont ligués pour affamer Paris. Nous avons jeté les yeux sur les environs de la capitale, nous avons vu des terrains immenses, des parcs, des jardins qui servent au luxe et qui ne produisent rien à la consommation du peuple. Nous demandons que tous les jardins des biens nationaux soient mis en culture. Jetez les yeux sur l'immense jardin des Tuileries. Les regards des républicains se reposeront avec plus de complaisance sur ce domaine de la couronne quand il produira des aliments pour les citoyens. Ne vaut-il pas mieux y faire croître des plantes dont manquent les hôpitaux, que d'y laisser ces statues et ce buis stérile, objets du luxe et de l'orgueil des rois? »

XXX

Chacune des apostrophes de Chaumette fut interrompue par les applaudissements de la Montagne et des tribunes. Les propositions de l'orateur, résumées en projets de décrets par Moïse Bayle, furent votées unanimement. La députation des Jacobins, provoquée la veille par Royer, prit ensuite la parole. « L'impunité enhardit nos ennemis, dit-elle. Le peuple se décourage en voyant échapper à sa vengeance les grands coupables. Brissot respire encore, ce monstre vomi par l'Angleterre pour troubler et entraver la Révolution. Qu'il soit jugé, lui et ses complices! Le peuple s'indigne aussi de voir des privilégiés au milieu de la République. Quoi! les Vergniaud, les Gensonné, et autres scélérats dégradés par leur trahison de la dignité de représentants, auraient pour prison un palais, tandis que les pauvres sans-culottes gémissent dans les cachots, sous les poignards des fédéralistes!... Il est temps que l'égalité promène sa faux sur toutes les têtes, il est temps d'épouvanter tous les conspirateurs! Eh bien, législateurs! placez la terreur à l'ordre du jour! »

A ce mot, comme à une révélation de la fureur publique, les applaudissements ébranlent la salle. « Soyons en révolution, puisque la contre-révolution est partout tramée par nos ennemis ! — Oui, oui ! s'écrient les tribunes. — Oui, oui ! répond en se levant la Montagne. — Que le fer plane sur toutes les têtes coupables ! Instituez une armée révolutionnaire, instituez un tribunal terrible à sa suite ; que l'instrument de la vengeance des lois l'accompagne ! Bannissez tous les nobles, emprisonnez-les jusqu'à la paix ; cette race altérée de sang ne verra désormais couler que le sien ! »

Le président annonça, dans sa réponse, que la Convention avait déjà prévenu les vœux du peuple et des Jacobins ou qu'elle allait les accomplir. Drouet s'écria que le jour était venu d'être inflexibles. « Puisque notre vertu, dit-il, notre modération, notre philosophie, ne nous ont servi de rien, soyons brigands pour le bonheur du peuple ! — La France, lui répondit sévèrement Thuriot, n'est pas altérée de sang, elle n'est altérée que de justice. »

XXXI

Barère, averti par Robespierre et préparé de la veille, monta à la tribune, au nom du comité de salut public, pour revendiquer l'initiative de la terreur et pour la régulariser en la décrétant. « Depuis plusieurs jours, dit-il, les aristocrates de l'intérieur méditent un mouvement. Eh bien, ils l'auront, ce mouvement, mais ils l'auront contre eux ! Ils l'auront organisé, régularisé par une armée révolutionnaire qui exécutera enfin ce grand mot qu'on doit à la commune de Paris : Plaçons la terreur à l'ordre du jour. Les royalistes veulent du sang, eh bien, ils auront celui des conspirateurs, des Brissot, des Marie-Antoinette ! Ce ne sont plus des vengeances illégales, ce sont des tribunaux extraordinaires qui vont l'opérer. Vous ne serez pas étonnés des moyens que nous vous présenterons, quand vous saurez que du fond de leurs prisons ces scélérats conspirent encore et qu'ils sont le point de ralliement de nos ennemis. Vous voulez anéantir la Montagne, eh bien, la Montagne vous écrasera. »

Le décret qui résumait ces paroles fut voté d'acclamation en ces termes : « Il y aura à Paris une force armée de six mille hommes et de douze cents canonniers, destinée à comprimer les contre-révolutionnaires, à exécuter partout les lois révolutionnaires et les mesures de salut public décrétées par la Convention nationale. Cette armée sera organisée dans la journée. »

Un second décret exila à vingt lieues de Paris tous ceux qui avaient appartenu à la maison militaire du roi ou de ses frères.

Un troisième ordonna que Brissot, Vergniaud, Gensonné, Clavière, Lebrun, Baudry, secrétaire de Lebrun, seraient immédiatement traduits devant le tribunal révolutionnaire.

Un quatrième rétablit les visites nocturnes dans le domicile des citoyens.

Un cinquième ordonna la déportation au delà des mers des femmes publiques, qui corrompaient les mœurs et qui énervaient le républicanisme des jeunes citoyens.

Un sixième vota une solde de deux livres par jour aux ouvriers qui quitteraient leurs ateliers pour assister aux assemblées de leur section, et de trois livres par jour aux hommes du peuple qui seraient membres des comités révolutionnaires. Il fixa deux séances par semaine, le dimanche et le jeudi, à ces rassemblements patriotiques. Les séances devaient commencer à cinq heures et finir à dix.

Enfin un septième réorganisait le tribunal révolutionnaire. C'était la justice de la terreur.

Ce tribunal, institué par la vengeance, le lendemain du 10 août, avait été jusque-là tempéré par les formes et par l'humanité des Girondins. En deux ans il n'avait jugé qu'une centaine d'accusés, et il en avait acquitté le plus grand nombre. L'installation de ce tribunal d'État rappela par ses formes que le peuple retirait à lui tous les pouvoirs, même la justice, et qu'il allait siéger lui-même et juger ses ennemis par l'organe des jurés, simples citoyens choisis dans la foule et élus par lui. Avant de monter à leur tribunal, ces jurés se présentèrent au peuple sur une estrade dressée au milieu de la place publique. De là ils adressèrent chacun ces mots à la multitude : « Peuple, je suis un citoyen de tel nom, de telle section, de tel quartier ; ma maison est dans telle rue, j'exerce telle profession. Je somme tous les citoyens ici présents de déclarer s'ils ont quelques reproches à me faire. Avant que je juge les autres, jugez-moi. »

XXXII

A peine ce décret de réorganisation du tribunal révolutionnaire était-il porté, que la Convention nomma les juges et les jurés. Les juges étaient des hommes choisis par les Jacobins à l'exaltation des principes et à l'inflexibilité de cœur; les jurés, des hommes d'un patriotisme aveugle et d'une complaisance volontaire à la passion qui les employait. L'esprit de parti était toute leur justice. Ils se croyaient probes en ne refusant aucune tête, et incorruptibles en s'interdisant toute pitié. Séides d'un principe, la grandeur de la cause et l'intérêt du peuple leur dérobaient le crime et ne leur montraient que le résultat. Hommes incapables en général de servir plus noblement la cause à laquelle ils voulaient coopérer, ne pouvant pas prêter leur intelligence à la Révolution, ils lui prêtaient leur conscience. Ils s'y donnaient le dernier des rôles pour en avoir un, rôle brutal et matériel. Ils s'y faisaient volontairement la machine organisée des supplices. Ils s'honoraient de cette abjection. La mort était nécessaire, selon eux, dans le drame de la Révolution. Ils consentaient à y jouer le rôle de la mort. Il y a de tels hommes partout dans l'histoire. Comme on trouve du bois, du feu, du fer pour construire l'instrument du supplice, on trouve des juges pour condamner les vaincus, des satellites pour poursuivre les victimes, et des bourreaux pour les frapper.

XXXIII

Ces juges étaient : Hermann, président du tribunal du Pas-de-Calais; Sellier, juge à Paris; Dumas (de Lons-le-Saulnier), Brulé, Coffinhal, Foucault, Bravetz (des Hautes-Alpes), Deliége, Subleyras (du Midi), Lefetz (d'Arras), Verteuil, Lanne (de Saint-Paul en Picardie), Ragmey (du Jura), Masson, Denizot, Harny, homme de lettres; David (de Lille), Maire, Trinchard, Leclerc, presque tous avocats, juristes, hommes de lois subalternes, exercés par l'habitude des tribunaux aux chicanes qui endurcissent le cœur et aux formes qui suppriment la conscience. Les jurés étaient des citoyens de Paris ou des départements, pris dans les conditions inférieures et dans les métiers manuels de la population; hommes n'ayant pour lumières que leur instinct et pour titres que leur dévouement. On les avait choisis aveugles pour les avoir obéissants. A l'exception d'Antonelle, ancien nom de l'aristocratie du Midi et que ses liaisons avec Mirabeau avaient illustré, on ne trouve, en parcourant la liste de ces soixante jurés, aucun nom qui échappe par son propre éclat à l'oubli. La vertu et la gloire dans les révolutions brillent souvent sur l'échafaud, jamais à côté.

La Convention nomma ensuite Ronsin général de l'armée révolutionnaire. Depuis les massacres de Meaux, auxquels Ronsin avait assisté, son nom avait un prestige de terreur et une teinte de sang. Ronsin, protégé de Danton et ami de Chaumette et d'Hébert, avait pris tous ses grades dans les insurrections de Paris. Passionné pour la gloire, qu'il avait d'abord rêvée dans les lettres, il l'avait cherchée ensuite au plus profond de la démagogie. Il avait jeté la plume et pris le sabre. Sous l'uniforme de général populaire et sous l'extérieur d'un chef d'attroupement, il couvait des rêves et des calculs d'ambitieux ; il lisait l'histoire, il se trompait de temps. Il croyait que la Révolution aurait un Cromwell : il voulait l'être. Le rôle d'Hanriot au 31 mai le tentait. Il espérait asservir un jour la Convention avec l'arme qu'elle lui remettait alors dans la main. Il recruta l'armée révolutionnaire de tout ce que Paris avait d'hommes de désordre, de pillage et de sang. « Que voulez-vous ? répondit-il à ceux qui lui reprochaient d'y incorporer ainsi toutes les indisciplines, tous les vices et tous les crimes de la capitale ; je sais comme vous que c'est un ramas de brigands : mais trouvez-moi d'honnêtes gens qui veuillent faire le métier auquel je les destine. »

L'armée organisée, le tribunal composé, il restait à leur désigner et à leur livrer légalement les coupables. Une grande loi d'accusation, universelle comme la république, arbitraire comme la dictature, vague comme le soupçon, était, selon la Montagne, nécessaire à l'omnipotence de la Convention. Il fallait donner une arme aux délateurs. Les ombrages et les colères du peuple n'avaient pas attendu cette loi. Depuis plusieurs mois, les comités révolutionnaires de Paris et des municipalités des départements avaient arrêté, sous le nom de suspects, les hommes présumés ennemis de la Révolution. Ceux à qui on ne pouvait imputer aucun crime avaient pour crime le soupçon qui les préjugeait coupables. C'était le droit de proscrire remis à l'arbitraire.

Les Jacobins réclamaient à grands cris une mesure générale contre ces hommes douteux qui, sans être convaincus d'aucun délit, inquiétaient néanmoins la république. Entre les innocents et les coupables, ils voulaient créer une catégorie de citoyens qui seraient, jusqu'à la paix et jusqu'au triomphe, les ilotes et les otages de la Révolution. La loi les gênait pendant le combat. Ils voulaient mettre, par une loi supérieure, une partie de la France hors la loi. Le comité de salut public le voulait aussi, non-seulement pour tenir le glaive suspendu sur toutes les têtes, mais aussi pour soustraire au peuple lui-même le droit d'emprisonner et de frapper au hasard, et pour se charger lui seul de servir les soupçons et les vengeances de tous. Danton et Robespierre voulaient que les fureurs et les injustices mêmes du peuple fussent gouvernées.

XXXIV

Merlin de Douai présenta dans cette intention, le 17 septembre, un projet de décret, dont les mailles, tressées et serrées par un légiste habile, embrassaient la France entière dans un réseau de suspicion légale, et ne laissaient rien de sûr à l'innocence, rien d'inviolable à la délation. Merlin de Douai était un de ces légistes érudits qui, sans partager au fond ni les égarements ni les fureurs des passions dans les temps d'orages, mettent le sang-froid et la science au service de l'homme de loi de l'idée régnante : aujourd'hui jurisconsultes impassibles de la république, demain jurisconsultes modérés de la monarchie. Bien que ces hommes prêtent la forme légale aux excès des partis qu'ils servent involontairement ainsi de leur autorité et de leur nom, il serait injuste d'accuser leur mémoire seule de l'usage que le crime a fait de leur législation. Ils ont même cela pour excuse à leur fatale complaisance, qu'ils trompent, même en leur obéissant, les passions extrêmes de ceux qui les emploient, et qu'ils réservent quelque humanité dans les révolutions, quelque liberté dans les contre-révolutions. Les intentions secrètes de Merlin en présentant la loi des suspects, destinée à confondre sous une forme plus régulière deux décrets déjà portés par la Convention, étaient, dit-on, autant d'abriter des victimes contre les égorgements du peuple que de livrer des coupables au tribunal révolutionnaire. Le temps était tel, que les prisons ouvertes en masse aux suspects lui semblaient le seul asile contre les assassinats.

Le décret de Merlin, composé de soixante-quatorze incriminations nouvelles et successivement accru de tous les soupçons rêvés par l'ombrageuse imagination des délateurs, devint l'arsenal le plus complet d'arbitraire que jamais la complaisance d'un légiste eût remis aux mains d'un pouvoir.

L'article premier portait : « Immédiatement après la publication du présent décret, tous les gens suspects qui se trouvent sur le territoire de la république, et qui sont encore en liberté, seront mis en arrestation ;

» Sont réputés suspects, ceux qui par leur conduite, leurs

écrits ou leurs propos, se sont montrés partisans de la tyrannie et du fédéralisme, et ennemis de la liberté ;

» Ceux qui ne pourront pas justifier de leurs moyens d'existence et de l'accomplissement de leurs devoirs civiques ;

» Ceux à qui on aura refusé des certificats de civisme ;

» Ceux des ci-devant nobles, pères, mères, fils, filles, frères, sœurs, maris, femmes, agents d'émigrés, qui n'ont pas constamment manifesté leur attachement à la Révolution... »

« — Suspects, ajoutait Barère en commentant les catégories, les nobles ! Suspects, les hommes de cour, les hommes de loi ! Suspects, les prêtres ! Suspects, les banquiers, les étrangers, les agioteurs ! Suspects, les hommes plaintifs de tout ce qui se fait en révolution ! Suspects, les hommes affligés de nos succès ! »

Un dernier article enfin, suppléant à toutes les omissions qui pouvaient avoir échappé au législateur, étendait la peine jusqu'à ceux qui seraient déclarés purs, et autorisait les tribunaux criminels à faire emprisonner les accusés dont ils auraient reconnu l'innocence et prononcé l'acquittement.

XXXV

Les prisons ne suffisant pas à contenir l'immense population des captifs que cette loi arrachait à leurs demeures, les maisons nationales, les hôtels confisqués, les églises et les couvents furent convertis partout en maisons de détention. La peine de mort, multipliée à proportion de cette multiplication des crimes, vint, d'heure en heure et de décret en décret, armer les juges du droit de décimer les suspects. Refusait-on de marcher en personne à la frontière ou de livrer ses armes à ceux qui marchaient? la mort! Donnait-on asile à un émigré ou à un fugitif? la mort! Faisait-on passer de l'argent à un fils ou à un ami hors des frontières? la mort! Entretenait-on une correspondance même innocente avec un exilé ou en recevait-on une lettre? la mort! Manquait-on à dénoncer les conspirateurs, les individus hors la loi ou ceux qu'on savait les avoir recélés? la mort! Aidait-on les détenus à communiquer par écrit ou verbalement avec leurs proches? la mort! Avilissait-on la valeur des assignats? la mort! En achetait-on à prix d'argent? la mort! Deux témoins attestaient-ils qu'un prêtre, un noble, un prolétaire, avaient pris part à un attroupement contre-révolutionnaire? la mort! Enfin brisait-on ses fers et cherchait-on à éviter la mort par la fuite? Encore la mort pour punir jusqu'à l'instinct de la vie! La mort même fut bientôt suspendue sur les juges. Un décret, rendu quelques jours plus tard, ordonnait la destitution, l'emprisonnement et le jugement des comités révolutionnaires qui auraient laissé en liberté un seul suspect!

XXXVI

Ainsi : une loi qui ne reconnaissait aucun innocent de ceux qu'on voudrait considérer comme coupables; l'opinion imputée à crime; le soupçon converti en preuve; la délation érigée en devoir; un tribunal révolutionnaire pour appliquer ce code au signe du comité de salut public; une armée révolutionnaire pour contenir Paris et pour conduire en masse les suspects aux prisons et les accusés au tribunal; l'instrument du supplice dressé dans toutes les villes principales et promené dans les villes secondaires; enfin des commissaires de la Convention, désignés par le comité de salut public, se partageant les provinces et les armées et allant partout surveiller, accélérer ou modérer le jeu terrible de la dictature; la Convention délibérant et agissant au centre, présente partout par ses représentants en mission, entretenant avec eux une correspondance incessante, les inspirant, les stimulant, les châtiant, les rappelant, les renvoyant retrempés dans l'énergie révolutionnaire dont elle était elle-même incendiée : tel fut le mécanisme terrible de la dictature qui succéda aux hésitations et aux tiraillements du gouvernement, après la chute des Girondins, et qu'on appela la *terreur*.

Irrésistible et atroce comme le désespoir d'une révolution qui se sent avorter et d'une nation qui se sent périr, cette dictature fait à la fois trembler d'étonnement et frémir d'horreur. On ne peut juger ce gouvernement d'extrémité d'après les règles ordinaires des gouvernements. Il s'appela lui-même gouvernement révolutionnaire : c'est-à-dire subversion, combat, tyrannie. La Convention se considéra comme la garnison de la France, renfermée dans une nation en état de siége. Résolue de sauver la Révolution et la patrie ou de s'ensevelir la première sous leurs ruines, elle suspendit toute loi devant la seule loi du danger commun. Elle créa la domination du salut public contre elle-même et contre ses ennemis, ou plutôt elle créa un mécanisme révolutionnaire sorti d'elle, au-dessus d'elle, plus fort qu'elle; se dévouant ainsi volontairement elle-même à être dominée, asservie et décimée par la tyrannie qu'elle avait construite.

La Convention ne fit pas cela seulement par cet entraînement brutal qui porte les hommes à ne reconnaître de juste et de légal que la passion qui les fanatise pour une idée, ou la fureur qui les transporte contre leurs ennemis; elle le fit aussi par politique. Elle était en présence d'un double danger qu'elle ne se dissimulait pas : l'anarchie et la guerre étrangère. Elle sentait qu'elle serait bientôt le jouet des caprices de la commune et des mouvements séditieux de la populace de Paris agitée par la turbulence de démagogues subalternes, si elle ne prenait pas des mains de ces démagogues eux-mêmes l'arme de la terreur qu'ils lui offraient aujourd'hui et qu'elle suspendrait demain sur leurs propres têtes. Ni Danton, ni Robespierre, ni leurs collègues éclairés ne voulaient livrer la Convention à la merci et à la dérision du premier factieux de la commune qui viendrait lui dicter des ordres comme au 10 mars ou au 31 mai. Plus ces hommes avaient touché de près à la sédition pendant qu'elle servait leurs principes ou leur fortune, plus ils connaissaient sa démence, et plus ils redoutaient ses secousses, maintenant qu'ils voulaient asseoir la république. Ce n'était pas une populace turbulente et débordée dans la rue que rêvait Robespierre; c'était le règne calme et régulier du peuple personnifié par ses représentants. Ce n'était pas l'agitation permanente d'une capitale que voulait Danton, c'était le gouvernement fort et irrésistible d'une république nationale. Ni l'un ni l'autre ne voyaient la nation dans la commune. Ils sentaient tous deux que la Révolution, concentrée dans Paris et déchirée par les factions de la place publique, expirerait bientôt étouffée dans son propre foyer. Ils voulaient faire respecter la représentation nationale. Ils voulaient dominer, à l'aide d'une terreur légale, la terreur populaire qui avait fait si souvent trembler la représentation. Il leur fallait la terreur révolutionnaire pour intimider et pour refréner la Révolution. Il la leur fallait pour pousser les masses aux frontières contre Lyon, contre Marseille, contre Toulon, contre la Vendée; pour imposer aux armées la discipline, aux généraux la victoire, à l'Europe la stupeur, à tous le prestige sinistre de la Convention, et pour arracher par la peur à la nation ces efforts surnaturels d'impôts, d'armements, de levées en masse qu'on ne pouvait plus attendre du patriotisme découragé. La *terreur* fut donc bien moins inventée par Robespierre et par Danton contre les ennemis intérieurs de la république que contre les excès et les anarchies de la Révolution elle-même.

Au moment où la Convention l'organisa, le royalisme et l'aristocratie, émigrés ou anéantis, n'inquiétaient plus personne. La terreur ne pouvait atteindre ni les émigrés ni les

Vendéens en armes; elle ne pouvait, au contraire, que les animer davantage et les rendre plus irréconciliables avec une république qui ne leur promettait que l'échafaud. Les émigrés et les Vendéens furent le prétexte; les anarchistes furent le but. L'échafaud qu'ils demandaient à grands cris fut élevé surtout contre eux.

XXXVII

De plus, la *terreur* ne fut pas, comme on le pense, un libre et cruel calcul de quelques hommes délibérant de sang-froid un système de gouvernement. Elle ne naquit pas d'une seule fureur ni d'un seul jour. Elle naquit, peu à peu, des circonstances, de la tension des choses et des hommes placés les uns vis-à-vis les autres dans des impossibilités de situation auxquelles, leur génie insuffisant ne trouvant pas d'issue, ils ne pouvaient échapper, pensaient-ils, que par le glaive et par la mort. Elle naquit surtout de cette rivalité fatale d'ambition, de popularité, de cette enchère de gages patriotiques, que chaque homme et chaque parti reprochaient à l'homme et au parti rivaux de ne pas donner assez à la Révolution : Barnave à Mirabeau; Brissot à Barnave; Robespierre à Brissot, Danton à Robespierre; Marat à Danton; Hébert à Marat; tous aux Girondins. En sorte que, pour justifier son patriotisme, chaque homme ou chaque parti voulut en exagérer les preuves, en exagérant les mesures, les soupçons, les excès, même les crimes;

jusqu'à ce que de cette pression commune que tous ces hommes et tous ces partis exerçaient les uns sur les autres il résultât une émulation générale, moitié feinte, moitié sincère, qui les saisît et qui les enveloppât dans toute la terreur mutuelle qu'ils se communiquaient et qu'ils rejetaient sur leurs ennemis pour l'écarter d'eux.

XXXVIII.

Ajoutez-y, dans le peuple lui-même, l'agitation convulsive d'une révolution de trois ans; la crainte de perdre une conquête dont il sentait d'autant plus le prix qu'elle était plus récente et plus disputée; la fièvre incessante que les tribunes, les journaux, les clubs, soufflaient chaque jour sur la multitude; la cessation de travail par les ouvriers; les perspectives de loi agraire et de pillage général du sol par les classes affamées de propriété; le patriotisme désespéré; la trahison des généraux; les frontières envahies; les Vendéens relevant le drapeau de la royauté et de la religion détruites; la disparition du numéraire; la disette des subsistances; la faim; la panique; l'habitude du meurtre donnée à la populace de Paris par les journées du 14 juillet, du 6 octobre, du 10 août, du 2 septembre; le spectacle de l'échafaud qui avait aguerri les yeux aux supplices; enfin cette rage brûlante d'extermination qui se cache, comme un goût dépravé, dans les instincts de la multitude, qui se révèle dans les commotions, et qui demande à s'assouvir de sang quand on lui en a laissé respirer l'odeur : tels étaient les éléments qui concoururent à enfanter la *terreur*. Calcul chez quelques-uns, entraînement chez d'autres, faiblesse chez ceux-ci, concession chez ceux-là, peur et fureur dans le plus grand nombre; épidémie morale répandue dans un air depuis longtemps vicié, et à laquelle les âmes prédisposées n'échappent pas plus que les corps morbides à la maladie régnante, accès de fièvre qui saisit à la fois tout un peuple et qui surexcite jusqu'au transport la tête et le bras d'une population délirante; contagion à laquelle tout le monde apporte son miasme et sa complicité, bien que nul n'en soit exclusivement coupable, la *terreur* naquit d'elle-même et finit comme elle était née, quand la tension générale des choses se relâcha, sans avoir la conscience de sa fin comme elle n'avait pas eu la conscience de son commencement. Ainsi procèdent les choses humaines auxquelles notre infirmité se plaît à chercher une seule cause, quand elles sont le résultat de mille causes complexes et opposées, et auxquelles on donne le nom d'un seul homme quand elles ne doivent porter que le nom du temps.

XXXIX

La Convention pouvait-elle écarter d'elle la nécessité d'un gouvernement arbitraire, dictatorial, armé d'une intimidation puissante, dans les circonstances où se trouvaient la république et la France, et où elle se trouvait elle-même? Quelle que soit la réponse que se fasse à soi-même le philosophe ou l'homme de loi, l'homme d'État ne peut hésiter. Sans un gouvernement concentré et exceptionnel, la Révolution périssait inévitablement, sous l'anarchie au dedans et sous la contre-révolution au dehors.

La coalition des rois cernait la France et l'étouffait dans l'étreinte de sept cent mille hommes. Les émigrés marchaient à la tête des étrangers, et fraternisaient déjà, dans Valenciennes et dans Condé conquis, avec le royalisme. La Vendée soulevait le sol entier de l'Ouest et nouait d'une main son insurrection religieuse avec l'insurrection de la Normandie, de l'autre avec l'insurrection du Midi. Marseille arborait le drapeau du fédéralisme à peine abattu à Paris. Toulon et la flotte tramaient leur défection et ouvraient leur rade et leurs arsenaux aux Anglais. Lyon, se déclarant municipalité souveraine, emprisonnait les représentants du peuple et dressait la guillotine contre les partisans de la Convention.

La commune de Paris, fière de son dernier triomphe, affectait vis-à-vis de la représentation nationale la modération de la force, mais conservait une attitude qui tenait plus de la menace que du respect. Pache, Hébert, Chaumette, Ronsin, Vincent, Leclerc, Jacques Roux, les amis et continuateurs de Marat, les Cordeliers, n'avaient pas licencié les attroupements du 31 mai et déclamaient audacieusement contre la somnolence de Danton, contre la faiblesse de Robespierre, contre les lenteurs du comité de salut public. Orgueilleux d'avoir décimé déjà la Convention, ils annonçaient tout haut le projet de la décimer encore. Ils lui demandaient impérieusement contre les mœurs, contre le culte, contre la propriété, contre le commerce, des mesures que la Convention ne pouvait leur concéder sans bouleverser de fond en comble tous les éléments de l'ordre social. Les clubs, les comités révolutionnaires, les assemblées des sections, la place publique, les faubourgs, les journalistes, faisaient écho à ces doctrines et offraient leurs bras pour y plier la représentation asservie. Le peuple ne parlait que de se faire justice à lui-même et de renouveler, en les surpassant, les assassinats de septembre. Comment un corps politique jeté au milieu de cette tempête, ne pouvant ni négocier avec l'Europe, ni pacifier les insurrections de l'intérieur, ni se défendre lui-même dans Paris par la force des lois brisées dans sa main, pouvait-il se maintenir et sauver avec lui la république et la patrie par la seule force abstraite d'une constitution qui n'existait plus, et sans s'environner du prestige de l'omnipotence, et d'un appareil intimidant de force et de répression contre ses amis et contre ses ennemis?

XL

La dictature de la Convention n'était point toute une usurpation, car la Convention c'était la Révolution même concentrée à Paris, et la Révolution c'était la France. La France et la Révolution n'avaient donc en ce moment d'autre gouvernement national que dans la Convention. La Convention avait donc, selon elle, tous les droits de la Révolution et de la France. Le premier de ces droits, c'était de se sauver et de survivre. La seule loi, dans un tel moment, c'était un *hors la loi* universel qui intimidât tous les complots, qui abattît toutes les résistances, qui écrasât toutes les factions, et qui saisît, à force de promptitude et de stupeur, un pouvoir qui manquait à tout et à tous, et sans lequel tout périssait à la fois. Ce pouvoir, Robespierre, Danton, la Montagne, eurent l'audace de le chercher et de le trouver dans le fond même de l'anarchie. La Convention eut l'énergie et le malheur de s'associer à leur entreprise et d'assumer sur elle une éternelle responsabilité. En forgeant la dictature, elle crut forger une arme défensive indispensable, dans sa pensée, au salut de la liberté; mais l'arme de la tyrannie est trop lourde pour le bras des hommes. Au lieu de menacer avec choix et mesure, elle frappa au hasard, sans justice et sans pitié. L'arme emporta la main. Là fut le crime, et c'est un crime qu'expie encore aujourd'hui la liberté.

Elle raisonnait ainsi : « Les idées ont le droit d'éclore, les vérités ont le droit de combattre, les révolutions qui résument ces idées et ces vérités ont le droit de se défendre et de triompher. La Convention représente-t-elle la Révolution? Oui. — A-t-elle le droit de la sauver? Oui. — Le salut de l'idée révolutionnaire exige-t-il une dictature de l'Assemblée nationale aussi légitime et aussi omnipotente que la nation elle-même? Oui. — Les circonstances exigent-elles sous peine de mort que cette loi soit efficace contre toutes les factions, intimidante, irrésistible, et par conséquent exceptionnelle? Oui encore. » Le gouvernement fortement unitaire de la Convention était donc inévitable dans le moment où il fut créé.

Faire des lois temporaires, sévères, impartiales, appliquer des pénalités, est le droit de toute dictature. Proscrire et tuer contre toutes les lois et contre toute justice, inonder de sang les échafauds, livrer non des accusés aux tribunaux, mais des victimes aux bourreaux, commander des jugements au lieu de les attendre, donner aux citoyens leurs ennemis pour juges, encourager les délateurs, jeter aux assassins les dépouilles des suppliciés, emprisonner et immoler sur simples soupçons, traduire en crime les sentiments de la nature, confondre les âges, les sexes, les vieillards, les enfants, les femmes, les mères, les filles dans les crimes des pères, des maris, des frères, ce n'est plus dictature, c'est proscription. Or tel fut le double caractère de la *terreur*. Par l'un, la Convention restera monumentale sur la brèche de la patrie sauvée et de la Révolution défendue; par l'autre, sa mémoire sera souillée du sang que l'histoire remuera éternellement sans pouvoir l'effacer jamais sur son nom.

LIVRE QUARANTE-SIXIÈME

Le général Custine au tribunal révolutionnaire. — Sa condamnation.
— Jugement de la reine Marie-Antoinette. — La Conciergerie. —
Le jeune Dauphin enlevé à sa mère. — Il est remis à Simon. —
Fouquier-Tinville accusateur public. — Condamnation de la reine.
— Sa vie et sa mort.

I

Une des premières grandes victimes de la terreur fut le général Custine. Son crime était de mettre de l'art dans la guerre. Les Montagnards voulaient une guerre au pas de course et au pas de charge. Il leur fallait des généraux plébéiens pour diriger les masses plébéiennes, et des généraux ignorants pour inventer la guerre moderne.

On a vu comment Custine, enlevé du milieu de son armée, dont il était adoré, par le commissaire de la Convention Levasseur, était arrivé à Paris pour y rendre compte de son inaction. L'immense popularité dont il avait été couvert par ses premières invasions au cœur de l'Allemagne et par la prise de Mayence l'environnait encore. Les officiers l'admiraient, les soldats l'aimaient. Une sorte de coquetterie soldatesque cachant l'adulation sous la rudesse, une sévérité de discipline qui sévissait et qui cédait à propos, une éloquence naturelle, des mœurs à la fois libres et martiales, une grande fortune généreusement prodiguée dans les camps, l'aristocratie d'un nom dont la démocratie elle-même subissait le prestige, des opinions qu'on croyait inclinées vers les Girondins, enfin la faveur secrète des royalistes, qui aimaient à le soupçonner d'arrière-pensée pour la monarchie, tout concourait à répandre autour de Custine l'intérêt qui s'attache à la gloire, à l'espérance et à la persécution. Sa présence à Paris avait ranimé tous ces sentiments : l'enthousiasme et les applaudissements soulevés par son apparition dans les lieux publics, dans les promenades, aux théâtres, firent craindre à la Convention qu'en appelant à Paris un accusé elle n'eût appelé un maître, et que le rôle de Cromwell ne tentât le général obéissant. Elle se hâta de le faire arrêter et de le livrer aux juges. Ce n'était pas au moment où elle voulait s'emparer de la toute-puissance qu'elle eût voulu reconnaître dans l'armée une autre popularité que la sienne, et ménager un ascendant avec lequel elle aurait eu plus tard à compter. Le crime de Custine était de paraître nécessaire. On ne voulait plus d'hommes nécessaires, on voulait que la patrie fût seule et fût tout.

On entrevoyait, en ce qui concernait l'armée, deux partis dans la Convention et dans le comité de salut public : le parti de Danton et le parti de Robespierre. Danton et les siens, Fabre d'Églantine, Legendre, Chabot, Drouet,

Camille Desmoulins, Bazire, Alquier, Merlin de Thionville, Merlin de Douai, Delmas, avaient toujours entretenu avec les généraux de la république des intelligences qui attestaient dans ces conventionnels des arrière-pensées d'intervention militaire, dont ils caressaient de loin les instruments. Ils se ménageaient la faveur des armées ; ils entretenaient des correspondances et des amitiés avec les chefs ; ils visitaient les camps ; ils partageaient, disait-on, les dépouilles ; ils étaient les patrons des généraux dans les bureaux du ministère de la guerre ; ils affichaient des amitiés avec ceux-là mêmes dont les noms illustres et le républicanisme douteux rendaient la fréquentation suspecte aux Jacobins. Tout récemment, Camille Desmoulins venait d'exciter la colère des patriotes en se déclarant l'ami de Dillon, qu'il voulait porter au commandement de l'armée du Nord, et en lacérant d'invectives les accusateurs de ce général. Cet écrivain étourdi avait accusé le comité de salut public de désorganiser les armées en touchant aux plans des généraux avec des mains ineptes. La Montagne indignée n'avait pardonné à Camille Desmoulins que par pitié pour la légèreté de son caractère. Les Montagnards l'avaient regardé, dit-il lui-même, avec cet œil inquiet et irrité dont les chevaliers romains regardaient, au sortir du sénat, César suspecté d'avoir trempé dans la conjuration de Catilina.

Les choses s'aigrissaient depuis la fuite de Dumouriez ; tout semblait trahison. Dillon, Miranda, étaient arrêtés. Les amis de Danton, et Legendre lui-même, disaient qu'il fallait abandonner quelques têtes de généraux. Robespierre ne faisait que suivre l'instinct de sa nature et qu'obéir aux ombrages de son caractère, en pressant l'accusation de

Custine, et en abattant tous les chefs militaires sur lesquels l'armée porterait les yeux plus que sur la patrie. La liberté était son but ; il ne voulait d'armée que pour la défendre dans son berceau. La seule force du peuple devait être, selon lui, le peuple lui-même. L'armée, instrument de gloire, avait toujours été tournée dans l'histoire en instrument de tyrannie. L'armée, à ses yeux, était l'arme des rois. La victoire donnait aux généraux la popularité des camps ; la popularité des camps leur donnait l'impatience du joug civil. De général tout-puissant redevenir citoyen obéissant lui semblait un effort supérieur à la vertu humaine. Il ne voulait pas que l'armée prît l'habitude d'admirer un chef et que le peuple se laissât corrompre par la gloire. Dès le temps de l'Assemblée législative, on l'avait vu s'opposer seul à la guerre demandée par les Jacobins. Il avait prévu de loin les trahisons ou les dictatures, plus fatales aux révolutions que les anarchies. Il persévérait dans sa pensée. Luckner, La Fayette, Dumouriez, Custine, Dillon, Biron, n'avaient jamais obtenu grâce devant lui. Les victoires l'avaient trouvé plus froid et plus amer que les défaites, car il voyait plus de danger dans la renommée d'un général heureux que dans la perte d'une bataille. Amant exclusif jusqu'à la cruauté de l'idée démocratique, il en était jaloux jusqu'à lui sacrifier le patriotisme.

11

Custine parut devant le tribunal, escorté des souvenirs de ses triomphes et soutenu par la présence de sa belle-fille, dont la beauté, la grâce, l'esprit, la séduction, les larmes attendrissaient la rigueur des âmes. Cette jeune femme avait épousé le fils unique de Custine, lequel était déjà emprisonné. Elle ne quittait le cachot de son mari que pour consoler son beau-père dans sa prison et l'accompagner au tribunal. Custine n'avait été pour elle pendant son élévation qu'un censeur exigeant et chagrin. L'infortune du général avait tout fait oublier à madame de Custine. Elle s'était dévouée au salut et à la consolation de l'homme dont elle avait eu souvent à déplorer la dureté. Elle voulait prouver son amour à son mari en lui rendant un père. Elle avait assiégé de sollicitations les juges, les jurés, les membres des comités. Elle se montrait devant le tribunal, à côté de Custine, comme l'innocence qui dissipe le soupçon. Custine n'avait eu que les faiblesses et les inconséquences de son orgueil. Il avait trahi les espérances de la république, il n'avait ni trahi ni vendu sa patrie. Le sentiment de son innocence, le besoin que l'armée avait de ses talents, le rendaient calme et fier devant ses accusateurs. La supériorité de ses connaissances militaires sur celles des témoins qui l'inculpaient, la sûreté de sa mémoire, la promptitude et la netteté de ses répliques, la chaleur vraie de son patriotisme, et enfin cette éloquence martiale dont les camps avaient exercé en lui le don naturel, donnaient aux séances du tribunal révolutionnaire l'attrait et la solennité d'une tragédie. C'était la première grande ingratitude de la république.

III

Fouquier-Tinville, l'accusateur public, *bouche de fer* de la terreur, indifférente à la vérité ou à la calomnie, lut une longue et confuse accusation où tous les actes militaires de Custine, et principalement ses retraites et l'abandon de Mayence, étaient travestis en actes de trahison. On entendit de nombreux témoins. Les uns étaient des délateurs en titre qui couraient les camps pour y enregistrer les murmures vagues et les mécontentements personnels des troupes ; les autres étaient des démagogues allemands de Mayence ou de Liége, imputant au général français d'avoir méprisé leurs conseils et modéré leurs excès ; les autres enfin étaient des représentants du peuple en mission auprès des armées, tels que Montaut, Lequinio, Léonard Bourdon, Merlin de Thionville, Couturier, Hentz. Ceux-là furent les plus réservés dans leurs témoignages. Ils parlèrent de Custine en hommes qui avaient désapprouvé quelquefois sa conduite, mais qui avaient le sentiment de son innocence et le respect de son malheur. Aucun ne prononça le mot de trahison.

Custine discuta les différents chefs d'accusation, débattit les témoignages, rétablit les faits, les circonstances, les dates, et anéantit toutes les inculpations avec un sang-froid, une lucidité et une force qui grandirent justement la renommée de son talent sur ce champ de bataille où il disputait son honneur et sa vie. Aucune preuve ne fut produite. Il ne resta de soupçon que dans l'âme de ceux qui voulaient en avoir. Le patriotisme indigné du général eut des accents de grandeur et de sincérité qui confondaient l'ingratitude de sa patrie.

IV

Levasseur (de la Sarthe) ayant dit au tribunal qu'il avait remarqué dans la conduite de Custine les mêmes symptômes de trahison qui avaient caractérisé la conduite de Dumouriez pour livrer ses propres soldats à la merci de l'ennemi : « Moi! s'écria Custine pour toute réponse et en levant les bras au ciel, moi! avoir médité de faire massacrer mes braves frères d'armes! » Quelques larmes coulèrent de ses yeux et furent sa seule réfutation.

Cependant l'impatience des Jacobins stimulait la lenteur du tribunal. La conviction de l'innocence, l'attendrissement ou l'admiration gagnaient tous les cœurs. Les jurés flottaient entre leur conscience et leur opinion. Custine termina les débats par un discours de deux heures, où la clarté de la réfutation, la dignité des sentiments, le pathétique mâle et sobre de l'homme de guerre et l'éloquence révolutionnaire du patriote convaincu ne laissèrent aucun des innombrables spectateurs sans émotion et sans respect. On croyait et il croyait lui-même à son acquittement. Sa belle-fille versait des larmes de joie. Les jurés, à une majorité inattendue, déclarèrent la culpabilité. Le tribunal prononça la peine : c'était la mort.

Il était nuit. Le général, entouré d'une haie de gendarmes, rentra dans la salle pour entendre son jugement. L'anxiété du doute pâlissait son visage. Il promenait des regards incertains sur la foule, comme pour interroger les visages sur son sort. Mais la foule elle-même ne savait rien. Les flambeaux qui éclairaient pour la première fois le prétoire, depuis l'ouverture du procès, annonçaient à Custine que la délibération des jurés avait été longue, et que sa tête avait été disputée à peu de voix. L'auditoire palpitant, l'attitude consternée des juges, lui donnèrent pour la première fois le pressentiment du supplice. Il s'assit, les yeux fixés sur le président. Coffinhal lut la déclaration du jury, et lui demanda, selon l'usage, s'il avait à réclamer contre la peine de mort que l'accusateur public sommait les juges de prononcer contre lui.

L'âme de Custine parut bouleversée, moins par la terreur de la mort que par l'étonnement de l'injustice. Il promena ses regards autour de lui pour y chercher ses défenseurs et pour implorer une dernière voix. Ses défenseurs s'étaient retirés. Ne les apercevant pas, Custine se retourna vers le tribunal avec un geste d'abandon de soi-même. « Je n'ai plus un seul défenseur, s'écria-t-il, ils se sont tous évanouis. Ma conscience ne me reproche rien. Je meurs calme et innocent. »

V

On emporta sa belle-fille évanouie. La salle se taisait ou sanglotait. Des applaudissements éclataient au dehors parmi le peuple. Custine rentra dans le greffe de la Conciergerie, salle d'attente entre la mort et la vie. Il y tomba à genoux, le front dans ses mains, et resta ainsi prosterné deux heures, abîmé dans ses réflexions, et sans proférer une parole. Peut-être pesait-il en lui-même ce qu'il avait sacrifié de son rang, de son devoir envers le trône et de sa foi de chrétien à la Révolution, contre la récompense qu'il recevait d'elle en ce moment. En se relevant, il demanda un prêtre, et passa la nuit tout entière avec le ministre de Dieu. Il demanda la force de mourir à cette religion contre laquelle il avait combattu à la tête des soldats de la république. Il s'avoua ainsi le vaincu des doctrines dont il s'était déclaré l'adversaire. Il ne garda rien, dans ces derniers moments, du *décorum* de la mort du soldat, qu'il avait si souvent bravée sur le champ de bataille. L'homme et le père se montrèrent seuls ; le guerrier disparut. Il écrivit une lettre touchante à son fils pour lui recommander le soin de sa mémoire dans les beaux jours de la république, et la réhabilitation de son innocence dans le cœur du peuple, quand le temps détromperait le soupçon. Il monta sur la charrette, les mains liées. Une redingote de drap bleu, qui conservait quelques couleurs et quelques galons d'uniforme, révélait seule la dignité du général dans le costume du condamné. Il baisait avec ardeur un crucifix que son confesseur, assis à côté de lui, pressait sur ses lèvres. Ses yeux, mouillés de larmes, se portaient alternativement de la foule au ciel, comme s'il eût reproché son inconstance à ce peuple, et demandé justice à Dieu. Descendu de la charrette au pied de l'échafaud, il tomba de nouveau à genoux sur le premier degré de l'échelle. Sa prière, que l'on n'osait interrompre, parut redoubler de ferveur et se prolongea longtemps. Il monta enfin d'un pas ferme ; et, regardant un moment le couteau comme si c'eût été la baïonnette de la patrie, il se remit aux mains du bourreau et mourut. Cette mort fit tomber devant l'armée étonnée la tête de son chef le plus populaire. Elle lui montra qu'elle n'avait d'autre chef que la Convention. Elle donna aux représentants du peuple sur les frontières un caractère d'inflexibilité qui commanda l'obéissance et l'héroïsme par la terreur. Le parti militaire émigré avec La Fayette, transfuge avec Dumouriez, décapité avec Custine, honteux et silencieux contre Danton, fut complétement anéanti par ce supplice, et n'essaya plus de lutter avec Robespierre, devenu le symbole du peuple et la seule tête dominante de la république.

VI

Quatre-vingt-dix-huit exécutions venaient d'ensanglanter l'échafaud en soixante jours. La hache de la terreur une fois remise dans les mains du peuple, on ne pouvait plus la lui retirer. L'implacable et lâche vengeance demandait sans cesse la tête de Marie-Antoinette. L'impopularité aveugle de cette infortunée princesse avait survécu même à sa chute et à sa disparition. Elle était, dans les propos du peuple endurci, la contre-révolution enchaînée, mais la contre-révolution encore vivante. En immolant Louis XVI, le peuple pensait bien n'avoir immolé que la main. L'âme des cours était, pour les ennemis de la royauté, dans Marie-Antoinette. A ses yeux, Louis XVI était la personne de la royauté, la reine en était l'inspiration. Déjà, depuis quelques jours, le conseil de la commune retentissait d'accusations significatives contre ceux des commissaires de la commune qui témoignaient aux prisonniers du Temple quelques égards ou quelque pitié. L'insolence et l'outrage leur étaient commandés comme une vertu de leur opinion. Les exhumations des sépulcres de Saint-Denis, ordonnées par la Convention sur les injonctions de la commune, allaient disperser jusqu'aux cendres des rois. Comment épargner les personnes royales qui respiraient encore au milieu de Paris? Il semblait aux Jacobins impitoyables que l'atmosphère de la république serait *calmée* et *purifiée* par ce sang qui leur était odieux. Le comité de salut public ordonna à Fouquier-Tinville de presser le jugement.

VII

Aucun membre du comité ne regardait la reine comme innocente de haine contre la république, aucun ne la croyait dangereuse à la Révolution; quelques-uns rougissaient de la nécessité de livrer cette victime. Robespierre lui-même, si acharné contre le roi, aurait voulu préserver la reine. « Les révolutions sont bien cruelles, disait-il à cette époque. Il n'y a point de sexe ni d'âge devant elles. Les idées sont impitoyables; mais le peuple devrait savoir aussi pardonner. Si ma tête n'était pas nécessaire à la Révolution, il y a des moments où j'offrirais ma tête au peuple en échange d'une de celles qu'il nous demande. »

Saint-Just seul ne laissait dévier par aucun sentiment l'inflexibilité de la ligne qu'il traçait dans le comité à la marche de la république. Quant au reste de la Montagne, Collot, Legendre, Camille Desmoulins, Billaud-Varennes, Barère, emportés par la colère et entraînés par la faiblesse dans le mouvement général du moment, ils cherchaient à deviner les instincts de la multitude, afin de lui plaire en les servant. Restait la compassion de l'opinion, qui pouvait s'émouvoir pour une reine, pour une veuve, pour une mère, pour une captive, immolée de sang-froid par tout un peuple. Mais l'opinion, asphyxiée par la terreur, était dominée par l'échafaud. La peur rend plus égoïste que la prospérité. Chacun avait trop pitié de soi-même pour garder de la pitié aux malheurs d'autrui.

VIII

Nous avons laissé la famille royale au Temple au moment où le roi s'arrachait aux derniers embrassements pour marcher à l'échafaud. La reine, couchée tout habillée sur son lit, était restée, pendant les longues heures d'agonie du 21 janvier, abîmée dans de longs évanouissements interrompus par des sanglots et des prières. Elle avait cherché à deviner le moment précis où le couteau fatal trancherait la vie de son mari, pour attacher son âme à la sienne et invoquer comme protecteur au ciel celui qu'elle perdait comme époux sur la terre. Les cris de « Vive la république! » qui s'étaient reproduits de proche en proche, du pied de la guillotine jusqu'au pied de la Bastille, et le roulement des pièces de canon qui rentraient des boulevards dans les sections, avaient indiqué à la reine ce moment. Elle désirait ardemment connaître les funèbres détails des dernières pensées et des dernières paroles de son mari. Elle savait qu'il mourrait en homme et en sage, elle avait besoin de savoir s'il était mort en roi. Une faiblesse devant son peuple et devant la postérité l'aurait plus humiliée que l'échafaud. Le conseil de la commune refusa à Marie-Antoinette cette consolation. Cléry, devenu plus précieux pour elle depuis ses dernières communications avec son maître, et emprisonné encore pendant plus d'un mois dans la tour, n'eut plus d'entrevue avec les captives. Il ne put remettre ni les boucles de cheveux, ni l'anneau de mariage. Ces reliques, presque teintes du sang du supplicié, furent scellées et déposées dans la salle de la tour où se tenaient les commissaires de la commune. Dérobées quelques jours après par le pieux larcin d'un municipal nommé Toulan, qui cachait sous l'apparence de ses fonctions un dévouement passionné à la reine, elles furent envoyées au comte de Provence.

IX

La reine demanda à ses geôliers la permission de donner la dernière marque de respect à la mémoire de son mari, en portant son deuil. Cette demande fut accordée, mais à des conditions de simplicité et de parcimonie qui ressemblaient à une loi somptuaire sur la douleur. Par une autre délibération spéciale, le conseil de la commune accorda aussi quinze chemises au fils du roi.

Quelques relâchements de rigueur dans la captivité intérieure des princesses suivirent la mort du roi. Pendant les premiers moments, les commissaires du Temple crurent eux-mêmes que la république satisfaite ne tarderait pas de remettre en liberté les enfants et les femmes. Des municipaux indulgents laissaient entreluire cette possibilité dans leurs paroles. Madame Élisabeth et la jeune princesse cherchaient à la faire pénétrer dans l'âme de la reine, sinon comme une espérance, du moins comme une diversion à ses larmes; mais la reine y restait insensible, soit qu'elle ne crût pas aux retours d'humanité d'un peuple qui avait poussé le ressentiment jusqu'à l'échafaud pour un roi jadis aimé, soit que la liberté sans le trône et sans son mari lui parût moins désirable que la mort.

Elle se refusa obstinément à descendre au jardin, dont la promenade lui avait été rouverte. « Il lui serait impossible, disait-elle en se rejetant dans les bras de sa sœur, de passer devant la porte de la chambre du roi, au premier étage de la tour. Elle y verrait sans cesse la trace de son dernier pas sur les marches de l'escalier. » Il n'y avait ni air ni ciel qui pussent compenser pour elle un tel supplice de l'âme. Seulement, alarmée des suites de cette reclusion complète sur la santé de ses enfants, elle consentit, à la fin de février, à prendre un peu d'air et d'exercice sur la plate-forme de la tour.

Le conseil de la commune, informé de la curiosité que ces promenades, aperçues du dehors, excitaient dans les maisons voisines, et suspectant des intelligences par le regard, disputa la vue de l'horizon aux captives. Il ordonna, par une délibération du 26 mars, que le vide des créneaux de la tour serait rempli par des jalousies qui, en laissant pénétrer l'air, intercepteraient le regard.

Ces précautions, cruelles pour les enfants, étaient un bienfait pour la reine. Elles lui dérobaient l'aspect d'une ville odieuse, les bruits de la terre, et ne lui laissaient voir que le ciel où elle aspirait. Sa santé s'altérait, sans que son âme s'aperçût de la décadence de son corps. Elle passait des nuits dans des insomnies que ses traits révélaient le matin. Sa sœur et sa fille la supplièrent de demander l'ouverture d'une porte de communication entre sa chambre et la chambre contiguë dans laquelle on les enfermait elles-mêmes tous les soirs. La reine y consentit par déférence pour leur tendresse. Chaumette, procureur général de la commune, attendri par les larmes des princesses et par le spectacle du dépérissement de la reine, promit d'appuyer cette demande. Le lendemain il revint, accompagné de Pache et de Santerre, annoncer à la reine que le conseil avait rejeté cette supplique.

Pache et Santerre ne purent contempler sans stupeur la victime abattue de tant de persécutions. Ils se retirèrent effrayés de leur toute-puissance et enchaînés dans les exigences d'une opinion qui, en les élevant au-dessus du peuple, leur défendait même d'être hommes.

X

La captivité se resserra. Cependant la sensibilité, qui domine même l'opinion, avait introduit des hommes dévoués à travers les guichets du Temple. Un complot était ourdi par quelques-uns des municipaux pour adoucir la captivité des princesses et pour leur ménager des intelligences avec le dehors. Toulan, Lepitre, Beugneau, Vincent, Bruno, Merle et Michonis trompaient la surveillance des autres commissaires et les précautions de la commune.

M. Hue, valet de chambre du roi, resté libre et oublié dans Paris, était en communication avec ces commissaires, et transmettait ainsi aux princesses les faits, les bruits, les espérances et les trames du dehors qui intéressaient leur situation. Ces communications verbales ou écrites ne pouvaient parvenir aux captives qu'avec des précautions et des ruses qui déconcertassent les yeux des autres commissaires. Les municipaux se surveillaient mutuellement. Un regard ou un geste d'intelligence surpris par l'un aurait conduit l'autre à l'échafaud. Toulan et Lepitre empruntaient la main de Turgy et l'intermédiaire des objets inanimés. Un poêle percé de bouches de chaleur était destiné à échauffer une salle du troisième étage qui servait d'antichambre commune à la reine et à Madame Élisabeth ; c'est dans les tuyaux de ce poêle que Turgy déposait les billets, les avis, ou les fragments de papiers publics qui devaient informer les princesses de ce qu'on voulait leur faire connaître. Les princesses y cachaient à leur tour les billets écrits avec ces encres sympathiques dont la couleur ne revit qu'au feu. Les événements intérieurs et extérieurs, la disposition des esprits, les progrès de la Vendée, les succès des armées étrangères, les éclairs de fausse espérance qui faisaient luire des conspirations chimériques pour leur délivrance, et enfin quelques billets trempés des larmes d'une véritable amitié, entraient ainsi dans la prison de Marie-Antoinette. Mais l'espérance n'entrait pas jusque dans son cœur. L'horreur de sa situation était précisément de ne plus craindre et de ne plus espérer. Elle n'avait plus même l'agitation de la souffrance qui lutte, elle avait la paix du désespoir et l'immobilité du sépulcre avec la sensibilité de la vie.

L'absence éternelle du roi laissait retomber sur elle seule tout le sentiment de ses infortunes. Plus occupée de lui que d'elle-même pendant qu'il était là, le soin d'adoucir la captivité de son mari avait enlevé à la reine la moitié du poids de ses peines. Rien ne la relevait plus du sol où elle était abattue. Ses enfants n'étaient pour elle que des parties douloureuses et mutilées de son âme. C'était l'hérédité de son supplice placée devant elle, pour lui rappeler qu'après elle quelque chose d'elle saignerait, gémirait, expirerait encore. La sérénité de sa sœur l'environnait, sans se communiquer à ses sens. Elle regardait Madame Élisabeth comme une créature impassible, placée, par la sublimité de sa foi et par la résignation de sa nature, dans une sphère inaccessible aux passions et aux angoisses de l'humanité. Elle la respectait, elle lui portait envie; mais la nature impressionnable et passionnée de Marie-Antoinette n'avait avec Madame Élisabeth d'autre similitude que la chute, d'autre contact que le malheur commun. L'une était un ange, l'autre était une femme. Elles se touchaient sur la terre, mais il y avait le ciel entre elles deux.

XI

Le 31 mai, les princesses entendirent, sans le comprendre, le murmure lointain des soulèvements qui emportaient les Girondins. Elles ne connurent que plusieurs jours après la chute de ces hommes qui, au lieu de les délivrer, allaient les entraîner plus rapidement dans leur mort. Hébert et Chaumette vinrent de temps en temps se repaître du spectacle de leur misère, tantôt injurieux, tantôt apitoyés, selon la colère ou l'adoucissement du peuple. Toulan et ses complices avaient été dénoncés par la femme Tison, qui servait la reine. Ils furent suppliciés. Cette femme, troublée par le remords, perdit la raison, se jeta aux pieds de la reine, implora son pardon, et agita plusieurs jours la prison du spectacle et des cris de sa démence. Les princesses, oubliant les dénonciations de cette malheureuse, devant ses repentirs et sa folie, la veillèrent tour à tour et se privèrent de leur propre nourriture pour la soulager.

Après le 31 mai, la terreur qui régnait dans Paris pénétra jusque dans le donjon et donna aux hommes, aux propos, aux mesures, un caractère de rigueur et de persécution plus odieux. Chaque municipal prouvait son patriotisme en enchérissant sur les rudesses de son prédécesseur.

La Convention, après avoir décrété que la reine serait jugée, ordonna qu'elle fût séparée de son fils. On voulut lire cet ordre à la famille royale. L'enfant se précipita dans les bras de sa mère en la suppliant de ne pas l'abandonner à ses bourreaux. La reine porta son fils sur son lit, et, se plaçant entre lui et les municipaux, leur déclara qu'ils la tueraient sur la place avant d'arriver jusqu'à lui. Menacée en vain de la violence si elle continuait de résister au décret, elle lutta deux heures, jusqu'à l'épuisement de ses forces, contre les injonctions, les menaces, les injures et les gestes des commissaires. Tombée enfin de lassitude au pied du lit et persuadée par Madame Élisabeth et par sa fille, elle habilla le Dauphin et le remit baigné de ses larmes aux geôliers. Le cordonnier Simon, choisi, à la brutalité de ses mœurs, pour remplacer le cœur d'une mère, emporta le Dauphin dans la chambre où ce jeune roi devait mourir. L'enfant resta deux jours couché sur le plancher sans vouloir prendre de nourriture. Aucune supplication de la reine ne put obtenir de la commune la grâce d'entrevoir une seule fois son fils. Le fanatisme avait tué la nature. Les verrous se refermèrent jour et nuit sur l'appartement des princesses. Les municipaux mêmes n'y parurent plus. Les porte-clefs seuls y montaient trois fois par jour pour apporter les aliments et visiter les grilles des fenêtres. Aucune femme de service n'avait remplacé la femme de Tison, enfermée dans un hospice de fous. Madame Élisabeth et la jeune princesse faisaient les lits, balayaient la chambre et servaient la reine. La seule consolation des princesses était de monter chaque jour sur la plate-forme de leur tour à l'heure où le jeune Dauphin se promenait de son côté sur la sienne, et d'épier l'occasion d'échanger un regard avec lui. La reine passait tout le temps de ses promenades les yeux collés contre une fente des abat-jour, entre les créneaux, pour chercher à entrevoir l'ombre du corps de son enfant et à entendre sa voix.

Tison, que les remords de sa femme et sa démence avaient adouci, venait de temps en temps informer furtivement Madame Élisabeth de la situation et de la santé du Dauphin. Cette princesse ne rapportait qu'à moitié à la reine les cruelles informations qu'elle recevait ainsi. Le cynisme et la brutalité de Simon dépravaient à la fois le corps et l'âme de son pupille. Il l'appelait le louveteau du Temple. Il le traitait comme on traite les petits des animaux féroces surpris à la mère et réduits en captivité, à la fois intimidés par les coups et énervés par l'apprivoisement de leurs gardiens. Il punissait en lui la sensibilité. Il récompensait la bassesse. Il encourageait le vice. Il enseignait à l'enfant à injurier la mémoire de son père, les larmes de sa mère, la piété de sa tante, l'innocence de sa sœur, la fidélité de ses partisans. Il lui faisait chanter des chansons obscènes en l'honneur de la république, de la lanterne et de l'échafaud. Souvent ivre, Simon se plaisait à ces dérisions de la fortune qui réjouissaient sa bassesse. Il se faisait servir à table, lui assis, par l'enfant debout. Un jour, dans ce jeu cruel, il faillit arracher un œil au Dauphin d'un coup de serviette sanglé au visage. Une autre fois, il saisit un chenet dans le foyer et le leva sur la tête de l'enfant en le menaçant de l'assommer. Plus fréquemment il s'adoucissait avec lui et feignait de compatir à son âge et à son malheur, pour s'attirer sa confiance et rapporter ses propos à Hébert et à Chaumette. « Capet, lui dit-il un jour au moment où l'armée vendéenne passait la Loire, si les Vendéens te délivraient, que ferais-tu? — Je vous pardonnerais, » lui répondit l'enfant. Simon lui-même fut attendri de cette réponse et reconnut le sang de Louis XVI. Mais cet homme, égaré par l'orgueil de son importance, par le fanatisme et par le vin, n'était susceptible ni d'une constante férocité ni d'un adoucissement durable. C'était la crapule et la brutalité chargées par le sort d'avilir et de dénaturer le dernier germe de la royauté.

XII

Le 2 août, à deux heures du matin, on vint réveiller la reine pour lui lire le décret qui ordonnait sa translation à la Conciergerie, en attendant qu'on lui fît son procès. Elle écouta la lecture de l'ordre sans montrer ni étonnement ni douleur. C'était un pas de plus vers le but qu'elle voyait inévitable et qu'elle désirait prochain. En vain Madame Élisabeth et sa fille se jetèrent-elles aux pieds des membres de la commune pour les supplier de ne pas les séparer, l'une de sa sœur, l'autre de sa mère. Aucune parole, aucun geste ne leur répondit. La reine, muette aussi et encore à demi nue, fut contrainte de s'habiller devant le groupe d'hommes qui remplissait sa chambre. Ils la fouillèrent. Ils scellèrent les petits objets et les bijoux qu'elle portait sur elle : c'étaient un portefeuille, un miroir de poche, une bague en or enlacée de cheveux, un papier sur lequel étaient gravés deux cœurs en or avec des lettres initiales, un portrait de la princesse de Lamballe son amie, deux autres portraits de femmes qui lui rappelaient deux amies d'enfance à Vienne, et quelques signes symboliques de dévotion à la Vierge que Madame Élisabeth lui avait donnés à porter comme un préservatif à ses infortunes et un souvenir du ciel dans les cachots. Ils ne lui laissèrent qu'un mouchoir et un flacon de vinaigre, pour la rappeler de l'évanouissement, si elle venait à succomber à l'émotion du départ. La reine, enveloppant sa fille de ses bras, l'entraîna dans un angle de la chambre, et, la couvrant de ses bénédictions et de ses larmes, lui fit ses derniers adieux. Elle lui recommanda le même pardon de leurs ennemis et le même oubli des persécutions que lui avait recommandés Louis XVI mourant; elle mit les mains de la jeune fille dans les mains de Madame Élisabeth : « Voilà, lui dit-elle, celle qui va être désormais votre père et votre mère, obéissez-lui et aimez-la comme si c'était moi. — Et vous, ma sœur, dit-elle à Madame Élisabeth en se jetant dans ses bras, je laisse en vous une autre mère à mes pauvres enfants, aimez-les comme vous nous avez aimés jusqu'au cachot et jusqu'à la mort ! »

Madame Élisabeth répondit quelques mots si bas à la reine que personne ne les entendit. C'était sans doute une recommandation de sa piété qui dominait et sanctifiait jusqu'à sa douleur. La reine fit un signe de tête de déférence, puis sortit de l'appartement à pas lents, les yeux baissés et sans oser jeter un dernier regard sur sa fille et sur sa sœur, de peur d'épuiser son âme dans une suprême émotion. En sortant du guichet, elle se heurta le front contre la solive de la porte basse. On lui demanda si elle s'était fait mal. « Oh non! dit-elle avec un accent qui contenait toute sa destinée, rien ne peut plus à présent me faire de mal. » Une voiture, où montèrent avec elle deux municipaux, et qu'escortaient des gendarmes, la conduisit à la Conciergerie.

XIII

La prison de la Conciergerie est enfouie sous les vastes constructions du palais de justice, dont elle occupe l'étage souterrain. Elle est, pour ainsi dire, creusée dans ses fondements. Ces sombres voûtes du palais de saint Louis sont profondément encaissées aujourd'hui par l'élévation du sol; la terre ensevelit graduellement les monuments des hommes dans les grandes villes. Ces souterrains forment les guichets, les geôles, les antichambres, les postes de gendarmerie, de porte-clefs. Les longs corridors, surbaissés comme des cloîtres, s'ouvrent d'un côté sur des arcades qui reçoivent le jour des préaux, d'un autre côté sur des cachots où l'on descend par quelques marches. Les cours étroites, disséminées dans ce vaste encadrement de pierre, sont obscurcies par les hautes murailles du palais de justice. Le jour y descend perpendiculaire et lointain comme au fond de larges puits carrés. La haute chaussée du quai sépare la Conciergerie de la Seine. L'élévation de cette chaussée au-dessus du niveau des cachots et des cours et le suintement de la terre imbibée par les grandes eaux répandent sur les pavés, sur les murs et même dans les cours une humidité sépulcrale, qui ébrèche constamment le ciment et qui tache de plaques de mousse verdâtre les pierres de l'édifice. Le clapotement du fleuve sous les ponts, le bruit continu des voitures sur le quai et le retentissement sourd des pas de la foule qui inonde, à l'heure des tribunaux, les prétoires et les étages supérieurs du palais, ébranlent perpétuellement les voûtes. Ces bruits roulent comme un tonnerre lointain dans l'oreille des prisonniers et semblent leur rendre présents à toute heure les éternels gémissements de ces demeures. Les piliers massifs, les voûtes surbaissées, les ogives étroites, les sculptures bizarres dont les ciseaux gothiques ont décoré les cordons et les chapiteaux, rappellent l'antique destination de ce palais des rois des premières races, changé en égout du vice et du crime et en portique de la mort. Ces substructions gigantesques servent de fondation à la haute tour quadrangulaire de qui relevaient jadis tous les fiefs du royaume. Cette tour était le centre de la monarchie. Ainsi, c'est sous ce palais même de la féodalité que la vengeance ou la dérision du sort renfermait l'agonie de la monarchie et le supplice de la féodalité. Qui eût dit aux rois des premières races que dans ce palais ils bâtissaient la prison et le tombeau de leurs successeurs? Le temps est le grand expiateur des choses humaines. Mais, hélas! il se venge en aveugle, et il lave avec les larmes et le sang d'une femme victime du trône les torts et les oppressions de vingt rois!

XIV

Quand on a descendu les marches d'un vaste escalier et qu'on a traversé deux grands guichets, on entre dans un cloître dont les arcades ouvrent sur une cour, promenade des prisonniers. Une série de portes en bois de chêne grossièrement raboté, reliées par des bandes, des serrures et des verrous massifs, règne à gauche sous ce corridor. La seconde de ces portes, en sortant des guichets, donnait entrée dans une petite chambre souterraine ; le sol était de trois marches plus bas que le seuil du corridor. Une fenêtre grillée empruntait la lumière d'une cour étroite et profonde comme une citerne vide. A gauche de cette première cellule, une porte plus basse encore que la première, mais sans ferrements et sans verrous, donnait accès à une espèce de sépulcre voûté, pavé et muré en pierres de taille noircies par la fumée des torches et éraillées par l'humidité. Une lucarne prenant jour sur le même préau que celle de l'antichambre, et garnie d'un treillage de barreaux de fer entrelacés, y laissait filtrer une lumière toujours semblable au crépuscule. Au fond de ce caveau, du côté opposé à la fenêtre, un misérable grabat sans ciel de lit et sans rideaux, des couvertures de laine grossière telles que celles qui passent d'un lit à l'autre dans les hôpitaux et dans les casernes, une petite table en sapin, un coffre de bois et deux chaises de paille formaient tout l'ameublement. C'est là qu'au milieu de la nuit et à la lueur d'une chandelle de suif, on jeta la reine de France, descendue de degré en degré et d'infortune en infortune, de Versailles et de Trianon, jusque dans ce cachot. Deux gendarmes, le sabre nu à la main, furent placés en faction dans la première chambre, la porte ouverte et l'œil fixé sur l'intérieur du cachot de la reine, ayant pour consigne de ne la perdre jamais de vue, même dans son sommeil.

XV

Cependant il n'est pas donné à la férocité des hommes de trouver des instruments toujours implacables. Les cachots mêmes ont leur attendrissement. Un geste respectueux, un regard d'intelligence, un son de voix sympathique, un mot furtif, font comprendre à la victime qu'elle n'est pas encore totalement séquestrée de l'humanité. Cette communion avec ce qui respire et avec ce qui sent sur la terre donne au malheureux, jusqu'à sa dernière heure, la force de respirer. La reine trouva dans la contenance, dans les yeux et dans l'âme de madame Richard, femme du concierge, cette sensibilité cachée sous la rigueur de ses fonctions. La main condamnée à la froisser fut celle qui s'amollit pour la soulager. Tout ce que l'arbitraire d'une prison permet d'apporter d'adoucissement à la règle, à la consigne, à la nourriture, à la solitude, fut tenté par madame Richard pour prouver à sa prisonnière que, même au fond de son infortune, elle régnait encore sur un cœur par la pitié et par le dévouement.

Madame Richard, royaliste de souvenir, sentait bien moins d'orgueil de tenir la fille, la femme et la mère des rois à sa merci, que de bonheur de pouvoir sécher une larme. Elle introduisit dans le cachot quelques meubles nécessaires ou agréables à la reine. Elle envoya chercher au Temple les ouvrages de tapisserie, les pelotons de laine et les aiguilles que Marie-Antoinette y avait laissés. Ces ouvrages de main, en occupant les doigts, distrayaient les chagrins de la reine. Madame Richard préparait elle-même les aliments de la prisonnière. Elle venait à chaque instant, sous prétexte de sa charge, recommander les égards aux gendarmes de service, s'informer des besoins de la captive, lui glisser quelques mots d'intelligence et d'espoir, et distraire la solitude du jour et les insomnies de la nuit. Elle lui apportait des nouvelles de sa sœur, de sa fille, de son fils, qu'elle se procurait par ses correspondances avec le Temple. Elle transmettait, par l'intermédiaire de commissaires complices, des nouvelles de la reine à sa sœur et à ses enfants. Le concierge Richard, quoique plus rude en apparence, pour mieux dérober sa complicité, partageait tous les sentiments de sa femme, et trempait dans tous ces adoucissements.

XVI

On ignorait au dehors l'époque à laquelle on devait juger Marie-Antoinette. Cet ajournement du comité de salut public faisait espérer qu'il voulait tromper l'impatience féroce de la populace ou l'user par le temps. Plusieurs des municipaux participaient en secret à des complots d'évasion. Madame Richard favorisait l'introduction de ces hommes dévoués dans le cachot. Elle occupait adroitement, pendant ces rapides entretiens, l'attention des gendarmes de garde dans l'antichambre. Michonis, membre de la municipalité et administrateur de police, qui s'était déjà dévoué à la famille royale au Temple, au péril de sa vie, continuait le même dévouement à la Conciergerie. Il y a des natures généreuses que l'infortune séduit et que le danger attire. Michonis était de ce nombre, comme Lepitre et Toulan.

Grâce à Michonis, un gentilhomme royaliste, nommé Rougeville, s'introduisit dans la prison, vit la reine, lui offrit une fleur qui contenait un billet. Ce billet parlait de délivrance, et fut surpris dans les mains de la reine par un des gendarmes. Michonis fut arrêté. Madame Richard et son mari, arrachés à leurs fonctions, furent jetés dans les cachots où ils avaient laissé entrer l'indulgence. La reine trembla.

Mais cette fois encore un cœur généreux para les outrages qu'Hébert et Chaumette commandaient d'infliger à leur victime. Il ne se trouva pas une main de femme qui se prêtât à être un instrument de torture contre une autre femme née si haut et tombée si bas.

On avait songé à donner au féroce Simon la place de concierge de la prison. M. et madame Bault, anciens concierges de la Force, sollicitèrent et obtinrent ce poste, dans l'intention d'adoucir la captivité et de consoler les dernières heures de leur ancienne maîtresse. La princesse, qui les avait protégés dans le temps de sa toute-puissance, se réjouit de retrouver en eux des visages connus et des cœurs amis.

Madame Bault, malgré les ordres de la commune, qui enjoignait de ne donner à la reine que le pain et l'eau des prisonniers, prépara elle-même les aliments. A la place de l'eau fétide de la Seine, elle fit apporter tous les jours l'eau pure d'Arcueil, que la reine avait l'habitude de boire à Trianon. Des marchandes de fleurs et de fruits de la Halle, qui servaient autrefois les maisons royales, apportaient furtivement au guichet des melons, des pêches, des bouquets, que la concierge faisait parvenir à sa prisonnière, comme un témoignage de la fidélité du cœur dans les plus humbles conditions. L'intérieur du cachot rendait ainsi à la captive quelque image et quelque odeur de ces jardins qu'elle avait tant aimés. Madame Bault, pour affecter plus de rigueur et d'incorruptibilité dans sa surveillance, n'entrait jamais chez la princesse. Son mari seul s'y présentait accompagné des administrateurs de police. Ces administrateurs de police s'aperçurent un jour qu'on avait tendu une vieille tapisserie entre le lit et la muraille pour assainir le cachot. Ils réprimandèrent Bault de cette tolérance, qui sentait, selon eux, le courtisan. Bault feignit d'avoir tapissé le mur pour assourdir le caveau et pour empêcher que la plainte ne fût entendue des autres détenus.

L'humidité du sol avait fait tomber en lambeaux les deux seules robes, l'une blanche, l'autre noire, que la reine eût en sa possession et qu'elle portait alternativement. Ses trois chemises, ses bas, ses souliers, constamment imbibés d'eau, étaient dans le même délabrement. La fille de madame Bault raccommoda ces vêtements et ces chaussures, et distribua secrètement, comme des reliques, les pièces et les débris qui s'en détachaient. Cette jeune fille, introduite tous les matins dans le cachot, attendrissait par sa grâce et sa gaieté la rudesse des gendarmes, et aidait la reine à s'habiller et à retourner les matelas de son lit. Elle coiffait la prisonnière. Ses cheveux, jadis si touffus et si blonds, blanchissaient et tombaient d'une tête de trente-sept ans, comme si la nature avait eu la prescience de la brièveté de sa vie.

XVII

La reine écrivait, à l'aide d'une pointe d'aiguille, les pensées qu'elle voulait retenir, sur l'enduit de la muraille. Un des commissaires, qui visita sa chambre après son jugement, releva quelques-unes de ces inscriptions. La plupart étaient des vers allemands ou italiens, allusions à son sort. Glorieuse et touchante destinée des poëtes, de prêter leur voix à tous les bonheurs et à toutes les infortunes de la vie ! comme si aucune félicité ou aucune misère n'était complète à moins d'avoir été exprimée dans cette langue de l'immortalité !

Les autres inscriptions étaient des versets de l'Imitation, des Psaumes et de l'Évangile. La muraille du côté opposé à la fenêtre en était couverte. C'étaient les pages de pierre du livre de sa passion. Le commissaire voulut un jour les copier ; l'inflexibilité de ses collègues les fit couvrir à l'instant d'une couche de chaux, pour que ce gémissement d'une reine n'eût même pas d'écho dans la république.

Les légers adoucissements de la captivité ne pouvaient jamais s'étendre jusqu'à modifier la nudité, les ténèbres, l'immobilité de la prison. La reine ayant désiré une couverture de coton plus légère que les lourds tapis de laine grossière qui l'oppressaient dans son sommeil, Bault transmit cette requête au procureur général de la commune : « Qu'oses-tu demander ? lui répondit brutalement Hébert, tu mériterais d'être envoyé à la guillotine ! »

La sensibilité de la reine pour ces soins ne pouvait s'exprimer librement, en présence des gendarmes. Elle essaya de glisser une fois une boucle de ses cheveux et une paire de gants dans la main de M. Bault. Les gendarmes s'en saisirent. Ils portèrent ce présent suspect à Fouquier-Tinville, qui le donna lui-même à Robespierre.

La reine cherchait tous les moyens de faire parvenir après elle à ses enfants ou à ses amis quelques signes matériels du souvenir qu'elle nourrissait d'eux jusqu'à la mort. Elle arracha un à un des fils de laine du vieux tapis tendu au bord de son lit. A l'aide de deux cure-dents d'ivoire transformés en aiguilles de tapisserie, elle en tressa une jarretière; quand elle fut achevée, elle fit signe à Bault et la laissa glisser à ses pieds. Bault, feignant de laisser tomber son mouchoir, se baissa pour la ramasser, la déroba ainsi à la vue des gendarmes. Ce dernier et touchant ouvrage de la reine, trempé de ses larmes, fut remis après sa mort à sa fille.

Dans les derniers jours de la détention, le concierge avait obtenu, sous prétexte de mieux garantir sa responsabilité, que les gendarmes seraient retirés de l'intérieur et placés en dehors de la porte dans le corridor. La reine n'eut plus à subir les regards, les propos et les outrages continuels de ses surveillants. Elle n'avait plus que la société de ses pensées. Elle passait ses heures à lire, à méditer et à prier. Quelques distractions lui venaient aussi du dehors. Malgré la présence de deux gendarmes en faction devant sa lucarne grillée, des prisonniers compatissants, passant et repassant dans le préau, s'entretenaient à haute voix des nouvelles publiques, et faisaient indirectement pénétrer quelques demi-mots jusqu'aux oreilles de la reine. Ce fut ainsi qu'elle apprit d'avance le jour où elle monterait au tribunal.

XVIII

Le 13 octobre, Fouquier-Tinville vint lui signifier son acte d'accusation. Elle l'écouta comme une formalité de la mort, qui ne valait pas l'honneur d'être discutée. Son crime était d'être reine, épouse et mère de roi, et d'avoir abhorré une révolution qui lui arrachait la couronne, son époux, ses enfants et la vie. Pour aimer la Révolution, il lui aurait fallu haïr la nature et renverser en elle tous les sentiments humains. Entre elle et la république, il n'y avait pas procès; il y avait haine à mort. La plus forte des deux l'infligeait à l'autre. Ce n'était pas justice, c'était vengeance. La reine le savait, la femme l'acceptait; elle ne pouvait pas se repentir, et elle ne voulait pas supplier.

Elle choisit, pour la forme, deux défenseurs, Chauveau-Lagarde et Tronson-Ducoudray. Ces avocats, jeunes, illustres, généreux, avait fait secrètement briguer cet honneur. Ils cherchaient dans les causes solennelles du tribunal révolutionnaire non un vil salaire de leurs paroles, mais les applaudissements de la postérité. Néanmoins un reste d'instinct de la vie, qui fait chercher aux mourants une éventualité de salut jusque dans l'impossible, occupa la reine le reste du jour et la nuit suivante. Elle nota quelques réponses aux interrogatoires qu'elle allait avoir à subir.

Le lendemain, 14 octobre, à midi, elle se vêtit et se coiffa avec toute la décence que comportaient la simplicité et l'indigence de ses habits. Elle n'affecta point d'étaler les haillons qui eussent fait rougir la république. Elle ne songea point à apitoyer les regards du peuple. Sa dignité de femme et de reine lui défendait de se draper dans sa misère.

Elle monta, au milieu d'une forte escouade de gendarmerie, l'escalier du prétoire, traversa les flots du peuple qu'une si solennelle vengeance avait attiré dans les couloirs, et s'assit sur le banc des accusés. Son front, foudroyé par la Révolution et flétri par la douleur, n'était ni humilié ni abattu. Ses yeux, entourés de ce cercle noir que les insomnies et les larmes creusent, comme le lit du chagrin, au-dessous des paupières, lançaient encore des éclairs de leur ancien éclat sur les fronts de ses ennemis. On ne voyait plus la beauté qui avait enivré la cour et ébloui l'Europe, mais on en distinguait encore les traces. Sa bouche attristée gardait les plis de la fierté royale mal effacés par les plis des longues douleurs. La fraîcheur naturelle de son teint du Nord luttait encore avec la livide pâleur des prisons. Ses cheveux, blanchis par les angoisses, contrastaient avec cette jeunesse du visage et de la taille, et se déroulaient sur son cou comme une dérision amère et précoce du sort à la jeunesse et à la beauté. Sa contenance était naturelle; non celle d'une reine irritée insultant du fond de son mépris un peuple qui triomphe d'elle, ni celle d'une suppliante qui intercède par son abaissement et qui cherche l'indulgence dans la compassion, mais celle d'une victime que de longues infortunes ont habituée à sa condition, qui a oublié qu'elle fut reine, qui se rappelle seulement qu'elle est femme, qui ne veut rien revendiquer de son rang évanoui, rien abdiquer de la dignité de son sexe et de son malheur.

XIX

La foule, muette de curiosité plus que d'émotion, la contemplait d'un regard avide. La populace semblait jouir de tenir enfin cette superbe sous ses pieds, et mesurait sa grandeur et sa force à l'abaissement de sa plus redoutable ennemie. Cette foule se composait surtout de ces femmes qui avaient pris pour mission d'accompagner de leurs insultes les condamnés à l'échafaud. Les juges étaient : Hermann, Foucault, Sellier, Coffinhal, Deliége, Ragmey, Maire, Denizot et Masson. Hermann présidait.

« Quel est votre nom? demanda Hermann à l'accusée. — Je m'appelle Marie-Antoinette de Lorraine d'Autriche, » répondit la reine. Sa voix basse et émue semblait demander pardon à l'auditoire de la grandeur de ces noms. « Votre état? — Veuve de Louis, ci-devant roi des Français. — Votre âge? — Trente-sept ans. »

Fouquier-Tinville lut au tribunal l'acte d'accusation. C'était le résumé de tous les crimes supposés de naissance, de rang et de situation d'une reine jeune, étrangère, adorée de sa cour, puissante sur le cœur d'un roi faible, prévenue contre des idées qu'elle ne pouvait comprendre et contre des institutions qui la détrônaient. Cette partie de l'acte d'accusation était l'acte d'accusation de la destinée. Ces crimes n'étaient vrais que pour ses ennemis : c'étaient les crimes de son rang. La reine n'avait pas plus à s'en absoudre, que le peuple ne pouvait l'en accuser. Le reste de l'acte d'accusation n'était qu'un odieux écho de tous les bruits, de tous les murmures qui avaient rampé pendant dix ans dans l'opinion publique : les prodigalités, les débordements supposés et les trahisons prétendues de la reine. C'était son impopularité traduite en incrimination. Elle entendit tout cela sans donner aucun signe d'émotion ou d'étonnement, en femme accoutumée à la haine et sur qui la calomnie avait perdu son amertume et l'outrage son âpreté. Ses doigts distraits se promenaient sur la barre du fauteuil, comme ceux d'une femme qui cherche des réminiscences sur un clavier. Elle subissait la voix de Fouquier-Tinville, elle ne l'écoutait pas.

Les témoins furent appelés et interrogés. Après chaque témoignage, Hermann interpellait l'accusée. Elle répondit avec présence d'esprit, et discuta brièvement les témoignages, en les réfutant. Le seul tort de cette défense était la défense elle-même.

XX

Plusieurs de ces témoins, arrachés aux prisons où ils étaient déjà détenus, lui rappelèrent d'autres jours, et s'attendrirent eux-mêmes en revoyant la reine de France dans cet abaissement. De ce nombre furent Manuel, accusé d'humanité au Temple, et qui s'honora de l'accusation ; Bailly, qui s'inclina avec plus de respect devant l'infortune de la reine qu'il ne l'avait fait devant sa puissance. Les réponses de Marie-Antoinette ne compromirent personne. Elle s'offrit seule à la haine de ses ennemis, et couvrit généreusement tous ses amis. Chaque fois que les débats du procès ramenaient les noms de la princesse de Lamballe ou de la duchesse de Polignac, ses plus tendres attachements, elle eut un accent de sensibilité, de tristesse et de respect à ces noms. Elle montra qu'elle n'abandonnait pas ses sentiments devant la mort, et que, si elle livrait sa tête au peuple, elle ne lui livrait pas son cœur à profaner.

L'ignominie de certaines accusations voulut déshonorer en elle jusqu'au sentiment maternel. Le cynique Hébert, entendu comme témoin sur ce qui se passait au Temple, imputa à la reine des actes de dépravation et de débauche allant jusqu'à la corruption de son propre fils, « dans l'intention, disait-il, d'énerver l'âme et le corps de cet enfant et de régner en son nom sur les ruines de son intelligence. » La pieuse Madame Élisabeth était présentée comme témoin et comme complice de ces turpitudes. L'indignation de l'auditoire déborda à ces mots contre l'accusateur. La nature outragée se soulevait. La reine fit un geste d'horreur, embarrassée de répondre sans souiller ses lèvres.

Un juré reprit le témoignage d'Hébert, et demanda à l'accusée pourquoi elle n'avait pas répondu à cette accusation : « Je n'ai pas répondu, dit-elle avec la majesté de l'innocence et avec l'indignation de la pudeur, parce qu'il y a des accusations auxquelles la nature se refuse de répondre. » Puis se tournant vers les femmes de l'auditoire les plus acharnées contre elle, et les interpellant par le témoignage de leur cœur et par la communauté de leur sexe : « J'en appelle à toutes les mères ici présentes! » s'écria-t-elle. Un murmure d'horreur contre Hébert parcourut la foule.

La reine ne répondit pas avec moins de dignité aux imputations qu'on lui faisait d'avoir abusé de son ascendant sur la faiblesse de son mari. « Je ne lui ai jamais connu ce caractère, dit-elle; je n'étais que sa femme, et mon devoir comme mon bonheur étaient de me conformer à sa volonté. » Elle ne sacrifia pas, par un seul mot, la mémoire et l'honneur du roi au soin de sa propre justification ou à l'orgueil d'avoir régné sous son nom. Elle voulait lui reporter sa mémoire honorée ou vengée au ciel.

XXI

Après la clôture de ces longs débats, Hermann résuma l'accusation et déclara que le peuple français tout entier déposait contre Marie-Antoinette. Il invoqua la peine au nom de l'égalité dans les crimes et de l'égalité dans les supplices, et posa les questions de culpabilité au jury. Chauveau-Lagarde et Tronson-Ducoudray, dans leur défense, émurent la postérité, sans émouvoir les auditeurs ni les juges. Le jury délibéra pour la forme et rentra dans la salle après une heure d'interruption. On appela la reine pour entendre son arrêt. Elle l'avait entendu d'avance dans les trépignements de joie de la foule qui remplissait le palais. Elle l'écouta sans prononcer un seul mot et sans faire un seul geste. Hermann lui demanda si elle avait quelque observation à faire sur la peine de mort portée contre elle. Elle secoua la tête et se leva comme pour marcher d'elle-même à l'exécution. Elle dédaigna de reprocher sa rigueur à la destinée et sa cruauté au peuple. Supplier, c'eût été reconnaître. Se plaindre, c'eût été s'abaisser. Pleurer, c'eût été s'avilir. Elle s'enveloppa dans le silence qui était sa dernière inviolabilité. Des applaudissements féroces la suivirent jusque dans les profondeurs de l'escalier qui descend du tribunal à la prison.

Les premières lueurs du jour commençaient à lutter sous ces voûtes avec les flambeaux dont les gendarmes éclairaient ses pas. Il était quatre heures du matin. Son dernier jour était commencé. On la déposa, en attendant l'heure du supplice, dans la salle sinistre où les condamnés à mort attendent le bourreau. Elle demanda au concierge de l'encre, du papier et une plume, et elle écrivit à sa sœur la lettre suivante, retrouvée depuis dans les papiers de Couthon, à qui Fouquier-Tinville faisait hommage de ces curiosités de la mort et de ces reliques de la royauté.

Ce 15 octobre, à quatre heures et demie du matin.

« C'est à vous, ma sœur, que j'écris pour la dernière fois. Je viens d'être condamnée non pas à une mort honteuse : elle ne l'est que pour les criminels, mais à aller rejoindre votre frère. Comme lui innocente, j'espère montrer la même fermeté que lui dans ces derniers moments. J'ai un profond regret d'abandonner mes pauvres enfants ; vous savez que je n'existais que pour eux et vous : vous qui avez par votre amitié tout sacrifié pour être avec nous. Dans quelle position je vous laisse ! J'ai appris, par le plaidoyer même du procès, que ma fille était séparée de vous. Hélas ! la pauvre enfant, je n'ose pas lui écrire ; elle ne recevrait pas ma lettre, je ne sais même pas si celle-ci vous parviendra. Recevez pour eux deux ma bénédiction. J'espère qu'un jour, lorsqu'ils seront plus grands, ils pourront se réunir avec vous et jouir en liberté de vos tendres soins. Qu'ils pensent tous deux à ce que je n'ai cessé de leur inspirer. Que leur amitié et leur confiance mutuelle fassent leur bonheur. Que ma fille sente qu'à l'âge qu'elle a elle doit toujours aider son frère par ses conseils, que l'expérience qu'elle aura de plus que lui et son amitié pourront lui inspirer. Que mon fils à son tour rende à sa sœur tous les soins, les services que l'amitié peut inspirer. Qu'ils sentent enfin tous deux que, dans quelque position où ils pourront se trouver, ils ne seront vraiment heureux que par leur union. Qu'ils prennent exemple de nous. Combien dans nos malheurs notre amitié nous a donné de consolations! et dans le bonheur on jouit doublement quand on peut le partager avec un ami; où en trouver de plus tendre, de plus cher que dans sa propre famille? Que mon fils n'oublie jamais les derniers mots de son père, que je lui répète expressément : *Qu'il ne cherche jamais à venger notre mort.*

» J'ai à vous parler d'une chose bien pénible à mon cœur. Je sais combien cet enfant doit vous avoir fait de la peine. Pardonnez-lui, ma chère sœur; pensez à l'âge qu'il a et combien il est facile de faire dire à un enfant ce qu'on veut et même ce qu'il ne comprend pas. Un jour viendra, j'espère, où il ne sentira que mieux tout le prix de vos bontés et de votre tendresse pour tous deux. Il me reste à vous confier encore mes dernières pensées. J'aurais voulu les écrire dès le commencement du procès, mais, outre qu'on ne me laissait pas écrire, la marche en a été si rapide que je n'en aurais réellement pas eu le temps. Je meurs dans la religion catholique, apostolique et romaine, dans celle de mes pères, dans celle où j'ai été élevée et que j'ai toujours professée, n'ayant aucune consolation spirituelle à attendre, ne sachant pas s'il existe encore ici des prêtres de cette religion, et même le lieu où je suis les exposerait trop s'ils y entraient une fois. Je demande sincèrement pardon à Dieu de toutes les fautes que j'ai pu commettre depuis que j'existe. J'espère que, dans sa bonté, il voudra bien recevoir mes derniers vœux, ainsi que ceux que je fais depuis longtemps pour qu'il veuille bien recevoir mon âme dans sa miséricorde et dans sa bonté. Je demande pardon à tous ceux que je connais, et à vous, ma sœur, en particulier, de toutes les peines que, sans le savoir, j'aurais pu vous causer. Je pardonne à tous mes ennemis le mal qu'ils m'ont fait. Je dis ici adieu à mes tantes et à tous mes frères et sœurs. J'avais des amis, l'idée d'en être séparée pour jamais et leurs peines sont un des plus grands regrets que j'emporte en mourant; qu'ils sachent du moins que jusqu'à mon dernier moment j'ai pensé à eux. Adieu, ma bonne et tendre sœur! Puisse cette lettre vous arriver! Pensez toujours à moi! Je vous embrasse de tout mon cœur, ainsi que ces pauvres et chers enfants... Mon Dieu! qu'il est déchirant de les quitter pour toujours! Adieu!... adieu!... Je ne dois plus m'occuper que de mes devoirs spirituels. Comme je ne suis pas libre dans mes actions, on m'amènera peut-être un prêtre; mais je proteste ici que je ne lui dirai pas un mot et que je le traiterai comme un être absolument étranger. »

XXII

Cette lettre achevée, elle en baisa à plusieurs reprises toutes les pages, comme si elles eussent dû rendre la chaleur de ses lèvres et l'humidité de ses larmes à ses enfants. Elle la plia sans la cacheter et la donna au concierge Bault. Celui-ci la remit à Fouquier-Tinville.

On a écrit qu'elle avait reçu dans ces suprêmes moments la visite d'un prêtre non assermenté et les sacrements de la religion catholique. Sa mort n'eut aucune de ces consolations, pour se détendre ou se fortifier dans la dernière lutte. Voici, par la bouche d'un témoin oculaire, le récit véridique des circonstances religieuses qui précédèrent le supplice de la reine.

La république, même dans ses actes les plus terribles, n'avait pas alors entièrement rompu, comme on le croit, avec Dieu, ni tranché tous les liens de l'homme avec la religion et de l'âme avec l'immortalité. Elle avait subordonné le culte à la nation, mais elle n'avait aboli ni l'exercice ni le salaire de ce culte. Elle avait conservé, des pratiques anciennes de la justice criminelle, l'usage d'envoyer des ministres de la religion aux condamnés avant le supplice. C'étaient des prêtres constitutionnels. L'évêque de Paris, Gobel, surveillait avec scrupule ce service de son clergé dans les prisons. La multiplicité des supplices l'avait contraint à multiplier le nombre des ecclésiastiques qui se consacraient à ces devoirs. Il y avait toujours à l'évêché cinq ou six prêtres désignés, qui se relevaient dans cette espèce de faction funèbre. Chaque fois que le tribunal révolutionnaire avait jugé à mort, le président du tribunal remettait la liste des condamnés à Fouquier-Tinville. Fouquier la transmettait à l'évêque. Celui-ci avertissait ses prêtres, qui se distribuaient entre eux les prisons.

La même formalité s'accomplit à l'égard de la reine. Seulement, la grandeur de la victime, l'horreur de la mission, la répugnance d'attacher son nom dans l'histoire à une des circonstances de ce meurtre qui retentirait si loin dans la postérité, la peur enfin que la colère du peuple ne laissât pas arriver le cortége jusqu'à l'échafaud, et n'immolât avec la reine le ministre du culte qui l'assisterait sur la charrette, la certitude de se voir repoussés par la reine, qui rejetait tout de la Révolution, jusqu'à ses prières, rendirent les prêtres de Gobel timides et lents dans l'accomplissement de ce devoir auprès de Marie-Antoinette. Ils se renvoyèrent l'un à l'autre le fardeau.

Trois d'entre eux cependant se présentèrent dans la nuit à la Conciergerie, et offrirent timidement leur ministère à la reine. L'un était le curé constitutionnel de Saint-Landry, nommé Girard; l'autre, un des vicaires de l'évêque de Paris; le troisième, un prêtre alsacien nommé Lothringer. La reine les reçut plutôt comme des précurseurs du bourreau que comme des précurseurs du Christ. Le schisme dont ils étaient entachés était à ses yeux une des souillures de la république. Cependant la convenance de leur attitude et de leurs paroles toucha la reine. Elle donna à ses refus une expression de reconnaissance et de regret.

« Je vous remercie, dit-elle à l'abbé Girard, mais ma religion me défend de recevoir le pardon de Dieu par la voix d'un prêtre d'une autre communion que la communion romaine... J'en aurais bien besoin pourtant, ajouta-t-elle avec une humilité triste et douce qui se confessait dans son cœur devant l'homme et non devant le prêtre, car je suis une grande pécheresse. Mais je vais recevoir un grand sacrement. — Oui, le martyre ! » acheva à voix basse le curé de Saint-Landry ; et il se retira en s'inclinant.

L'abbé Lambert, jeune homme d'une figure noble, d'une stature plutôt militaire que sacerdotale, d'un républicanisme pur, et d'une foi sincère, quoique troublée par l'orage du temps, se tint respectueusement à distance, derrière ses deux confrères. Il contempla en silence cette déchirante expiation de la royauté par une femme, et sortit étonné des larmes qui inondaient ses yeux.

L'abbé Lothringer s'obstina dans sa charité, plus semblable à une obsession qu'à une œuvre sainte. C'était un homme pieux de conviction, serviable de cœur, borné d'intelligence, regardant le sacerdoce comme un métier. Il l'exerçait avec un zèle inquiet et vaniteux, administrant le plus de condamnés possible dans les cachots, et épiant le retour d'une pensée à Dieu jusqu'au pied de tous les échafauds. Tel fut le seul consolateur que la Providence donna, dans ses dernières heures, à la femme de toute la terre qui avait le plus besoin d'être consolée.

Aucune des sollicitations importunes de l'abbé Lothringer ne put fléchir la reine et l'agenouiller à ses pieds. Elle pria seule et ne se confessa qu'à Dieu. Elle n'avait pas la foi calme et vive de son mari pour s'appuyer à sa dernière heure. Son âme était plus passionnée que pieuse. L'atmosphère du dix-huitième siècle, les distractions mondaines, puis les soucis du trône et de la politique, avaient parfois voilé sa religion dans son âme; et peut-être alors cette religion avait-elle été pour elle surtout une décence publique, une alliée de la royauté, dont la dégradation humiliait la cour et affaiblissait le trône. Mais elle en avait retrouvé le sens vivifiant au fond de l'abîme de ses disgrâces. L'exemple de la foi de Louis XVI et de sa sœur avait agi, comme une pieuse contagion, sur son âme. Mais cette foi de désir n'était peut-être pas encore arrivée à cet état de sécurité et de béatitude qui change les ténèbres en lumière et la mort en apothéose. Marie-Antoinette était résolue à mourir en chrétienne, comme son mari était mort et comme vivait la sœur angélique qu'elle laissait pour mère à ses enfants. Cette sœur lui avait procuré secrètement une consolation dont sa foi faisait une nécessité du salut. C'était le *numéro* et l'*étage* d'une maison de la rue Saint-Honoré, devant laquelle passaient les condamnés et dans laquelle un prêtre catholique se trouverait, le jour du supplice, à l'heure de l'exécution, pour lui donner d'en haut, et à l'insu du peuple, l'absolution et la bénédiction de Dieu. La reine se fiait à ce sacrement invisible pour mourir dans la foi de sa race et dans la réconciliation avec le ciel.

XXIII

La reine, après avoir écrit et prié, dormit d'un sommeil calme quelques heures. A son réveil, la fille de madame

Bault l'habilla et la coiffa avec plus de décence et plus de respect pour son extérieur que les autres jours. Marie-Antoinette dépouilla la robe noire qu'elle avait portée depuis la mort de son mari, elle revêtit une robe blanche en signe d'innocence pour la terre et de joie pour le ciel. Un fichu blanc recouvrait ses épaules, un bonnet blanc ses cheveux. Seulement un ruban noir qui pressait ce bonnet sur les tempes rappelait au monde son deuil, à elle-même son veuvage, au peuple son immolation.

Les fenêtres et les parapets, les toits et les arbres étaient surchargés de spectateurs. Une nuée de femmes, ameutées contre l'*Autrichienne*, se pressait autour des grilles et jusque dans les cours. Un brouillard d'automne blafard et froid flottait sur la Seine, et laissait çà et là glisser quelques rayons de soleil sur les toits du Louvre et sur la tour du palais. A onze heures, les gendarmes et les exécuteurs entrèrent dans la salle des condamnés. La reine embrassa la fille du concierge, se coupa elle-même les cheveux, se laissa lier les mains sans murmure et sortit d'un pas ferme de la Conciergerie. Aucune faiblesse féminine, aucune défaillance de cœur, aucun frisson du corps, aucune pâleur des traits. La nature obéissait à la volonté et lui prêtait toute sa vie pour mourir en reine.

En débouchant de l'escalier sur la cour, elle aperçut la charrette des condamnés, vers laquelle les gendarmes dirigeaient sa marche. Elle s'arrêta comme pour rebrousser chemin, et fit un geste d'étonnement et d'horreur. Elle avait cru que le peuple donnerait au moins de la décence à sa haine, et qu'elle serait conduite à l'échafaud, comme le roi, dans une voiture fermée. Ce mouvement comprimé, elle baissa la tête en signe d'acceptation et monta sur la charrette. L'abbé Lothringer s'y plaça derrière elle, malgré son refus.

Le cortége sortit de la Conciergerie au milieu des cris de : « Vive la république! Place à l'Autrichienne! Place à la veuve Capet! A bas la tyrannie! » Le comédien Grammont, aide de camp de Ronsin, donnait l'exemple et le signal de ces cris au peuple, en brandissant son sabre nu, et en fendant la foule du poitrail de son cheval. Les mains liées de la reine la privaient d'appui contre les cahots des pavés. Elle cherchait péniblement à reprendre l'équilibre et à garder la dignité de son attitude. « Ce ne sont pas là tes coussins de Trianon! » lui criaient d'infâmes créatures. Les voix, les yeux, les rires, les gestes du peuple, la submergèrent d'humiliation. Ses joues passaient continuellement du pourpre à la pâleur, et révélaient les bouillonnements et les reflux de son sang. Malgré le soin qu'elle avait pris de sa toilette, le délabrement de sa robe, le linge grossier, l'étoffe commune, les plis froissés déshonoraient son rang. Les boucles de ses cheveux s'échappaient de son bonnet et fouettaient ses tempes au souffle du vent. Ses yeux, rouges et gonflés, quoique secs, révélaient les longues inondations d'une douleur épuisée de larmes. Elle se mordait par moments la lèvre inférieure avec les dents, comme quelqu'un qui comprime le cri d'une souffrance aiguë.

Quand elle eut traversé le pont au Change et les quartiers tumultueux de Paris, le silence et la contenance sérieuse de la foule indiquèrent une autre région du peuple. Si ce n'était pas la pitié, c'était au moins la consternation. Son visage reprit le calme et l'uniformité d'expression que les outrages de la multitude avaient troublés au premier moment. Elle parcourut ainsi lentement toute la longueur de la rue Saint-Honoré. Le prêtre placé à côté d'elle sur la banquette s'efforçait vainement d'appeler son attention par des paroles qu'elle semblait repousser de son oreille. Ses regards se promenaient, avec toute leur intelligence, sur les façades des maisons, sur les inscriptions républicaines, sur les costumes et sur la physionomie de cette capitale, si transformée pour elle depuis quinze mois de captivité. Elle regardait surtout les fenêtres des étages supérieurs où flottaient des banderoles aux trois couleurs, enseignes de patriotisme.

Le peuple croyait et des témoins ont écrit que son attention légère et puérile était attachée à cette décoration extérieure de républicanisme. Sa pensée était ailleurs. Ses yeux cherchaient un signe de salut parmi ces signes de sa perte. Elle approchait de la maison qui lui avait été désignée dans son cachot. Elle interrogeait du regard la fenêtre d'où devait descendre sur sa tête l'absolution d'un prêtre déguisé. Un geste inexplicable à la multitude le lui fit reconnaître. Elle ferma les yeux, baissa le front, se recueillit sous la main invisible qui la bénissait, et, ne pouvant pas se servir de ses mains liées, elle fit le signe de la croix sur sa poitrine par trois mouvements de sa tête. Les spectateurs crurent qu'elle priait seule et respectèrent son recueillement. Une joie intérieure et une consolation secrète brillèrent depuis ce moment sur son visage.

XXIV

En débouchant sur la place de la Révolution, les chefs du cortége firent approcher la charrette le plus près possible du pont tournant et la firent arrêter un moment devant l'entrée du jardin des Tuileries. Marie-Antoinette tourna la tête du côté de son ancien palais, et regarda quelques instants ce théâtre odieux et cher de sa grandeur et de sa chute. Quelques larmes tombèrent sur ses genoux. Tout son passé lui apparaissait à l'heure de la mort. En quelques tours de roues, elle fut au pied de la guillotine. Le prêtre et l'exécuteur l'aidèrent à descendre en la soutenant par les coudes. Elle monta avec majesté les degrés de l'estrade. En arrivant sur l'échafaud, elle marcha par inadvertance sur le pied de l'exécuteur. Cet homme jeta un cri de douleur. « Pardonnez-moi, » dit-elle au bourreau du son de voix dont elle eût parlé à un de ses courtisans. Elle s'agenouilla un instant et fit une prière à demi-voix, puis, se relevant : « Adieu encore une fois, mes enfants, dit-elle en regardant les tours du Temple, je vais rejoindre votre père. » Elle n'essaya pas, comme Louis XVI, de se justifier devant le peuple ni de l'attendrir sur sa mémoire. Ses traits ne portaient pas, comme ceux de son mari, l'empreinte de la béatitude anticipée du juste et du martyr, mais celle du dédain des hommes et de la juste impatience de sortir de la vie. Elle ne s'élançait pas au ciel, elle fuyait du pied la terre, et elle lui laissait en partant son indignation et le remords.

Le bourreau, plus tremblant qu'elle, fut saisi d'un frisson qui fit hésiter sa main en détachant la hache. La tête de la reine tomba. Le valet du supplice la prit par les cheveux et fit le tour de l'échafaud, en l'élevant dans sa main droite et en la montrant au peuple. Un long cri de : « Vive la république ! » salua ce visage décoloré et déjà endormi.

La Révolution se crut vengée, elle n'était que flétrie. Ce sang de femme retombait sur sa gloire sans cimenter sa liberté. Paris eut cependant moins d'émotion de ce meurtre que du meurtre du roi. L'opinion affecta l'indifférence sur une des plus odieuses exécutions qui consternèrent la république. Ce supplice d'une reine et d'une étrangère au milieu du peuple qui l'avait adoptée n'eut pas même la compensation des fins tragiques : le remords et l'attendrissement d'une nation.

XXV

Ainsi mourut cette reine, légère peut-être dans la prospérité, mais sublime dans l'infortune, intrépide sur l'échafaud; idole de cour mutilée par le peuple, longtemps l'amour, puis l'imprudent conseil de la royauté, puis l'adversaire de la Révolution. Cette Révolution, elle ne put ni la prévoir, ni la comprendre, ni l'accepter ; elle ne sut que l'irriter. Elle se réfugia dans une cour au lieu de se précipiter dans le sein du peuple. Le peuple lui voua injustement toute la haine dont il poursuivait l'ancien régime. Il appela de son nom tous les scandales et toutes les trahisons des cours.

Toute-puissante par sa beauté et par son esprit sur son mari, elle l'enveloppa de son impopularité et l'entraîna par son amour à sa perte. Sa politique vacillante, suivant les impressions du moment, tour à tour timide comme la défaite, téméraire comme le succès, ne sut ni reculer ni avancer à propos. Favorite charmante et dangereuse d'une monarchie vieillie, plutôt que reine d'une monarchie nouvelle, elle n'eut ni le prestige de l'ancienne royauté : le respect; ni le prestige du nouveau règne : la popularité. Elle ne sut que charmer, égarer et mourir. Le peu de solidité de son esprit l'excuse, l'enivrement de sa jeunesse et de sa beauté l'innocente, la grandeur de son courage l'ennoblit. On ne peut la juger sur un échafaud, ou plutôt la plaindre, c'est la juger. Elle est du nombre de ces mémoires qui désarment la postérité, qu'on évoque avec pitié, et qu'on ne juge, comme on doit juger les femmes, qu'avec des larmes. L'histoire, à quelque opinion qu'elle appartienne, en versera d'éternelles sur cet échafaud. Seule contre tous, innocente par son sexe, sacrée par son titre de mère, inoffensive désormais, cette reine est immolée sur une terre étrangère par un peuple qui ne sait pardonner ni à la jeunesse, ni à la beauté, ni au vertige de l'adoration! Appelée par ce peuple pour occuper un trône, ce peuple ne lui donne pas même un tombeau. Car nous lisons sur le registre des inhumations banales de la Madeleine : *Pour la bière de la veuve Capet, 7 francs.*

Voilà le total d'une vie de reine et de ces richesses consacrées pendant tout un règne à la splendeur, aux plaisirs et aux générosités d'une femme qui avait possédé Versailles, Saint-Cloud et Trianon. Quand la Providence veut parler aux hommes avec la rude éloquence des vicissitudes royales, elle dit en un signe plus que Sénèque ou Bossuet dans d'éloquents discours, et elle écrit un vil chiffre sur le registre d'un fossoyeur.

LIVRE QUARANTE-SEPTIÈME

Séance du 3 octobre 1793 à la Convention. — Rapport d'Amar. — Les Girondins décrétés d'accusation. — Les soixante-treize députés de la Plaine décrétés de suspicion et jetés en prison. — Procès des vingt et un Girondins. — Leur condamnation. — Leur dernier repas. — Leur exécution. — Appréciation du parti girondin.

I

Le récit du procès et de la mort de Marie-Antoinette, que nous n'avons pas voulu interrompre, nous oblige à remonter de quelques semaines en arrière, jusqu'au 3 octobre, pour y reprendre la destinée des Girondins.

Depuis le 2 juin, date de leur chute et de la captivité de leurs principaux orateurs, les Girondins étaient le ressentiment constant du peuple de Paris, plus altéré qu'assouvi de vengeances. Le comité de sûreté générale chargea Amar, un de ses membres les plus implacables, de livrer au tribunal les principaux chefs de ce parti, qui avaient été arrêtés au 31 mai, et de décréter d'accusation les soixante-treize députés du centre suspects de complicité morale avec la Gironde, et qui avaient protesté les 6 et 19 juin, dans un acte courageux et public, contre la violence du peuple et contre la mutilation de la représentation nationale. Un profond mystère enveloppa cette mesure du comité de sûreté générale. Il agit comme le tribunal des Dix à Venise, rassurant par la dissimulation et le silence les victimes qu'il craignait de laisser échapper.

II

Le 3 octobre, par une de ces splendides matinées de l'automne qui semblent convier les hommes à la sérénité du ciel et à la libre contemplation des derniers beaux jours d'une saison qui va mourir, les soixante-treize députés du centre, débris toujours menacé et toujours inquiet du parti de Roland, de Vergniaud, de Brissot, se rendirent, pour la séance, à la Convention. Ils furent frappés de l'appareil inusité de force armée qui régnait autour des Tuileries. Dans l'enceinte de la salle, les tribunes fréquentées par le peuple, et d'où il assistait à ses affaires, étaient plus garnies de spectateurs qu'à l'ordinaire. Une sourde agitation, une attente impatiente, se trahissaient dans les bruits, dans les mouvements, dans les physionomies. Un poids invisible d'anxiété semblait peser sur les députés, qui se rendaient lentement à leur place. On eût dit que la Montagne et le peuple avaient reçu la sinistre confidence de la scène tragique qui se préparait. Les soixante-treize regardaient sans comprendre, et se demandaient, sans pouvoir se répondre, quel acte de tyrannie nouveau avait donc transpiré la nuit du sein des comités.

III

Un député de la Montagne descendit de son banc, monta à la tribune, et annonça que le rapporteur du comité de sûreté générale, Amar, allait venir bientôt faire son rapport sur les Girondins arrêtés depuis le 8 juin. Ce député, pour calmer l'impatience des spectateurs, montra du geste et feuilleta rapidement de la main les pièces probantes de ce rapport déposées d'avance sur la tribune, et qui contenaient la vie ou la mort encore illisible de tant de proscrits. Bientôt Amar parut lui-même. C'était un de ces hommes modérés de caractère quand les temps sont calmes et que la modération est sans danger, et qui rachètent par la servilité et par la violence leur modération passée dans les temps extrêmes. Amar, ancien anobli du parlement de Grenoble, avait d'abord combattu la Montagne. Il s'efforçait depuis de la fléchir en lui présentant des coupables à punir, pour écarter de lui-même les soupçons et les ressentiments. Son rapport long et calomnieux, résumé de toutes les rumeurs contradictoires semées contre les Girondins par leurs ennemis, concluait :

1° Par déclarer coupables de conspiration contre l'unité et l'indivisibilité de la république les députés Brissot, Vergniaud, Gensonné, Lauze de Perret, Carra, Mollevault, Gardien, Dufriche-Valazé, Vallée, Duprat, Sillery, Condorcet, Fauchet, Pontécoulant, Ducos, Boyer-Fonfrède, Lasource, Lesterpt-Beauvais, Isnard, du Chastel, Duval, Devérité, Mainvielle, Delahaye, Bonnet, Lacaze, Mazuyer, Savary, Hardy, Lehardy, Boileau, Rouyer, Antiboul, Bresson, Noël, Coustard, Andréi (de la Corse), Grangeneuve, Vigée; enfin Philippe-Égalité, ci-devant duc d'Orléans, oublié un moment, demandé nominativement par Billaud-Varennes, accordé d'acclamation par tous.

2° Par déclarer traîtres à la patrie, conformément à un précédent décret du mois de juillet, les députés girondins fugitifs Buzot, Barbaroux, Gorsas, Lanjuinais, Salles, Louvet, Bergoing, Pétion, Guadet, Chasset, Chambon, Libon, Valady, Kervélégan, Henri Larivière, Rabaut Saint-Étienne, Lesage, Cussy, Meilhan et Biroteau.

Le rapporteur suspendit un moment la lecture de ses conclusions après ces deux articles. Les membres du centre, complices de la politique des députés de la Gironde emprisonnés ou proscrits, respirèrent. Ils se crurent oubliés ou amnistiés. Rien ne leur avait révélé, dans les confidences de leurs collègues des comités, que le glaive fût suspendu si près de leurs propres têtes. Ils se résignaient douloureusement à la proscription ou au supplice des chefs d'une opinion qu'ils ne pouvaient plus sauver. Ils cherchaient à se cacher et à se confondre dans les rangs obscurs de la Convention : muets, de peur qu'en entendant parler d'eux le peuple ne se rappelât qu'ils l'avaient offensé et qu'ils vivaient! Aux premières phrases du rapport d'Amar, quelques-uns s'étaient glissés furtivement hors de l'enceinte, craignant, par un pressentiment vague, que l'immense filet d'accusation déroulé par l'organe du comité de sûreté générale ne s'étendît jusque sur eux et ne les enveloppât sur leurs bancs : les autres étaient restés à leurs places, et se félicitaient déjà intérieurement de n'avoir pas provoqué le soupçon en paraissant le devancer et le fuir.

Cette illusion ne fut que de quelques minutes. Amar reprit d'une main plus impassible les feuilles de la seconde partie de son rapport; mais, avant de lire, il demanda que les portes de la salle fussent fermées par un décret instantané, et que personne ne pût sortir même des tribunes. Les suspects votèrent comme les autres ce décret inattendu, de peur de paraître le craindre. Amar reprit : « Ceux des signataires des protestations des 6 et 19 juin dernier (contre le 31 mai, expulsion des Girondins), dit-il, qui ne sont pas envoyés au tribunal révolutionnaire seront mis en état d'arrestation dans une maison d'arrêt et les scellés apposés sur leurs papiers. Il sera fait à leur égard un rapport particulier par le comité de sûreté générale. »

Il commença alors à lire les noms de ces soixante-treize députés. Un long silence entre chaque nom prononcé laissait flotter un moment dans l'âme de tous l'espérance d'être omis ou la terreur d'être nommés. Voici ceux qui entendirent l'arrêt nominatif de leur proscription immédiate et de leur mort prochaine sortir de la bouche d'Amar : Cazeneuve, Laplaigne, Chasset, Defermon, Rouault, Girault, Chastelin, Dugué-d'Assé, Lebreton, Dussaulx, Couppé, Saurine, Queïnnet, Salmon, Lacaze aîné, Corbel, Guiter, Ferroux, Bailleul, Ruault, Obelin, Babey, Blad, Maisse,

Peyre, Bohan, Fleury, Vernier, Grenot, Amyon, Laurenceot, Jarry, Rabaut, Fayolle, Aubry, Ribereau, Derazey, Mazuyer (de Saône-et-Loire), Vallée, Lefebvre, Olivier Gerente, Royer, Duprat, Garithe, Devilleville, Varlet, Dubusc, Savary, Blanqui, Massa, Debray-Doublet, Delamarre, Faure, Hecquet, Deschamps, Lefebvre (de la Seine-Inférieure), Serre, Laurence, Saladin, Mercier, Daunou, Périès, Vincent, Tournier, Rouzet, Blaux, Blaviel, Marboz, Estadenz, Bresson (des Vosges), Moysset, Saint-Prix, Gamon.

Le décret d'accusation fut voté sans discussion. Quelques-uns des députés désignés voulurent réclamer : l'impatience couvrit leurs voix. Ils se parquèrent en silence, comme un troupeau destiné à la boucherie, dans l'étroite enceinte de la barre. Quelques membres de la Montagne demandèrent avec acharnement l'adjonction des noms de leurs ennemis à la liste des proscrits. On jeta, à la fin de cette longue séance, les députés désignés dans les prisons de Paris, la plupart à la Force.

On demandait à grands cris leur jugement avec celui des Girondins envoyés au tribunal révolutionnaire. Leur jugement, c'était leur mort. Robespierre employa, avec plus de courage qu'il n'en montra à défendre tant d'autres victimes, son influence pour les préserver de l'échafaud. Il ne craignit pas alors de résister aux cris du peuple, et de froisser ses collègues des comités pour soustraire ses soixante-treize collègues à l'impatience de leurs ennemis. L'avenir montra qu'il les réservait peut-être comme contre-poids à l'omnipotence de la Montagne pour le moment où il aurait à dominer seul la Convention. Ce témoignage lui fut rendu plus tard par ceux-là mêmes qui croyaient voir en lui l'inspirateur secret de leur proscription. Le député girondin Blanqui, un des soixante-treize détenus à la Force, avait eu des rapports personnels avec Robespierre dans le comité d'instruction publique. Il lui écrivit pour se plaindre des indignes traitements qu'on faisait subir à lui et à ses collègues dans les cachots, et pour lui reprocher la mutilation violente de la représentation nationale. Robespierre osa répondre à Blanqui, mais il le fit en termes vagues et obscurs, qui laissaient transpercer des sentiments humains, des espérances de liberté et des promesses de protection cachée, qui se réalisèrent dans la suite pour tous ces détenus. Blanqui et ses compagnons de captivité comprirent à ces symptômes que leur proscription était plutôt une concession qu'une incitation de Robespierre, et qu'il voulait les attacher par la reconnaissance à ses destinées futures. Quant aux députés incarcérés depuis le 31 mai, leur sort venait de s'expliquer par la bouche d'Amar. Ils pouvaient le pressentir depuis longtemps.

La Montagne, au commencement, satisfaite de sa victoire; Danton et Robespierre, honteux de meurtres odieux et impolitiques, s'étaient efforcés en vain de les faire oublier. Il ne s'élevait pas un échafaud dans Paris que la multitude ne demandât pourquoi les Girondins n'y montaient pas. Le comité de salut public tremblait de laisser plus longtemps ce grief contre sa prétendue faiblesse aux Montagnards exaltés et à la commune. Les Jacobins avaient arraché aux Girondins la tête de Louis XVI; la démagogie d'Hébert, de Pache, d'Audouin, sommait les Jacobins de donner à la république le gage des vingt et une têtes de leurs collègues. Robespierre céda. Garat, encore ministre de l'intérieur, vint le conjurer de sauver les prisonniers.

« Ne m'en parlez plus, dit Robespierre. Moi-même, je ne pourrais pas les sauver. Il y a des jours en révolution où le crime est de vivre et où il faut savoir donner sa tête quand on vous la demande. Et la mienne aussi, on me la demandera peut-être, ajouta-t-il en portant ses deux mains à ses cheveux comme un homme qui saisit un fardeau sur ses épaules pour le jeter à terre, vous verrez si je la dispute. »
Garat se retira consterné.

IV

Ainsi qu'on l'a vu dans le cours de ce récit, Vergniaud, Gensonné, Ducos, Fonfrède, Valazé, Carra, Fauchet, Lasource, Sillery, Gorsas et leurs collègues étaient demeurés volontairement prisonniers à Paris. Condorcet s'était soustrait à temps aux recherches de la commune et au décret d'accusation lancé contre lui.

Roland s'était réfugié et caché dans les environs de Rouen après l'emprisonnement de sa femme. Brissot, que l'opinion publique considérait comme le chef de cette faction, parce qu'il en avait été le publiciste et qu'il lui avait donné son nom, avait prévenu l'ordre de l'arrestation par la fuite. Arrivé à Chartres, sa patrie, il n'y trouva plus d'amis. Il sortit de la ville seul, à pied, vêtu d'habits d'emprunt, et chercha à gagner, à travers champs et par des routes détournées, les frontières de la Suisse ou les départements du Midi. Muni d'un faux passe-port, Brissot erra ainsi, sans être reconnu, dans une partie de la France, mangeant et couchant dans les chaumières, reprenant le jour sa route au sein des campagnes revêtues en ce moment de leur plus éclatante végétation. Il retrouvait, à l'aspect du ciel splendide, des champs en fleurs et des solitaires forêts des bords de la Loire, cette passion pour la nature, cet enivrement de la solitude que les tempêtes politiques n'avaient pu altérer dans son âme, et que la destinée semblait lui faire savourer plus délicieusement au moment où elle allait l'en sevrer pour jamais. Reconnu et arrêté à Moulins, il avait échappé avec peine à la fureur des Jacobins de cette ville. Ramené à Paris à travers mille imprécations et mille morts, il avait été jeté dans les cachots de l'Abbaye. Il y languissait depuis cinq mois.

V

La captivité des autres Girondins emprisonnés après le 31 mai avait suivi, dans son indulgence ou dans ses rigueurs, les oscillations de l'opinion publique. D'abord douce, honteuse d'elle-même et pour ainsi dire nominale, elle s'était bornée à un confinement dans leur propre demeure, sous la surveillance d'un gendarme. Les occasions de s'évader étaient fréquentes et faciles. Réunis à leur famille, visités par leurs amis, servis par leurs domestiques, pourvus d'or et de faux passe-ports, on avait semblé tenter par ces mesures de tolérance leurs dispositions à la fuite.

La Montagne était plus embarrassée que jalouse de ses victimes. Mais peu à peu, sous l'influence des événements, cette captivité s'était resserrée. On les avait jetés aux Carmes, à l'Abbaye, au Luxembourg, puis à la Force, réunis par le même crime et groupés par le même sort. Longtemps confondus avec les suspects de royalisme ou de fédéralisme, les Girondins s'étaient trouvés associés par le hasard, ce vengeur aveugle des vaincus et des vainqueurs, avec les victimes de leur politique, les vaincus du 10 août, les amis de La Fayette et de Dumouriez, les serviteurs de la royauté, les modérateurs de la Révolution, les nobles, les prêtres, les magistrats, les Barnave, les Bailly, les Malesherbes. La neutralité des cachots avait amené entre ces hommes ces rapprochements étranges de situation qui sont quelquefois les jeux, quelquefois les vengeances, toujours les leçons des révolutions. On s'était vu et entretenu, non sans étonnement, mais sans récrimination et sans haine. La même adversité semblait pour ainsi dire innocenter tous les partis.

Toutefois les Girondins, inflexibles dans leur républicanisme, conservaient l'attitude révolutionnaire de leur première nature. Ils n'affectaient ni repentir de leurs opinions ni humiliation de leur chute. Ils se confondaient avec la Convention dans tous ses actes d'énergie patriotique et de sévérité contre les ennemis de la République. Ils ne s'en séparaient que pour ce qu'ils nommaient son asservissement et ses crimes. Ils formaient dans les prisons une société à part et un groupe distinct, qui n'était pas une rupture, mais un schisme dans la captivité. Leurs noms, leur célébrité, leur jeunesse, leur éloquence, inspiraient la curiosité à leurs ennemis, le respect aux détenus, les égards même à leurs geôliers. Quelque chose de leur caractère de représentants du peuple, de leur prestige et de leur puissance les avait suivis jusque dans leurs cachots. Captifs, ils régnaient encore par la mémoire ou par l'admiration qui les environnaient.

VI

Quand leur procès fut décidé, on les enferma pour quelques jours dans l'immense maison des Carmes de la rue de Vaugirard, monastère converti en prison et rendu sinistre par les souvenirs et par les traces du sang des massacres de septembre. Les étages inférieurs de cette prison, déjà remplis de détenus, ne laissaient aux Girondins qu'un étroit espace sous les toits de l'ancien couvent, composé d'un corridor obscur et de trois cellules basses ouvrant les unes sur les autres, et semblables aux *plombs* de Venise. Un escalier dérobé, dans un angle du bâtiment, montait de la tour dans ces combles. On avait pratiqué sur cet escalier plusieurs guichets. Une seule porte massive et ferrée donnait accès dans ces réduits. Fermée depuis 1793, cette porte, qui s'est rouverte pour nous, nous a exhumé ces cellules et rendu l'image et les pensées des victimes aussi intactes que le jour où ils les quittèrent pour marcher à la mort. Aucun pas, aucune main, aucune insulte du temps n'y a effacé leurs vestiges. Les traces écrites de proscrits de tous les autres partis de la république s'y trouvent confondues avec celles des Girondins. Les noms des amis et des ennemis, des bourreaux et des victimes, y sont accolés sur le même pan de mur.

VII

Au-dessus de l'entablement de la première porte, on lisait d'abord, en lettres moulées, l'inscription de tous les monuments publics du temps : *La liberté, l'égalité ou la mort.* On entrait ensuite dans une cellule assez vaste servant de salle commune, et dans laquelle les prisonniers se réunissaient pour s'entretenir et pour prendre leurs repas. A gauche était une petite mansarde obscure dans laquelle couchaient les plus jeunes. A droite, une porte ouvrait sur une chambre un peu moins vaste que la première et qui servait de dortoir commun. Ces deux chambres, dont l'inclinaison du toit abaisse le plafond du côté du mur extérieur, recevaient le jour chacune par deux fenêtres sans barreaux ouvrant sur l'immense jardin et sur les terrains attenant aux Carmes. Les regards s'y égaraient sur le jardin d'abord, et sur un jet d'eau qui semblait laver éternellement le sang des prêtres massacrés autour de son bassin; puis sur un immense horizon au nord et à l'ouest de Paris. Le ciel n'y était coupé que par la flèche d'un clocher du côté du Luxembourg, par le dôme des Invalides en face, et à gauche par les deux tours d'une église à demi démolie. Le jour, la lumière, le silence, la sérénité de cet horizon, entraient à flots dans ces chambres hautes, et donnaient aux captifs les images de la campagne, les illusions de la liberté et le calme de la rêverie. Les murailles et le plafond de ces chambres, recouverts d'un ciment grossier, offraient aux détenus, au lieu du papier dont on venait de les priver depuis leur translation, des pages lapidaires, sur lesquelles ils pouvaient graver leurs dernières pensées à la pointe de leurs couteaux, ou les écrire avec le pinceau. Ces pensées, généralement exprimées en maximes brèves et proverbiales ou en vers latins, langue immortelle, couvrent encore aujourd'hui ce ciment, et font de ces murailles le dernier entretien et la suprême confidence des Girondins. Presque toutes écrites avec du sang, elles en conservent encore la couleur. Elles semblent imprimer ainsi dans les regards qui les déchiffrent quelque chose de l'homme lui-même qui les a écrites avec sa substance et avec sa vie. C'est le martyre des premiers républicains se rendant témoignage de sa propre main et avec son propre sang. Aucune n'atteste un regret ou une faiblesse. Le gémissement du malheur n'y amollit pas la conviction. Presque toutes sont un hymne à la constance, un défi à la mort, un appel à l'immortalité. Quelques noms de leurs persécuteurs s'y trouvent mêlés aux noms des Girondins. Ici on lit :

> Quand il n'a pu sauver la liberté de Rome,
> Caton est libre encore et sait mourir en homme.

Ailleurs :

> Justum et tenacem propositi virum
> Non civium ardor prava jubentium,
> Non vultus instantis tyranni
> Mente quatit solida.

Plus haut :

> Cui virtus non deest,
> Ille
> Nunquam omnino miser.

Plus bas :

> La vraie liberté est celle de l'âme.

A côté, une inscription religieuse, où l'on croit reconnaître la main de Fauchet :

Souvenez-vous que vous êtes appelés non pour causer et pour être oisifs, mais pour souffrir et pour travailler.
(Imitation de Jésus-Christ.)

Sur un autre pan de mur, un souvenir à un nom chéri qu'on ne peut pas révéler même à la mort :

Je meurs pour...
(MONTALEMBERT.)

Sur la poutre :

Dignum certe Deo spectaculum fortem virum colluctantem cum calamitate.

Au-dessus :

> Quels solides appuis dans le malheur suprême,
> J'ai pour moi ma vertu, l'équité, Dieu lui-même !

Au-dessous :

> Le jour n'est pas plus pur que le fond de mon cœur.

Sur l'embrasure de la fenêtre :

> Cui virtus non deest,
> Ille
> Nunquam omnino miser....

> Rebus in arduis facile est contemnere vitam.

> Dulce et decorum pro patriâ mori.

> Non omnis moriar.

> Summum credo nefas animam præferre pudori!

En grosses lettres avec du sang, de la main de Vergniaud :

> Potius mori quàm fœdari.

Enfin une indéchiffrable multitude d'inscriptions, d'initiales, de strophes, de pensées non achevées, attestent toute l'intrépidité d'hommes stoïques, nourris de la moelle de l'antiquité, et cherchant leur consolation non dans l'espérance de la vie, mais dans la contemplation de la mort. Ces murailles, comme les victimes qu'elles ont renfermées, saignent, mais ne pleurent pas.

VIII

Les Girondins furent transférés, le 6 octobre, pendant la nuit, dans leur dernière prison, à la Conciergerie. La reine y était encore. Ainsi, le même toit couvrait la reine tombée du trône et les hommes qui l'en avaient précipitée au 10 août : la victime de la royauté et les victimes de la république. Là ils se trouvèrent réunis à Brissot, longtemps relégué seul à l'Abbaye, et à ceux de leurs collègues et de leurs amis qui avaient été ramenés du Midi ou de la Bretagne pour être jugés avec eux.

On les plaça dans un quartier distinct du reste de la prison, dans la chapelle de la Conciergerie; leur cachot contenait dix-neuf lits. Sillery et Lasource étaient encore au Luxembourg, d'où ils ne furent extraits que le 30 octobre et tranférés à la Conciergerie. Ils ne communiquaient avec les autres détenus que dans les cours, aux longues heures d'oisiveté et de promenade. L'impossibilité de s'évader de ces murs scellés de triples guichets, de barreaux de fer, de verrous et de sentinelles, avait fait adoucir le régime du *secret* auquel ils avaient été quelque temps soumis. On leur avait permis l'usage de l'encre et du papier. Ils lisaient les feuilles publiques; ils communiquaient dans le guichet avec leurs femmes, leurs enfants, leurs amis. Là seulement ils s'attendrissaient en échangeant avec eux ces demi-mots, ces serrements de mains, ces regards d'intelligence et ces larmes : consolation et supplice de ces entrevues dans les prisons. Brissot y voyait de temps en temps sa femme soulevant son fils dans ses bras pour lui faire embrasser son père. Mais la plupart étaient des jeunes hommes sans femmes et sans famille à Paris, attachés par des liens secrets à des femmes qui ne portaient pas leurs noms, qui ne pouvaient avouer ni leur amour ni leur douleur, et qui ne parvenaient qu'à force de ruses et de déguisements à échanger un billet, un soupir, un regard avec ceux qu'elles aimaient.

Le beau-frère de Vergniaud, M. Alluaud, arriva de Limoges pour apporter un peu d'argent au prisonnier, car Vergniaud était dans un dénûment complet; ses vêtements mêmes tombaient en lambeaux. M. Alluaud avait amené avec lui son fils, enfant de dix ans, dont les traits rappelaient au détenu l'image de sa sœur chérie. L'enfant, en voyant son oncle emprisonné comme un scélérat, le visage amaigri, le teint hâve, les cheveux épars, la barbe longue, les habits sales et usés tombant de ses épaules, se prit à pleurer et se rejeta avec effroi contre les genoux de son père. « Mon enfant, lui dit le prisonnier en le prenant dans ses bras, rassure-toi et regarde-moi bien; quand tu seras homme, tu diras que tu as vu Vergniaud, le fondateur de la république, dans le plus beau temps et dans le plus glorieux costume de sa vie : celui où il souffrait la persécution des scélérats, et où il se préparait à mourir pour les hommes libres. »

L'enfant s'en souvint en effet, et le redit cinquante ans après à celui qui écrit ces lignes.

IX

Aux heures de réunion dans le préau, les autres détenus se pressaient autour des Girondins pour les contempler et pour les entendre. Leurs entretiens roulaient sur les événements du jour, sur les dangers de la patrie, sur les difficultés de la liberté, sur les plaies de la république. Ils en parlaient en hommes qui n'avaient plus rien à ménager avec le temps, et qui voyaient ensanglanter et déshonorer leur ouvrage. Leur éloquence, qui n'avait rien perdu de son patriotisme, contractait sous ces voûtes quelque chose de la prophétie et de l'impassibilité céleste. Leur voix impartiale semblait sortir du tombeau. Brissot lisait à ses collègues les pages qu'il léguait à l'avenir pour leur justification. Il regrettait sans cesse que cette liberté, qu'il était allé contempler chez un peuple neuf, dans les forêts de l'Amérique, fût nourrie de sang et de poison chez un peuple vieilli et corrompu comme le nôtre, où il fallait créer jusqu'à l'homme pour régénérer les institutions humaines. Gensonné conservait sur ses lèvres l'âcreté du sarcasme, ce sel corrosif de sa parole, et se vengeait de la persécution par le mépris des persécuteurs. Fauchet se frappait la poitrine devant ses collègues. Il s'accusait, avec un repentir sincère, mais ferme, d'avoir abandonné la foi de sa jeunesse. Il démontrait que la religion seule pouvait guider les pas de la liberté. Il se réjouissait de donner à sa mort prochaine le caractère d'un double martyre : celui du prêtre qui se repent, et celui du républicain qui persévère. Il se séparait souvent de ses collègues pour aller s'entretenir à l'écart avec un vénérable prêtre enfermé pour sa foi à la Conciergerie. C'était l'abbé Émery, ancien supérieur de la congrégation de Saint-Sulpice, de qui Fouquier-Tinville disait : « Nous le laissons vivre parce qu'il étouffe plus de plaintes et plus de tumulte dans nos prisons, par sa douceur et par ses conseils, que les gendarmes et la peur de la guillotine ne pourraient le faire. »

Ducos et Fonfrède, jeunes hommes chez qui la prison ne pouvait refroidir l'enivrement de la jeunesse et la verve du Midi, jouaient avec la mort, écrivaient des vers, affectaient la folle gaieté des jours sereins, et ne retrouvaient la gravité et les larmes que dans les confidences de leur héroïque amitié, et dans les craintes que chacun des deux amis manifestait sur le sort de l'autre. Souvent ils s'embrassaient et se tenaient par la main comme pour s'appuyer contre le sort. Ni les regrets de la fortune immense et de la longue perspective de jours heureux qu'ils allaient quitter, ni les retours de pensées vers deux jeunes femmes aimées dont ils pressentaient le prochain veuvage, ne leur donnaient en apparence un seul repentir du sacrifice qu'ils offraient de leur vie à la liberté.

Une fois cependant Fonfrède, se cachant de Ducos et s'entretenant avec le jeune Riouffe, laissa échapper un torrent contenu de douleur et de larmes, en parlant de sa femme et de ses enfants. Ducos s'en aperçut, s'approcha, et interrogeant avec vivacité Fonfrède : « Qu'as-tu donc et que me caches-tu? dit-il d'un ton de tendre reproche à son beau-frère. — Ce n'est rien... c'est lui qui me parlait et qui m'attendrissait, » répondit Fonfrède en montrant Riouffe. Ducos ne s'y trompa point. Les deux amis se serrèrent dans les bras l'un de l'autre, et séchèrent leurs larmes pour se les cacher.

Valazé voyait approcher la mort comme le couronnement du sacrifice qu'il avait fait depuis longtemps de sa vie à sa patrie. Il savait que les doctrines nouvelles veulent croître dans le sang de leurs premiers apôtres. Il se félicitait intérieurement de leur donner le sien. Il avait le fanatisme du dévouement et l'impatience du martyre. Ses traits, rayonnant d'immortalité dans ces cachots, témoignaient en lui l'avant-goût d'une mort qu'il devancerait au lieu de la fuir. « Valazé, lui disaient ses compagnons de misère, on vous punirait bien si on ne vous condamnait pas. » Il souriait à ces mots comme un homme dont on a deviné la pensée.

Quelques heures avant le procès, il donna au jeune Riouffe une paire de ciseaux qu'il avait cachée jusque-là. « Tiens, lui dit-il avec un ton d'ironie que Riouffe ne comprit qu'après coup, on dit que c'est une arme dangereuse, et on craint que nous n'attentions à nos jours! » Il portait sur lui une arme plus sûre, et ce don n'était qu'une raillerie socratique à ses bourreaux.

X

Quant à Vergniaud, il n'affectait ni la gaieté à contresens de ses jeunes amis Ducos et Fonfrède, ni la solennité de Lasource, ni l'impatiente ardeur de mourir de Valazé, ni la préoccupation laborieuse de Brissot pour justifier devant la postérité sa mémoire. Il paraissait aussi insouciant de son souvenir qu'il l'avait été de sa vie. Serein, grave, naturel, quelquefois souriant, plus souvent pensif, il n'écrivait rien, il parlait peu; il semblait user, sans hâte comme sans regret, des jours dont l'oisiveté forcée ne messeyait pas trop à son caractère. Pilote arraché du timon pendant une tempête, il se reposait sur le pont, aux oscillations du navire dont la manœuvre ne le regardait plus. Son âme forte, et que sa force même rendait quelquefois trop immobile; son génie prophétique, mais paresseux, ne lui laissaient que peu de sensibilité sur lui-même. Il résumait d'un coup d'œil et d'un mot toute une situation, et ne la ressentait plus dans ses détails. Seul et morne sur son lit ou dans le préau, il illuminait quelquefois l'entretien par un de ces éclairs d'éloquence que le cachot n'encadrait pas moins majestueusement que la tribune. Ses collègues émus l'applaudissaient et le suppliaient de noter ces improvisations pour l'heure du tribunal ou pour la postérité. Vergniaud ne daignait pas ramasser ces miettes de son génie. L'éloquence chez lui n'était pas un art, c'était son âme même; il était sûr de la porter toujours avec lui, et de la retrouver dans l'occasion. Il l'estimait comme une arme pour combattre, et non pour s'en parer devant le temps et devant l'avenir. Sa pensée évaporée, il ne cherchait pas à en conserver l'inutile écho. Il retombait dans son sommeil ou dans son indifférence.

Il s'entretenait souvent avec Fauchet, et, sans partager sa foi, il goûtait les théories et les espérances du christianisme. Il considérait cette religion comme la vraie philosophie de l'humanité, revêtue de mystères et de mythes pour la rendre accessible à la faiblesse de l'enfance éternelle du genre humain. Il respectait le christianisme comme le fondeur respecte l'or dans une monnaie altérée. Il ne voulait pas la destruction, mais l'épuration lente, libre et prudente du culte. « Dégager Dieu de son image, disait-il, c'est la dernière œuvre de la philosophie et de la Révolution. » Vergniaud estimait beaucoup plus le talent de Fauchet depuis que ce talent vague et déclamatoire s'était vivifié et comme sanctifié par la résurrection du sentiment religieux dans l'âme de l'évêque du Calvados, et par le pressentiment du martyre. Hors de ces entretiens, l'attitude extérieure de Vergniaud était l'insouciance; non cette insouciance de l'homme léger qui ne s'élève pas jusqu'à la dignité de son sort, et qui profane les trois plus saintes choses de la vie : la conscience, l'infortune et la mort; mais cette insouciance de l'homme grave qui juge sa propre situation, qui la domine et qui donne des distractions à sa vie jusqu'à l'heure où il la sacrifie à un devoir.

Tel était Vergniaud dans la prison. Il ne paraissait le plus impassible de ses compagnons d'infortune que parce qu'il était le plus réfléchi et le plus grand. L'amitié avait, un ascendant souverain sur son âme. La veille du jour où le procès de ses coaccusés s'ouvrit, il jeta dans la cour le poison qu'il avait porté depuis cinq mois sur lui, afin de mourir de la même mort que ses amis, et pour leur tenir compagnie jusqu'à l'échafaud.

XI

Le 22 octobre on leur communiqua leur acte d'accusation, et le 24 leur procès commença. Jamais, depuis le procès des Templiers, un parti tout entier n'avait comparu dans la personne de chefs plus nombreux, plus illustres et plus éloquents, devant des juges. La renommée des accusés, leur longue puissance, leur danger présent, l'âpre vengeance qui pousse les hommes au spectacle des grands renversements de fortune, et qui leur donne une joie secrète à en contempler les débris, avaient amené et retinrent jusqu'à la fin une foule pressée dans l'enceinte et aux abords du tribunal révolutionnaire. Le tribunal siégeait dans la salle actuelle de la cour de cassation. La plupart des juges et des jurés avaient été eux-mêmes les amis et les clients des accusés. Ces juges n'en étaient que plus résolus à les trouver coupables et à se purger de tout soupçon de complicité en jetant au peuple ce parti à dévorer. Toutefois ils n'osaient lever les yeux sur les accusés, de peur d'y rencontrer une amitié, une supplication ou un reproche.

Une force armée imposante encombrait les postes de la Conciergerie et du palais de justice. Les canons, les uniformes, les faisceaux d'armes, les sentinelles, la gendarmerie, le sabre nu, annonçaient aux yeux un de ces procès politiques où le jugement est une bataille et la justice une exécution.

Les accusés furent introduits. On en comptait vingt et un. Ce nombre fatal, écrit dans la première pensée de la proscription, au 31 mai, avait été maintenu malgré la fuite ou la mort de plusieurs des premiers députés désignés pour l'épuration de la Convention. On l'avait complété en adjoignant aux Girondins des accusés étrangers à leur faction, comme Boileau, Mainvielle, Antiboul, pour que le peuple, en voyant le même chiffre, crût retrouver le même complot, détester le même crime, et frapper les mêmes conspirateurs.

XII

A onze heures ils entrèrent, un à un, entre deux haies de gendarmes, dans la salle d'audience. Ils prirent place en silence sur le banc des accusés. La foule, en les voyant passer, se demandait leurs noms, et cherchait sur leurs visages l'empreinte imaginaire des forfaits qu'on avait personnifiés en eux. Elle s'étonnait néanmoins de ce que des fronts si jeunes et des visages si sereins cachassent sous la beauté et sous la douceur des traits tant de scélératesses et tant de perfidies. Le premier qui s'assit sur le banc était Ducos. A peine âgé de vingt-huit ans, sa figure d'adolescent, ses yeux noirs et perçants, la mobilité de sa physionomie, révélaient une de ces natures méridionales dans lesquelles la vivacité des impressions nuit à leur profondeur : hommes chez qui tout est léger, même l'héroïsme. Fonfrède, plus jeune encore que son beau-frère, marchait après lui. Une ombre de mélancolie plus grave était répandue sur son visage. On voyait dans sa physionomie pensive la lutte intérieure de l'amour qui l'attachait à la vie contre la généreuse amitié qui le dévouait volontairement à la mort. Plusieurs fois on avait offert à Fonfrède les moyens de s'évader : « Non, avait-il répondu, le sort de Ducos sera le mien. Me sauver seul, ce ne serait pas me sauver, ce serait me perdre. » Sorti un jour de la prison, Fonfrède y était volontairement rentré. Les regards de ces deux jeunes Girondins se portaient avec plus d'assurance sur la foule et avec plus de confiance sur les jurés. Ducos et Fonfrède n'avaient partagé, à la Convention et à la commission des Douze, ni la sagesse de Condorcet et de Brissot, ni la modération de Vergniaud. Enthousiastes et fougueux comme la Montagne, ils avaient gourmandé souvent la mollesse révolutionnaire de leur parti. Ils ne haïssaient de Danton que les taches de septembre; son geste et sa parole les entraînaient. Il eût été leur chef si Vergniaud n'avait pas existé. Chers à la Montagne, qui avait de l'attrait pour leur jeunesse, ils espéraient en secret que les Montagnards leur tiendraient compte au dernier moment de leurs opinions. Ils n'étaient coupables que de porter le nom de leur parti.

XIII

Après eux venait Boileau, juge de paix d'Avallon. Homme faible, égaré par accident dans les rangs de la Gironde, s'apercevant de son erreur devant la mort, il proclamait avec un repentir tardif les opinions triomphantes et le patriotisme sans pitié de la Convention. Boileau avait quarante ans. Sa figure indécise attestait la fluctuation de ses idées. Ses regards quêtaient les regards des juges et semblaient leur dire : « Ne me confondez pas avec mes prétendus complices ! si je n'étais avec eux, je serais contre eux. »

Mainvielle suivait ; jeune député de Marseille, âgé de vingt-huit ans comme Ducos, d'une beauté aussi frappante, mais plus mâle que celle de Barbaroux. Il avait trempé ses mains dans le sang d'Avignon, sa patrie, pour l'arracher par la violence au parti papal, et pour la jeter à la France et à la Révolution. Accusé par Marat de modérantisme, cette accusation l'avait fait confondre avec la Gironde.

Duprat, son compatriote et son ami, l'accompagnait pour le même crime dans les cachots et au tribunal. Après eux Antiboul, né à Saint-Tropez et député du Var. Coupable d'humanité courageuse dans le procès de Louis XVI, Antiboul avait consenti à le proscrire comme roi, mais non à le supplicier comme homme. Sa conscience était son crime. Il en portait le calme et la pureté sur ses traits.

Plus loin, du Chastel, député des Deux-Sèvres, âgé de vingt-sept ans, fanatique qui s'était fait porter mourant à la tribune, enveloppé d'une couverture, pour voter contre la mort du *tyran*, et qu'on appelait à la Convention, à cause de ce costume et de cet acte, le *revenant de la tyrannie*. L'élévation de sa taille, l'attitude martiale de son corps, la noblesse de sa figure, attiraient tous les yeux.

Carra, député de Saône-et-Loire à la Convention, était assis à côté de du Chastel. L'expression commune et désordonnée de sa physionomie, son corps courbé, sa tête grosse et lourde, ses habits négligés, qui rappelaient le costume de Marat, contrastaient avec la stature et avec la beauté de du Chastel. Carra était un de ces hommes qui ont l'impatience de la gloire dans l'âme sans en avoir la portée dans l'esprit; qui se jettent dans les courants des idées du temps, mais qui, ayant dans les sentiments plus de lumières que dans l'intelligence, s'arrêtent quand ils s'aperçoivent que le courant les mène au crime : tel était Carra. Savant, confus, fanatique, déclamatoire, fougueux dans le mouvement, fougueux dans la résistance. Il s'était réfugié dans la Gironde pour combattre les excès du peuple, sans désavouer la république. Son journal avait été l'écho de leurs doctrines et de leur éloquence. L'écho devait périr avec les voix.

Un homme obscur, au costume et au maintien rustiques, Lauze de Perret, victime involontaire de Charlotte Corday, s'asseyait auprès de Carra. Il était noble cependant, mais il cultivait de ses propres mains le domaine rural de ses pères. Sans ambition et sans vanité, la Révolution était venue le prendre, comme Cincinnatus, à la charrue. On l'avait élu malgré lui, comme le plus honnête homme. Il payait le prix de sa renommée. Il avait quarante-sept ans. Ensuite venait Gardien, député de la Vienne, du même âge et d'un extérieur aussi recueilli. Gardien avait voté contre la mort du roi. Il avait fait partie de la commission des Douze. Il y avait déployé l'énergie calme du bon citoyen contre les factieux. Il avait demandé l'arrestation d'Hébert, de Chaumette, des conspirateurs de la commune. Il méritait sa place au premier rang des vaincus du 31 mai, et il l'acceptait. Puis Lacaze, député de Libourne, et Lesterpt-Beauvais, député de la Haute-Vienne : tous deux amis de Gensonné, admirateurs passionnés de son éloquence et de son courage, et fiers d'être accusés des mêmes vertus que lui. Leurs figures montraient ce sentiment dans leur expression. Il s'enveloppaient dans l'accusation de Gensonné comme dans leur gloire.

Gensonné lui-même était à côté d'eux. C'était un homme de trente-cinq ans ; mais la maturité de la pensée, l'importance du rôle, la fixité réfléchie des opinions, avaient accentué ses traits, et leur donnaient une sorte d'empreinte lapidaire ferme, dure et arrêtée comme dans la vieillesse. Son front haut était renversé en arrière. Ses cheveux touffus, hérissés par le peigne et poudrés à blanc, en relevaient encore la hauteur. Il portait sa tête avec une fierté qui ressemblait au défi. Un sourire légèrement sardonique relevait les coins de sa bouche. On sentait que le sarcasme intérieur prenait en dérision dans sa pensée les juges, les accusateurs et le peuple. C'était la figure de l'impopularité ; l'aristocratie intellectuelle, dédaigneuse comme l'aristocratie du sang. Son costume, soigné, élégant, affectant les formes et les étoffes proscrites, ajoutait encore à ce caractère impopulaire de la physionomie de Gensonné.

Un médecin de Dinan, Lehardy, député du Morbihan, homme sans autre ambition que l'amour des hommes et sans autre éclat que sa mort, s'abritait modestement sous le bras de Gensonné. Il avait pris la minorité des Girondins pour la vertu, et s'était rejeté vers eux par horreur de leurs ennemis. Sa pensée sensible et souffrante paraissait plus occupée de leur sort que du sien.

Ensuite, l'auditoire se montrait Lasource, qu'on amenait du Luxembourg à chaque audience ainsi que Sillery; c'était un homme de bien, à la parole exaltée et à l'imagination tragique. Ses cheveux ronds et sans poudre, son habit noir, son maintien austère, sa physionomie ascétique et concentrée, rappelaient en lui le ministre du saint Évangile et ces puritains de Cromwell qui cherchaient Dieu dans la liberté, et dans leur procès le martyre. Vigée, homme sans nom, à peine arrivé à la Convention, et pris au piége de ses premiers votes, passait inaperçu après Lasource.

Lasource et Vigée précédaient Sillery, l'ancien confident du duc d'Orléans, accusé de lui inspirer, par sa femme, les pensées ambitieuses et les convoitises du trône. Sillery s'était séparé de son maître depuis la mort du roi. Il avait senti son cœur honnête soulevé devant le régicide. Il s'était arrêté, non en homme timide qui se repent en silence et qui fuit dans l'ombre, mais en homme résolu qui se retourne et qui fait face au danger. Une république grande et pure lui avait paru une plus noble ambition qu'une royauté ramassée dans le sang. Il s'était rallié aux Girondins. Aimant toujours le duc d'Orléans, respectueux envers une liaison brisée, mais conseillant à ce prince en secret le retour, et lui prédisant la catastrophe. L'attitude militaire de Sillery, son costume patricien, sa physionomie hautaine, révélaient en lui le gentilhomme qui méprise la foule. Atteint des premières infirmités de l'âge, envenimées par l'humidité des cachots, Sillery marchait appuyé d'une main sur une béquille. Mais ce signe de souffrance physique donnait plus d'intérêt à sa démarche qu'elle ne lui enlevait de légèreté et de grâce. L'expression de sa figure était le bonheur. Il semblait jouir d'échapper aux difficultés de sa situation et aux reproches de son passé par une noble mort au milieu de ses amis et avec l'élite de la république.

Valazé avait la contenance d'un soldat au feu. La consigne de sa conscience lui disait de mourir, et il mourait. Son costume conservait, dans la manière dont il le portait, une habitude d'uniforme. Ses membres grêles, ses traits pâles et macérés, le feu sombre de ses yeux, révélaient un de ces hommes obstinés que la conviction dévore, et chez lesquels la pensée est la perpétuelle maladie du corps.

L'abbé Fauchet venait immédiatement après Valazé. Il touchait à cinquante ans. Mais la beauté de ses traits, l'élévation de sa stature, la coloration de son teint, le faisaient paraître plus jeune que ses années. Son costume rappelait le sacerdoce par la couleur et par la coupe de son habit. Ses cheveux dessinaient sur sa tête la tonsure du prêtre chrétien, longtemps couverte du bonnet rouge du révolutionnaire. Son visage n'avait d'autre expression que celle de son âme : l'enthousiasme. On sentait que cette poitrine n'était qu'un foyer. Fauchet y avait nourri tour à tour ou tout à la fois le triple feu de l'amour, de la liberté et de Dieu. Le moment de Dieu était venu. Il lui jetait sa vie en expiation. La splendeur de l'inspiré, de l'apôtre et de l'orateur rayonnait autour de son front. Le tribunal était pour Fauchet un sanctuaire où il venait confesser ses fautes et offrir le sacrifice de son propre sang.

XIV

Brissot était l'avant-dernier. C'était un homme de moyen âge, de petite taille, de visage macéré, éclairé seulement d'une intelligence lumineuse et ennobli par une intrépide obstination d'idée. Vêtu avec une simplicité affectée de philosophe ou d'homme de la nature, son habit noir râpé n'était qu'un morceau de drap taillé mathématiquement pour recouvrir les membres d'un homme. Ses cheveux ronds, courts, sans poudre et tombant sur la nuque, carrément coupés par les ciseaux, retraçaient le quaker américain, son modèle. Brissot tenait à la main un crayon et un papier. Il y jetait à chaque instant quelques notes. Il était le seul agité. On voyait que, poursuivi par la mauvaise et injuste renommée de libelliste et d'aventurier politique dont sa jeunesse avait été tachée, tourmenté par ses malheurs plus que par ses fautes, il sentait plus que ses collègues le besoin de se défendre, et qu'il accepterait plus résolûment le supplice que la calomnie. Il jouissait de la confondre par la mort d'un sage et d'un martyr.

XV

Enfin s'avançait le dernier et le plus regardé de tous, Vergniaud. Tout Paris le connaissait et l'avait vu, dans sa majestueuse perspective, sur le piédestal de la tribune. On était curieux de contempler non-seulement l'orateur de plain-pied avec ses ennemis, mais l'homme descendu jusqu'à la sellette de l'accusé. On attendait de lui des efforts et des éclats d'éloquence, qui donneraient au drame du procès des péripéties et des retours d'opinions dignes des jours de Démosthène ou de Cicéron. Le prestige de Vergniaud l'environnait tout entier. Il était de ces hommes dont on attend tout, même l'impossible.

Un murmure d'intérêt et de compassion s'éleva à son aspect. Ce n'était plus le Vergniaud de la Convention, c'était le prisonnier du peuple. Ses muscles, détendus par l'oisiveté et par le découragement de l'âme, n'accentuaient plus la charpente un peu massive et un peu molle de son corps. Il y avait dans son attitude un abandon de lui-même qui ressemblait à l'affaissement. Sa taille était lourde, sa démarche pesante, son œil ébloui ou éteint, ses joues étaient gonflées et flasques. Son teint livide et délavé avait contracté la pâleur des prisons. Son front suintait de moiteur. Les boucles de ses cheveux semblaient collées à sa peau par cette sueur perpétuelle. Il était couvert du même habit bleu, à longues basques pendantes et à large collet renversé, dont on l'avait vu toujours revêtu à la Convention; mais cet habit, devenu trop étroit pour ses membres grossis, éclatait sur les épaules, s'écartait sur la poitrine et gênait ses mouvements comme un vêtement d'emprunt. Toute sa personne respirait la décadence des grandes choses. On s'attendrissait involontairement en le voyant; on ne frémissait plus. C'était l'athlète renversé et couché à terre. Bien que Vergniaud fût entré le dernier, ses collègues lui firent place au milieu du banc, comme à un chef autour duquel ils se faisaient gloire de se grouper. Les gendarmes lui permirent de s'asseoir.

XVI

L'acte d'accusation de Fouquier-Tinville, concerté, dit-on, avec Robespierre et Saint-Just, n'était qu'une longue et amère reproduction du pamphlet de Camille Desmoulins intitulé : *Histoire de la faction de la Gironde.* C'était l'histoire de la calomnie écrite par le calomniateur et reçue en témoignage par le bourreau. On n'y ajouta rien. La haine n'avait pas besoin d'être convaincue; elle avait condamné d'avance.

Les juges firent comparaître comme témoins tous les ennemis les plus avérés des accusés. Pache, Chabot, Hébert, Chaumette, Montaut, Fabre d'Églantine, Léonard Bourdon, le Jacobin Deffieux, lurent, au lieu de témoignages, de longues invectives contre les accusés. Ceux-ci discutèrent en quelques mots avec les témoins. Au lieu de porter la défense à la hauteur de leur situation et de leur âme, sur le terrain de la politique générale, et d'avouer le crime glorieux d'avoir voulu modérer la Révolution pour la rendre irréprochable et invincible, ils se bornèrent à se couvrir individuellement contre les coups de leurs ennemis. Leur défense en fut dégradée et leur dignité s'abaissa. Vergniaud lui-même parut s'excuser plus que se glorifier de ses opinions. Brissot, plus ferme et plus fier devant ses ennemis, réfuta victorieusement Chabot, et lutta jusqu'à la fin de paroles avec ses accusateurs. Sillery avoua son vrai crime : le vote contre la mort du roi, et en décora sa mémoire. Aucun mot digne de retentir dans l'histoire ne jaillit du cœur de ces grands accusés. La crainte de compromettre un reste de vie scella leurs lèvres. Le soin de sauver leurs jours nuisit au soin de venger leur mémoire. Ils ne redevinrent grands qu'après avoir perdu toute espérance.

XVII

Néanmoins, le procès qui se prolongeait depuis sept jours, la parole demandée par Gensonné au nom de tous les accusés pour réfuter l'accusation, lassaient le tribunal et les jurés, et inquiétaient la Montagne. L'opinion publique, qui se laisse si promptement amollir et retourner par la vue des victimes, commençait à incliner à l'indulgence. On se demandait tout haut, en sortant des séances du tribunal, quelle récompense aurait donc la république pour ses ennemis, puisqu'elle traitait ainsi ses premiers fondateurs. On plaignait tant de jeunesse, de beauté, de génie, immolés à un crime d'opinion. On parlait de la basse jalousie de Robespierre et de Danton, qui chargeaient la mort de fermer ces bouches éloquentes, pour n'avoir plus le souci et souvent l'humiliation de leur répondre.

Ces premiers symptômes de retour de faveur aux Girondins alarmèrent la commune. Le gendre de Pache, Audouin, autrefois prêtre, aujourd'hui persécuteur acharné, alla sommer le comité de salut public de clore le débat en permettant au président de déclarer les jurés suffisamment éclairés. Le jury, contraint par cette déclaration, ferma les débats le 30 octobre, à huit heures du soir. Tous les accusés furent déclarés coupables d'avoir conspiré contre l'unité et l'indivisibilité de la république, et condamnés à mort.

A ce mot de mort, un cri d'étonnement et d'horreur s'élève des bancs des accusés. Le plus grand nombre, et surtout Boileau, Ducos, Fonfrède, Antiboul, Mainvielle, s'attendaient à être acquittés. Leurs gestes de consternation, leurs poings tendus vers les jurés, leurs malédictions convulsives, jettent un moment le trouble dans le prétoire. Un des accusés, qui a fait un geste inaperçu de la main vers la poitrine comme pour déchirer ses vêtements, glisse de son banc sur le parquet : c'était Valazé. « Eh quoi ! Valazé, tu faiblis ? lui dit Brissot en s'efforçant de le soutenir. — Non, je meurs ! » répond Valazé; et il expire la main sur le poignard dont il vient de se percer le cœur.

A ce spectacle, le silence se rétablit. L'exemple de Valazé fait rougir les jeunes condamnés d'un moment de faiblesse. Boileau seul, protestant contre l'arrêt qui le confond avec les Girondins, lance son chapeau en l'air et s'écrie : « Je suis innocent ! je suis Jacobin ! je suis Montagnard ! » Les sarcasmes de l'auditoire lui répondent. Au lieu de pitié, il ne trouve dans tous les regards que du mépris. Brissot penche la tête sur sa poitrine et paraît réfléchir. Fauchet et Lasource joignent les mains et lèvent les yeux au ciel. Vergniaud, placé sur le banc le plus élevé, promène impassible sur le tribunal, sur ses collègues et sur la foule un regard qui semble résumer la scène et chercher dans le passé un exemple et une image d'une pareille dérision de la destinée et d'une pareille ingratitude du peuple. Sillery jette sa béquille et s'écrie : « C'est aujourd'hui le plus beau jour de ma vie ! » Fonfrède se retourne vers Ducos et l'entoure de ses bras en sanglotant : « Mon ami, lui dit-il, c'est moi qui te donne la mort ! mais console-toi, nous allons mourir ensemble. »

XVIII

A ce moment un cri s'élève du milieu de la foule. Un jeune homme se débat dans un groupe de spectateurs, et s'efforce vainement de se faire place à travers les rangs pressés pour s'enfuir vers la porte : « Laissez-moi fuir, laissez-moi me dérober à ce spectacle ! s'écrie-t-il en se voilant les yeux de ses deux mains. Misérable que je suis, c'est moi qui les tue ! C'est mon *Brissot dévoilé* qui les accuse et qui les juge ! je ne puis supporter la vue de mon ouvrage ! je sens les gouttes de leur sang rejaillir sur cette main qui les a dénoncés ! » Ce jeune homme était Camille Desmoulins, inconséquent dans sa pitié comme dans sa haine, et dont la légèreté tour à tour perverse ou puérile cédait aux larmes comme elle provoquait le sang. La foule, indifférente ou dédaigneuse, le retint, et le fit taire comme un enfant.

XIX

Il était onze heures du soir. Après un moment donné au contre-coup du jugement, à l'émotion des condamnés, aux cris de : « Vive la république ! » poussés par la foule, la séance fut levée.

Les Girondins, en descendant un à un de leurs bancs, se groupent autour du cadavre de Valazé étendu sur une estrade, le touchent respectueusement du doigt pour s'assurer s'il respire encore ; puis, comme saisis d'une inspiration électrique au contact du républicain sacrifié par sa propre main, ils s'écrient d'une seule voix : « Nous mourons innocents, vive la république ! » Quelques-uns jettent au même instant des poignées d'assignats, non, comme on l'a cru, pour faire appel à la corruption et à l'émeute, mais pour léguer au peuple, comme les Romains, une monnaie désormais inutile à leur propre vie. La foule se précipite sur ce legs des mourants et paraît s'attendrir. Hermann ordonne aux gendarmes de faire leur devoir et d'entraîner les condamnés. Ils rentrent sous la voûte de l'escalier qui descend aux cachots. Leur présence d'esprit, un moment déconcertée, revient tout entière avec la certitude de leur sort. « Mon ami, dit en affectant le rire Ducos à Fonfrède, je ne vois plus qu'un moyen de nous sauver : c'est de déclarer l'*unité* de nos deux vies et l'*indivisibilité* de nos deux têtes. » Fonfrède sourit mélancoliquement. Sa pensée, plus conforme avec un pareil moment, pleurait au foyer de la jeune famille à laquelle il était arraché. « Ah ! mes pauvres enfants ! » fut sa seule réponse.

Cependant, fidèles à la parole qu'ils avaient donnée aux autres détenus de la Conciergerie de les informer de leur sort par les échos de leurs voix, ils entonnent, en sortant du tribunal, l'hymne des Marseillais :

> Allons, enfants de la patrie,
> Le jour de gloire est arrivé !

et le chantent en chœur avec une énergie désespérée qui fait trembler les marches de l'escalier et les voûtes des guichets et des corridors.

A ces accents les détenus s'éveillent, et comprennent que les accusés chantent l'hymne de leur propre mort. L'horreur et la pitié leur répondent par des acclamations, des gémissements et des adieux, du fond de tous les cachots.

On les confina tous, même Lasource et Sillery, qu'un mandat du président Hermann avait fait extraire le jour même du Luxembourg, dans le grand cachot, cette salle d'attente de la mort. Le tribunal venait d'ordonner que le corps à peine refroidi de Valazé *serait réintégré dans la prison, conduit sur la même charrette que ses complices au lieu du supplice, et inhumé avec eux.* Seul arrêt peut-être qui ait supplicié la mort !

Quatre gendarmes, exécuteurs de ce jugement d'Hermann, suivant pas à pas la colonne des condamnés sous les voûtes du corridor, portaient sur un brancard le cadavre sanglant, et le déposèrent dans un angle du cachot. Les Girondins vinrent un à un baiser la main de leur ami. Ils lui recouvrirent le visage de son manteau. Si près de se joindre, l'adieu fut plus respectueux que triste. « A demain, » dirent-ils au cadavre; et ils recueillirent leurs forces pour le lendemain.

XX

Ils y touchaient : il était minuit. Le député Bailleul, leur collègue de l'Assemblée, leur complice d'opinion, proscrit comme eux, mais qui échappa à la proscription après thermidor, leur avait promis de leur faire apporter du dehors, le jour de leur jugement, un dernier repas, triomphal ou funèbre, selon l'arrêt, en réjouissance de leur liberté ou en commémoration de leur mort. Bailleul, captif lui-même, avait fait tenir sa promesse par l'intermédiaire d'un ami. Le souper funéraire était dressé dans le grand cachot. Les mets recherchés, les vins rares, les fleurs chères, les flambeaux nombreux, couvraient la table de chêne des prisons. Luxe de l'adieu suprême, prodigalité des mourants qui n'ont rien à épargner pour le jour suivant. Les condamnés s'assirent à ce dernier banquet, d'abord pour restaurer en silence leurs forces épuisées, puis ils y restèrent pour attendre avec patience et avec distraction le jour. Ce n'était pas la peine de dormir. Un prêtre, jeune alors, destiné à leur survivre plus d'un demi-siècle, l'abbé Lambert, ami de Brissot et d'autres Girondins, introduit à la Conciergerie pour consoler les mourants ou pour les bénir, attendait dans le corridor la fin du souper. Les portes étaient ouvertes. Il assistait de là à cette scène, et notait dans son âme les gestes, les soupirs et les paroles des convives. C'est de lui que la postérité tient la plus grande partie de ces détails véridiques comme la conscience, et fidèles comme la mémoire d'un dernier ami [1].

XXI

Le repas fut prolongé jusqu'au premier crépuscule du jour. Vergniaud, placé au milieu de la table, la présidait avec la même dignité calme qu'il avait gardée le 10 août en présidant l'Assemblée. Vergniaud était de tous celui qui

---

[1] Voir à la fin de cette histoire tout ce qui concerne la réalité de l'existence de M. l'abbé Lambert et l'exactitude du récit de M. Lamartine sous la dictée de cet ecclésiastique.

avait le moins à regretter en quittant la vie, car il avait accompli sa gloire, et il ne laissait ni père, ni mère, ni épouse, ni enfants derrière lui. Les autres se placèrent par groupes, rapprochés par le hasard ou par l'affection. Brissot seul était à un bout de la table, mangeant peu et ne parlant pas.

Rien n'indiqua pendant longtemps, dans les physionomies et dans les propos, que ce repas fût le prélude d'un supplice. On eût dit une rencontre fortuite de voyageurs dans une hôtellerie, sur la route, se hâtant de saisir à table les délices fugitives d'un repas que le départ va interrompre. Ils mangèrent et burent avec appétit, mais sobrement. On entendait de la porte le bruit du service et le tintement des verres entrecoupés de peu de conversations : silence de convives qui satisfont la première faim. Quand on eut emporté les mets et laissé seulement sur la table les fruits, les flacons et les fleurs, l'entretien devint tour à tour animé, bruyant et grave, comme l'entretien d'hommes insouciants dont la chaleur du vin délie la langue et les pensées. Mainvielle, Antiboul, du Chastel, Fonfrède, Ducos, toute cette jeunesse qui ne pouvait se croire assez vieillie en une heure pour mourir demain, s'évapora en paroles légères et en saillies joyeuses. Ces paroles contrastaient avec la mort si voisine, profanaient la sainteté de la dernière heure, et glaçaient de froid le faux sourire que ces jeunes gens s'efforçaient de répandre autour d'eux. Cette affectation de gaieté devant Dieu et devant la dernière heure était également irrespectueuse pour la vie et pour l'immortalité. Ils ne pouvaient ni quitter l'une ni aborder l'autre si légèrement. Ces plaisanteries posthumes tombaient de leurs lèvres comme tombent sur un cercueil ces fleurs que personne ne respire, qui contractent l'odeur du sépulcre, et qui, lorsqu'elles ne sont pas des reliques, ressemblent à des dérisions.

Brissot, Fauchet, Sillery, Lasource, Lehardy, Carra, essayaient quelquefois de répondre à ces provocations bruyantes d'une gaieté feinte et d'une fausse indifférence. Mais cette gaieté déplacée de leurs jeunes collègues effleurait à peine les lèvres de ces hommes mûrs. Vergniaud, plus grave et plus réellement intrépide dans sa gravité, regardait Ducos et Fonfrède avec un sourire où l'indulgence se mêlait à la compassion.

Ces éclats de bruit et de joie funèbres apaisés, l'entretien prit vers le matin un tour plus sérieux et un accent plus solennel. Brissot parla en prophète des malheurs de la république, décapitée de ses plus vertueux et de ses plus éloquents citoyens. « Que de sang ne faudra-t-il pas pour laver le nôtre ! » s'écria-t-il en finissant. Ils se turent tous un moment, et parurent consternés devant le fantôme de l'avenir évoqué par Brissot. « Mes amis, reprit Vergniaud, en greffant l'arbre, nous l'avons tué; il était trop vieux, Robespierre le coupe. Sera-t-il plus heureux que nous? Non. Ce sol est trop léger pour nourrir les racines de la liberté civique, ce peuple est trop enfant pour manier ses lois sans se blesser; il reviendra à ses rois, comme l'enfant revient à ses hochets!... Nous nous sommes trompés de temps en naissant et en mourant pour la liberté du monde, poursuivit-il, nous nous sommes crus à Rome, et nous étions à Paris! Mais les révolutions sont comme ces crises qui blanchissent en une nuit la tête d'un homme : elles mûrissent vite les peuples. Le sang de nos veines est assez chaud pour féconder le sol de la république. N'emportons pas avec nous l'avenir, et laissons l'espérance au peuple en échange de la mort qu'il va nous donner! »

XXII

Il y eut un long silence après ces paroles de Vergniaud, et l'entretien s'élança de la terre au ciel avec les pensées. « Que ferons-nous demain à pareille heure? » dit Ducos, qui mêlait toujours les formes de la plaisanterie aux sujets les plus sérieux. Chacun répondit selon sa nature. « Nous dormirons après la journée, » dirent quelques-uns. Le scepticisme du siècle corrompait jusqu'aux dernières pensées, et ne promettait que l'anéantissement de l'âme à des hommes qui allaient mourir pour l'immortalité d'une pensée humaine. L'immortalité de l'âme et les sublimes conjectures de la vie future à laquelle ils touchaient occupèrent plus convenablement les instants qui restaient à la conversation. Les voix baissèrent; l'accent se solennisa; les sourires s'effacèrent; le son de la parole devint grave et sourd comme le bruit du marteau qui sonde une tombe. Fonfrède, Gensonné, Carra, Fauchet, Brissot, tinrent des discours où respiraient toute la divinité de la raison et toute la certitude de la conscience sur les mystérieux problèmes de la destinée immatérielle de l'esprit humain.

Vergniaud, qui se taisait jusque-là, interpellé par ses amis, résuma le débat. « Jamais, dit le témoin que nous citons et qui l'avait souvent admiré à la tribune, jamais son front, son geste, sa parole, l'accent souterrain de sa voix, n'avaient remué de si profondes fibres dans le cœur de ses auditoires. Il semblait parler du haut de la tribune de Dieu. »

Les paroles de Vergniaud furent perdues. L'impression seule en resta dans l'âme du prêtre.

Après avoir relié en un seul et invincible faisceau toutes les preuves morales de l'existence d'un premier être, qu'il appelait, comme son temps, l'Être Suprême; après avoir démontré la nécessité d'une providence, conséquence de l'excellence de cet Être Suprême sur les créations émanées de lui, et la nécessité de la justice, dette divine du Créateur envers ses œuvres; après avoir cité, de Socrate à Cicéron et de Cicéron à tous les justes immolés, la croyance universelle des peuples et des sages, preuve au-dessus de toutes les preuves, puisqu'elle est dans la nature un instinct de seconde vie aussi irréfutable que l'instinct de la vie présente; après avoir poussé jusqu'à l'évidence et jusqu'à l'enthousiasme la certitude d'une continuation de l'être après cet être mortel non détruit, métamorphosé par la mort : « Mais, dit-il en termes plus éloquents et en s'exaltant jusqu'au lyrisme du prophète politique et en ramenant le sujet à la situation de ses coaccusés, pour prendre sa dernière preuve en eux-mêmes; la meilleure démonstration de l'immortalité, n'est-ce pas nous? Nous ici? Nous calmes, sereins, impassibles à côté du cadavre de notre ami, en face de notre propre cadavre, discutant comme une paisible assemblée de philosophes sur l'éclair ou sur la nuit qui suivra immédiatement notre dernier soupir, et mourant plus heureux que Danton, qui va vivre, et que Robespierre, qui va triompher?

» Or, pourquoi ce calme dans nos discours et cette sérénité dans nos âmes? n'est-ce pas en nous le sentiment d'avoir accompli un grand devoir envers l'humanité? Eh bien, qu'est-ce donc que la patrie, qu'est-ce donc que l'humanité? Est-ce cet amas de poussière animée qui est un homme aujourd'hui, qui sera de la boue et du sang demain? Non, ce n'est pas pour cette fange vivante, c'est pour l'âme de l'humanité et de la patrie que nous mourons! Mais qui sommes-nous donc nous-mêmes, sinon une parcelle de cette âme collective du genre humain? Chaque homme aussi dont se compose notre espèce a un esprit immortel, impérissable et confondu avec cette âme de la patrie et du genre humain, pour laquelle il est si beau et si doux de se dévouer, de souffrir et de mourir! Voilà pourquoi nous ne sommes pas de sublimes dupes, continua-t-il, mais des êtres conséquents à leur instinct moral, et qui vont, après ce devoir accompli, vivre encore, souffrir ou jouir dans l'immortalité des destinées de l'humanité. Mourons donc, non avec confiance, mais avec certitude! Notre témoin dans ce grand procès avec la mort, c'est notre conscience! notre juge, c'est ce grand Être dont les siècles cherchent le nom et dont nous servons les desseins comme des outils qu'il brise dans l'ouvrage, mais dont les débris tombent à ses pieds. La mort n'est que le plus puissant acte de la vie, car elle enfante une vie supérieure. S'il n'er était pas ainsi, ajouta-t-il avec plus de recueillement, il y aurait donc quelque chose de plus grand que Dieu. Ce serait l'homme juste s'immolant sans récompense et sans avenir à sa patrie! Cette supposition est une ineptie ou un blasphème. Je la repousse avec mépris ou avec horreur... Non, Vergniaud n'est pas plus grand que Dieu; mais Dieu est plus juste que Vergniaud, et ne l'élèvera demain sur un échafaud que pour le justifier et le venger dans l'avenir ! »

Telles furent à peu près ses paroles, dont le sens seul fut sommairement noté. « C'est bien dit, s'écria Lasource ; mais j'ai dans mon cœur une preuve plus certaine que l'éloquence du génie expirant, c'est la parole d'un Dieu mort pour les hommes. — A bas ! dit en souriant ironiquement un des jeunes convives. Lasource, pas de songes avant le sommeil ! Gardons notre bon sens jusqu'à demain. La raison pense, les religions rêvent. Je ne crois qu'au raisonnement. — Et moi, dit Sillery, je crois aux deux. Le Christ mourant sur un échafaud comme nous n'est qu'un témoin divin de la raison humaine. Non, sa religion, que nous avons trop confondue avec la tyrannie, n'est pas oppression, mais délivrance. Le Christ était le Girondin de l'immortalité ! »

Fauchet fit un discours pathétique sur la Passion, comparant leur supplice à celui du Calvaire. Ils s'attendrirent et plusieurs pleuraient.

Vergniaud concilia tout, à la fin, dans quelques phrases recueillies à mesure qu'elles tombaient de ses lèvres. « Croyons ce que nous voudrons, dit-il, mais mourons certains de notre vie et du prix de notre mort ! Donnons chacun en sacrifice ce que nous avons, l'un son doute, l'autre sa foi, tous notre sang, pour la liberté ! Quand l'homme s'est donné lui-même en victime à Dieu, que doit-il de plus ?... »

XXIII

Le jour, descendant dans le grand cachot, commençait à faire pâlir les bougies. « Allons nous coucher, dit Ducos ; la vie est chose si légère qu'elle ne vaut pas l'heure de sommeil que nous perdons à la regretter. — Veillons, dit Lasource à Sillery et à Fauchet, l'éternité est si certaine et si redoutable que mille vies ne suffiraient pas pour s'y préparer. » Ils se levèrent de table à ces mots, et se jetèrent presque tous sur leur matelas.

Les uns se parlaient à voix basse, les autres étouffaient des sanglots, quelques-uns dormaient. A huit heures, on les laissa se répandre par groupes dans le corridor. L'abbé Lambert, ce pieux ami de Brissot, qui avait passé la nuit à la porte de leur cachot, y était encore, attendant la permission de communiquer avec eux. Brissot, en l'apercevant, s'élança vers lui et l'embrassa d'une étreinte convulsive. Le prêtre lui offrit timidement l'assistance de son culte pour lui adoucir ou lui sanctifier la mort. Brissot refusa avec reconnaissance, mais avec fermeté : « Connais-tu quelque chose de plus saint que la mort d'un honnête homme qui meurt pour avoir refusé le sang de ses semblables aux scélérats ? » dit-il à l'abbé Lambert. Le prêtre n'insista pas.

Lasource, témoin de l'entretien, s'approcha de Brissot : « Crois-tu, lui demanda-t-il, à l'immortalité de ton âme et à la providence de Dieu? — Oui, répondit Brissot, j'y crois, et c'est parce que j'y crois que je vais mourir. — Eh bien, reprit Lasource, il n'y a qu'un pas de là à la religion. Moi, ministre d'un autre culte que le tien, je n'ai jamais tant admiré les ministres de ta religion que dans ces cachots où ils viennent apporter le pardon, l'espérance et Dieu même à des condamnés. A ta place je me confesserais. » Brissot se retira sans répondre. Il alla s'entretenir avec Vergniaud, Gensonné et les jeunes gens. Le plus grand nombre de ceux-ci refusa les secours de la religion. Les uns assis sur le parapet de pierre du préau, d'autres se promenant les bras entrelacés, quelques-uns à genoux aux pieds du prêtre et recevant sa bénédiction après un court aveu de leurs fautes, tous attendant avec sérénité le signal du départ; leurs groupes rappelaient une halte avant le combat.

L'abbé Émery, quoique prêtre insermenté, avait obtenu d'entretenir Fauchet à travers la grille qui séparait la cour du corridor. Il écoutait et absolvait l'évêque du Calvados à l'écart. Fauchet, absous et pénitent, écouta la confession de Sillery, et rendit à son ami le pardon divin qu'il venait de recevoir.

A dix heures, les exécuteurs entrèrent pour préparer les têtes des condamnés au couteau, et pour lier leurs mains. Tous vinrent d'eux-mêmes incliner leurs fronts sous les ciseaux et tendre leurs bras aux cordes. Gensonné, ramassant une boucle de ses cheveux noirs, les tendit à l'abbé Lambert, en suppliant le prêtre de remettre ces cheveux à sa femme, dont il lui indiqua la retraite : « Dis-lui que c'est tout ce que je peux lui envoyer de mes restes, mais que je meurs en lui adressant toutes mes pensées. » Vergniaud tira sa montre, écrivit avec la pointe d'une épingle quelques initiales et la date du 30 octobre dans l'intérieur de la boîte d'or; il glissa la montre dans la main d'un des assistants pour qu'on la remît à une jeune fille qu'il aimait d'un amour de frère, et qu'il se proposait, dit-on, d'épouser plus tard. Tous eurent un nom, une amitié, un amour, un regret qu'ils laissèrent échapper pendant ces apprêts; presque tous, quelques reliques d'eux-mêmes à envoyer à ceux qu'ils laissaient sur la terre. L'espérance d'une mémoire ici-bas est le dernier lien que le mourant retient en quittant la vie. Ces legs mystérieux furent acquittés.

XXIV

Quand tous les cheveux furent tombés sur les dalles du cachot, les exécuteurs et les gendarmes rassemblèrent les condamnés et les firent marcher en colonne vers la cour du palais. Cinq charrettes attendaient leur charge. Une foule immense les environnait. Au premier pas hors de la Conciergerie, les Girondins entonnèrent d'une seule voix et comme une marche funèbre la première strophe de la *Marseillaise*, en appuyant avec une énergie significative sur ces vers à double sens :

> Contre nous de la tyrannie
> L'étendard sanglant est levé.

De ce moment ils cessèrent de s'occuper d'eux-mêmes

pour ne penser qu'à l'exemple de mort républicaine qu'ils voulaient laisser au peuple. Leurs voix ne retombaient un moment à la fin de chaque strophe que pour se relever plus énergiques et plus retentissantes au premier vers de la strophe suivante. Leur marche et leur agonie ne furent qu'un chant. Ils étaient quatre sur chaque charrette. Une seule en portait cinq. Le cadavre de Valazé était couché sur la dernière banquette. Sa tête, découverte, cahotée par les secousses du pavé, ballottait sous les regards et sur les genoux de ses amis, obligés de fermer les yeux pour ne pas voir ce livide visage. Ceux-là chantaient cependant comme les autres. Arrivés au pied de l'échafaud, ils s'embrassèrent tous en signe de communion dans la liberté, dans la vie et dans la mort. Puis ils reprirent le chant funèbre pour s'animer mutuellement au supplice et pour envoyer jusqu'au moment suprême à celui qu'on exécutait la voix de ses compagnons de mort. Tous moururent sans faiblesse, Sillery avec ironie ; arrivé sur la plate-forme, il en fit le tour en saluant à droite et à gauche le peuple, comme pour le remercier de la gloire et de l'échafaud. Le chant baissait d'une voix à chaque coup de hache. Les rangs s'éclaircissaient au pied de la guillotine. Une seule voix continua la *Marseillaise* : c'était celle de Vergniaud, supplicié le dernier. Ces notes suprêmes furent ses dernières paroles. Comme ses compagnons, il ne mourait pas ; il s'évanouissait dans l'enthousiasme, et sa vie, commencée par des discours immortels, finissait par un hymne à l'éternité de la Révolution.

Un même tombereau emporta les corps décapités, une même fosse les recouvrit à côté de celle de Louis XVI.

Quelques années après, en fouillant dans les archives de

la paroisse de la Madeleine pour y retrouver les traces des sépultures du temps, les curieux lisaient sur une feuille de papier timbré le mémoire de frais du fossoyeur de ce cimetière, paraphé par le président qui en autorise le payement à la trésorerie nationale, ces simples mots : « Pour vingt et un députés de la Gironde : les bières, 147 livres ; frais d'inhumation, 63 livres ; total, 210. »

Tel fut le prix des pelletées de terre qui recouvrirent tout le parti des fondateurs de la république. Eschyle ou Shakspeare n'inventèrent jamais une plus amère dérision du sort, que ce mémoire du fossoyeur demandant et recevant son salaire pour avoir enseveli tour à tour toute la monarchie et toute la république d'une grande nation.

XXV

Telle fut la dernière heure de ces hommes. Ils eurent pendant leur courte vie toutes les illusions de l'espérance ; ils eurent en mourant le plus grand bonheur que Dieu réserve aux grandes âmes : le martyre qui jouit de lui-même et qui élève jusqu'à la sainteté de victime l'homme immolé pour sa conviction et pour sa patrie. Les juger serait superflu. Ils ont été jugés par leur vie et par leur mort. Ils eurent trois torts : le premier, de n'avoir pas eu l'audace de leur opinion, en hésitant à proclamer la république avant le 10 août, à l'ouverture de l'Assemblée législative ;

le second, d'avoir conspiré contre la constitution de 1791, qu'ils avaient faite et jurée ; d'avoir ainsi réduit la souveraineté nationale à agir comme faction, prêté leur main au supplice du roi, et forcé la Révolution à employer des moyens cruels; le troisième, d'avoir, sous la Convention, voulu gouverner quand il fallait combattre.

Ils eurent trois vertus qui rachètent bien des fautes aux yeux de la postérité : ils adorèrent la liberté ; ils fondèrent la république, cette vérité précoce des gouvernements futurs ; enfin ils moururent pour refuser du sang au peuple. Leur temps les a jugés à mort. L'avenir les jugera à gloire et à pardon, et l'on gravera sur leur mémoire cette inscription que Vergniaud, leur voix, avait gravée de sa main sur la muraille de son cachot : « Plutôt la mort que le crime! » *Potius mori quàm fœdari!*

A peine leurs têtes eurent-elles roulé aux pieds du peuple, qu'un caractère morne, sanguinaire, sinistre, se répandit, au lieu de l'éclat de leur parti, sur la Convention et sur la France. Jeunesse, beauté, illusions, génie, éloquence antique, tout sembla disparaître avec eux de la patrie. Paris put se dire ce que s'était dit jadis Lacédémone après le massacre de sa jeunesse sur le champ de bataille : « La patrie a perdu sa fleur; la liberté a perdu son prestige ; la Révolution a perdu son printemps. »

Pendant que vingt et un Girondins périssaient ainsi à Paris, Pétion, Buzot, Barbaroux, Guadet, erraient, comme des bêtes fauves traquées, dans les forêts et dans les cavernes de la Gironde ; madame Roland attendait sa dernière heure dans une cellule de la prison de l'Abbaye; Dumouriez s'agitait dans l'exil pour échapper à ses remords, et La Fayette, fidèle du moins à la liberté, expiait dans les souterrains de la citadelle d'Olmutz le crime d'avoir été son apôtre et de la confesser encore dans les fers.

LIVRE QUARANTE-HUITIÈME

Le duc d'Orléans ramené de Marseille à Paris, et conduit à la Conciergerie. — Son procès. — Sa condamnation. — Son exécution. — Jugement de l'histoire sur ce prince.

I

La Convention, après avoir frappé le soupçon de la trahison dans la personne de Custine, le royalisme dans la reine, le fédéralisme dans les Girondins, voulut atteindre, en frappant une autre tête, l'éventualité d'une future dynastie, et entourer la république des cadavres de tous ses ennemis passés, présents ou à venir. Elle songea au duc d'Orléans, si longtemps complice, maintenant victime.

Nous avons laissé ce prince enfermé avec deux de ses fils dans le fort Saint-Jean, à Marseille, et subissant dans les cachots de cette prison d'État toutes les angoisses de la captivité. Interrogé une première fois, le 7 mai, par le président du tribunal révolutionnaire des Bouches-du-Rhône, sur ses rapports avec Mirabeau, avec La Fayette et avec Dumouriez, et sur ses trames pour relever et s'approprier le trône, le duc d'Orléans confondit ses accusateurs. Il répondit en républicain convaincu qui sacrifie son ambition à ses opinions, son rang à son devoir et son sang à sa patrie. Il cita ses actes et montra ses gages. Ces gages étaient aussi frappants que sinistres. L'interrogatoire, publié, mais altéré, donna lieu dans les journaux de Paris à une controverse dangereuse, qui, tout en justifiant le prince, le signalait davantage à l'attention des Jacobins. Les Girondins, ses ennemis, l'entraînèrent dans leur mort.

Depuis quelques semaines les sévérités de la prison semblaient s'être adoucies pour lui. On lui permettait de voir ses fils, le duc de Montpensier et le duc de Beaujolais, et de prendre ses repas avec eux; ces jeunes princes, presque enfants, innocents par leurs années, coupables par leur nom, étaient enfermés dans le même fort que leur père, mais dans des quartiers distincts. On y laissait pénétrer les papiers publics et quelques correspondances du dehors. L'espérance était rentrée dans l'âme du prince. En voyant périr d'abord Marat, puis Buzot, Barbaroux, Pétion, ses dénonciateurs les plus acharnés, il avait cru que la Montagne, plus juste, le rappellerait bientôt dans son sein. Montagnard irréprochable dans ses actes comme dans son cœur, il ne pouvait penser que les républicains sincères voulussent immoler en lui le premier et le plus désintéressé des républicains. L'excès d'ingratitude du peuple est toujours le piége et l'étonnement des hommes populaires.

Ils pensent à leurs services, et leurs services deviennent des crimes avec les vicissitudes des événements et avec l'inconstance naturelle de l'opinion.

II

Le 15 octobre, les journaux de Paris annoncèrent à Marseille que la Convention venait de décréter le prochain jugement du duc d'Orléans. Ce prince était à table avec ses fils. « Tant mieux, leur dit-il, il faudra que ceci finisse bientôt pour moi d'une manière ou d'une autre. Embrassez-moi, mes enfants! Ce jour est beau dans ma vie. Et de quoi, poursuivit-il, peuvent-ils m'accuser? » Il ouvrit le journal, il lut le décret d'accusation. « Ce décret n'est motivé sur rien, s'écria-t-il; il a été sollicité par de grands scélérats; mais n'importe, ils auront beau faire, je les défie de rien trouver contre moi. Allons, mes amis, continua-t-il en regardant les visages inquiets et attristés de ses fils, ne vous affligez pas de ce que je considère comme une bonne nouvelle, et remettons-nous à jouer. »

Le surlendemain, des commissaires arrivèrent de Paris. Ces commissaires flattèrent le prince de son prochain jugement comme d'une justification et d'une délivrance certaine. La sécurité et la joie rayonnaient dans les propos et sur les visages du père et des enfants. Mais le 23 octobre, à cinq heures du matin, le prince, en habit de voyage et accompagné des commissaires et de gendarmes, entra dans la chambre du duc de Montpensier, l'aîné de ses fils, et l'embrassant avec cette tendresse de père, le dernier et le plus ineffaçable des instincts : « Je viens pour te dire adieu, lui dit-il en mouillant le visage de son fils de ses larmes, car je vais partir. » L'enfant ne répondit que par ses sanglots. « Je voulais, reprit le père, partir sans te dire adieu, car c'est toujours un moment pénible. Mais je n'ai pu résister à l'envie de te voir encore avant mon départ. Adieu, mon enfant, console-toi, console ton frère, et pensez tous deux au bonheur que nous éprouverons bientôt en nous revoyant. » Il s'arracha, à ces mots, des bras de son fils. Les deux frères passèrent la journée à se consoler et à se fortifier l'un l'autre contre la douleur d'une séparation qui les laissait orphelins entre les mains de cruels geôliers. Ils adoraient dans le duc d'Orléans le père tendre et bon. Ils ne jugeaient pas le prince. Ils ne sondaient pas l'homme. La nature d'ailleurs leur commandait non de juger, mais de chérir et de plaindre leur père.

III

Cependant le prince, suivi d'un seul valet de chambre dévoué, nommé Gamache, et accompagné des commissaires de la Convention, roulait sur la route de Paris, sous l'escorte d'un fort détachement de gendarmerie. Il voyageait lentement, et couchait à la fin du jour dans les hôtelleries des grandes villes. A Auxerre, il descendit de voiture pour dîner. Pendant le repas un des commissaires écrivit un billet au comité de sûreté générale pour annoncer au gouvernement l'heure de l'arrivée du prince à Paris, et pour demander à quelle prison il fallait conduire son prisonnier.

A la barrière de Paris, un homme aposté fit arrêter les chevaux, monta dans la voiture et indiqua aux postillons la Conciergerie. Le prince descendit dans la cour du palais de justice, pleine de curieux accourus au bruit de son arrivée. On lui donna une chambre voisine de celle où Marie-Antoinette venait de passer ses dernières heures d'agonie. On lui laissa son fidèle serviteur. Quand les commissaires se furent retirés : « Eh bien, dit le duc à Gamache, vous avez donc voulu vous enfermer avec moi jusque dans ces cachots? Je vous remercie, Gamache : il faut espérer que nous ne serons pas toujours en prison. » Il voulut écrire à ses enfants, mais il craignit que ses lettres ne fussent décachetées et interceptées. Le nom de ses fils et de sa fille était sans cesse sur ses lèvres.

Voidel, son défenseur, communiqua librement avec lui, s'entremit auprès des membres du comité de sûreté générale, et revint plusieurs fois donner à l'accusé l'assurance de son acquittement.

Pendant les quatre jours qui précédèrent son procès, le prince vécut d'illusion ou d'indifférence sur son sort, comme un homme à qui la vie est lourde et à qui la mort est un repos. Le 6 novembre, il comparut devant le tribunal. L'accusation fut aussi vague et aussi chimérique que celle des Girondins. Les réponses brèves et péremptoires de l'accusé ne laissaient aucun prétexte à la condamnation. Sa vie entière répondait mieux encore que ses paroles. Il avait sacrifié à la république jusqu'à ses remords. Interrogé par Hermann s'il n'avait pas voté la mort du tyran dans l'ambitieuse préméditation de lui succéder : « Non, dit-il, je l'ai fait dans mon âme et conscience. » Il entendit son arrêt comme il aurait entendu celui d'un autre. Il dit seulement avec une légère intonation d'ironie aux juges : « Puisque vous étiez décidés à me faire périr, vous auriez dû au moins chercher des prétextes plus spécieux à ma condamnation ; car vous ne persuaderez jamais à qui que ce soit que vous m'ayez cru coupable des trahisons dont vous venez de me déclarer convaincu. » Puis regardant fixement l'ancien marquis d'Antonelle, autrefois confident de ses actes révolutionnaires, et maintenant président des jurés qui le condamnaient à mourir : « Et vous surtout, lui dit-il avec reproche, vous qui me connaissiez si bien ! » Antonelle baissa les yeux. « Au reste, reprit le prince avec un accent de courageuse impatience, puisque mon sort est décidé, je vous demande de ne pas me faire languir ici jusqu'à demain (en montrant de la main la porte de la Conciergerie), et d'ordonner que je sois conduit à la mort sur-le-champ. » Il reprit d'un pas ferme le chemin du cachot.

IV

Deux prêtres, l'abbé Lambert et l'abbé Lothringer, les mêmes qui avaient entretenu les Girondins pendant la dernière nuit, attendaient au coin du feu, dans le grand cachot, en causant avec les porte-clefs et les gendarmes, l'heure où les accusés redescendraient du tribunal. Ils virent entrer le duc d'Orléans, non plus avec cette impassibilité extérieure que tout homme de courage commande à sa contenance devant le regard de ses ennemis, mais dans le désordre d'un homme indigné de l'injustice des hommes, et qui s'épanche, à l'abri des cachots, devant lui-même et devant Dieu; sa démarche était rapide, ses gestes saccadés et brefs, son visage enflammé par la colère. D'involontaires exclamations sortaient inachevées de ses lèvres; il levait les yeux au ciel et se promenait à grands pas autour du cachot. « Les scélérats! s'écriait-il en s'arrêtant quelquefois comme devant une pensée soudaine ou comme devant une apparition, les scélérats! je leur ai tout donné, rang, fortune, ambition, honneur, renommée de ma maison dans l'avenir, répugnance même de la nature et de la conscience à condamner leurs ennemis!... et voilà la récompense qu'ils me gardaient!... Ah! si j'avais agi, comme ils le disent, par ambition, que je serais malheureux maintenant! mais c'était par une ambition plus haute qu'un trône, par l'ambition de la liberté de mon pays et de la félicité de mes semblables! Eh bien, vive la république!... ce cri sortira de mon cachot comme il est sorti de mon palais! » Puis il s'attendrissait sur ses enfants emprisonnés ou proscrits. Il les appelait comme s'il eût été seul. Il parlait tout haut et frappait du pied les dalles, des mains les murs de son cachot.

V

Les gendarmes et les geôliers, rangés à l'écart, immobiles et silencieux, laissèrent évaporer sans l'interrompre cette explosion de l'âme du condamné. Quand cet accès fut calmé, le duc d'Orléans s'approcha du poêle. Le prêtre allemand Lothringer, gauche et importun comme le contre-sens, s'approcha du prince et lui dit sans préparation : « Allons, monsieur, c'est assez gémir, il faut vous confesser ! — Laissez-moi en repos, imbécile ! répondit avec un jurement énergique et un geste d'impatience le duc d'Orléans. — Vous voulez donc mourir comme vous avez vécu ? reprit le prêtre obstiné. — Oh ! oui, dirent les gendarmes d'un ton de plaisanterie cruelle, il a bien vécu ! laissez-le mourir comme il a vécu. »

L'abbé Lambert, homme délicat et sensible, souffrait intérieurement de la maladresse de son confrère, de la grossièreté des soldats, de l'humiliation du condamné. Il aborda le prince avec une contenance respectueuse et attendrie. « Égalité, lui dit-il, je viens ici t'offrir les sacrements ou du moins les consolations d'un ministre du ciel. Veux-tu les recevoir d'un homme qui te rend justice et qui te porte une sincère commisération ? — Qui es-tu, toi ? lui répondit, en adoucissant sa physionomie, le duc d'Orléans. — Je suis, reprit le prêtre, le vicaire général de l'évêque de Paris. Si tu ne désires pas mon ministère comme prêtre, puis-je te rendre comme homme quelques services auprès de ta femme et de ta famille?—Non, répliqua le duc d'Orléans, je te remercie : mais je ne veux d'autre œil que le mien dans ma conscience, et je n'ai besoin que de moi seul pour mourir en bon citoyen. » Il se fit servir à déjeuner, mangea et but avec appétit, mais non jusqu'à l'ivresse. Un membre du tribunal étant venu lui demander s'il avait des révélations à faire dans l'intérêt de la république : « Si j'avais su quelque chose contre la sûreté de la patrie, répondit-il, je n'aurais pas attendu jusqu'à cette heure pour le dire. Au surplus, je n'emporte aucun ressentiment contre le tribunal, pas même contre la Convention et les patriotes : ce ne sont pas eux qui veulent ma mort, elle vient de plus haut... » Et il se tut.

VI

A trois heures, on vint le prendre pour l'échafaud. Les détenus de la Conciergerie, presque tous ennemis du rôle et du nom du duc d'Orléans dans la Révolution, se pressaient en foule dans les préaux, dans les corridors, dans les guichets, pour le voir passer. Il était escorté de six gendarmes le sabre nu. A sa démarche, à son attitude, au port de son front, à l'énergie de son pas sur les dalles, on l'eût pris pour un soldat marchant au feu plutôt que pour un condamné qu'on mène au supplice. L'abbé Lothringer monta avec lui et trois autres condamnés sur la charrette.

Des escadrons de gendarmerie à cheval formaient le cortége. Le char roulait lentement. Tous les regards cherchaient le prince, les uns comme une vengeance, les autres comme une expiation. Il n'eut jamais autant que ce jour suprême la noblesse et la dignité de son rang. Il était redevenu prince par le sentiment de mourir en citoyen. Il portait fièrement la tête ; il promenait, avec toute sa liberté d'esprit, des regards indifférents sur la multitude. Il détournait l'oreille des exhortations du prêtre, qui ne cessait de l'obséder. Un embarras de rue ou un raffinement de cruauté fit arrêter un moment la charrette sur la place du Palais-Royal devant la cour de sa demeure. « Pourquoi donc s'arrête-t-on là? demanda-t-il. — C'est pour te faire contempler ton palais, lui répondit l'ecclésiastique. Tu le vois, la route s'abrége, le but approche, songe à ta conscience et confesse-toi. » Le prince, sans répondre, regarda longtemps les fenêtres de cette demeure où il avait fomenté tous les germes de la Révolution, savouré tous les désordres de sa jeunesse et cultivé tous les attachements de la famille. L'inscription de *Propriété nationale*, gravée sur la porte du Palais-Royal à la place de ses armoiries, lui fit comprendre que la république avait partagé ses dépouilles avant sa mort, et que ce toit et ces jardins n'abriteraient plus même ses enfants. Cette image de l'indigence et de la proscription de sa race le frappa plus que la hache du bourreau. Sa tête se pencha sur sa poitrine comme si elle eût été déjà détachée du tronc, et il regarda d'un autre côté.

Il continua ainsi, abattu et muet, jusqu'à l'entrée de la place de la Révolution par la rue Royale. L'aspect de la foule qui couvrait la place et le roulement des tambours à son approche lui firent relever la tête, de peur qu'on ne prît sa tristesse pour de la faiblesse. Le prêtre continuait à le presser plus vivement d'accepter les secours de son ministère. « Incline-toi devant Dieu et accuse tes fautes. — Eh! le puis-je au milieu de cette foule et de ce bruit? Est-ce là le lieu du repentir ou du courage? répondit le prince. — Eh bien, répliqua le prêtre, confesse-moi celle de tes fautes qui pèse le plus sur ta vie : Dieu te tiendra compte de l'intention et de l'impossibilité, et je te pardonnerai en son nom. »

Soit obsession et lassitude, soit inspiration tardive de l'échafaud, dont chaque tour de roue le rapprochait, le prince s'inclina devant le ministre de Dieu, et murmura quelques mots qui se perdirent dans le bruit de la foule et dans le mystère du sacrement. Il reçut, dans l'attitude du respect et du recueillement, le pardon du ciel, à quelques pas de l'échafaud d'où Louis XVI avait envoyé le sien à ses ennemis. Le prince était vêtu avec élégance et avec cette imitation du costume étranger qu'il avait affectée dès sa jeunesse. Descendu de la charrette et monté sur le plancher de la guillotine, les valets du bourreau voulurent tirer ses bottes étroites et collées à ses jambes. « Non, non, leur dit-il avec sang-froid, vous les tirerez plus aisément après ; dépêchons-nous, dépêchons-nous ! » Il regarda sans pâlir le tranchant du fer. Il mourut avec une sécurité qui ressemblait à une révélation de l'avenir. Était-ce le stoïcisme du caractère? ou la conviction du républicain? ou l'arrière-pensée du père ambitieux pour ses fils, qui prévoit qu'une nation inconstante lui rendra un trône pour quelques gouttes de sang?

VII

Tout est resté inexplicable de ce prince. Sa mémoire elle-même est un problème qui fait craindre à l'historien de manquer de justice ou de réprobation en la jugeant. L'époque où nous écrivons nous-même n'est pas propice à ce jugement. Son fils règne sur la France. L'indulgence pour la mémoire du père pourrait ressembler à une flatterie du succès, la sévérité à un ressentiment d'une théorie. Ainsi, la crainte de paraître servile ou la crainte de paraître hostile risquent également de rendre injuste l'écrivain qui penserait uniquement à ce jour. Mais la justice que l'on doit à la mort et la vérité qu'on doit à l'histoire passent avant ces retours que l'écrivain peut faire sur son propre temps. Il doit braver, pour rester équitable, le soupçon d'inimitié comme le soupçon d'adulation. La mémoire des morts n'est pas une monnaie de trafic entre les mains des vivants.

Comme républicain, ce prince a été, selon nous, calomnié. Tous les partis se sont, pour ainsi dire, accordé mutuellement son nom pour en faire l'objet d'une injure et d'une exécration communes : les royalistes, parce qu'il fut un des plus grands moteurs de la Révolution ; les républicains, parce que sa mort fut une des plus odieuses ingratitudes de la république ; le peuple, parce qu'il était prince ; les aristocrates, parce qu'il s'était fait peuple ; les factieux, parce qu'il refusa de prêter son nom à leurs conspirations alternatives contre la patrie; tous, parce qu'il voulut imiter cette gloire suspecte qu'on appelle l'héroïsme de Brutus. Aux yeux des hommes impartiaux, s'il vota la mort du roi par conviction et par républicanisme, cette conviction répugnait au sentiment et ressemblait à un attentat contre la nature. Mais la haine avait assez de vérités cruelles à verser sur son nom pour s'épargner les calomnies et les rumeurs. A mesure que la Révolution se dépouille de ses obscurités et que chaque parti lègue en mourant ses confidences à l'histoire, la mémoire du duc d'Orléans se dépouille des trames, des complicités, des trahisons, des crimes et de l'importance qu'on lui a prêtés. La Révolution ne lui doit ni tant de reconnaissance ni tant de haine. Il fut un instrument tour à tour employé et brisé par elle. Il n'en fut ni l'auteur, ni le maître, ni le Judas, ni le Cromwell.

La Révolution n'était pas une conjuration, elle était une philosophie; elle ne se vendit pas à un homme, elle se dévoua à une idée. La voir tout entière dans le duc d'Orléans, c'est trop grandir l'homme ou c'est trop rabaisser l'événement. A l'exception des premières agitations populaires de Paris, on n'aperçoit clairement ni son nom, ni sa main, ni son or dans aucune des journées décisives. Il rêva peut-être un moment une couronne votée d'acclamation par la faveur publique. Il jouit peut-être avec une satisfaction coupable de l'abaissement et des terreurs d'une reine et d'une cour qui l'avaient humilié. Il ne tarda pas à comprendre que la Révolution ne couronnerait personne, et qu'elle entraînerait avec le trône tous ses prétendants et tous les survivants de la royauté. Il se repentit alors; les infortunes de Louis XVI l'attendrirent. Il voulut de bonne foi se réconcilier avec le roi et soutenir la constitution. Les insultes des courtisans et les antipathies de la cour le repoussèrent. Il prit les opinions extrêmes pour un asile. Il s'y jeta par désespoir. Il n'y trouva que les ombrages et les injures des chefs populaires, qui ne lui pardonnaient pas son nom. Danton l'abandonna; Robespierre affecta de le craindre; Marat le dénonça; Camille Desmoulins le montra du doigt aux terroristes. Les Girondins l'accusèrent, les Montagnards le livrèrent à l'échafaud.

VIII

Il subit toutes ces phases de sa fortune avec le stoïcisme d'un prince qui ne demande à sa patrie que le titre de citoyen, et à la république que l'honneur de mourir pour elle. Il mourut sans adresser un reproche à cette cause, et comme si l'ingratitude des républiques était la couronne civique de leurs fondateurs. Il s'était dès lors désintéressé de son rang, et donné tout entier au peuple ou comme serviteur, ou comme victime. Malheureusement pour sa mémoire, il se donna aussi comme juge dans un procès où la nature le récusait. Le peuple, en le frappant, l'en punit moins sévèrement que la postérité.

Si quelqu'un suivit en aveugle, mais avec invariabilité et constance, la marche de la Révolution, jusqu'au terme et sans demander où elle conduisait, ce fut le duc d'Orléans.

Il fut l'OEdipe de la famille des Bourbons. Homme faible, parent coupable, irréprochable patriote, suicide de sa renommée, il réalisa en lui ce mot de Danton : « Périsse notre mémoire, et que la république soit sauvée ! » Lâche s'il fit ce sacrifice à sa popularité, cruel s'il le fit à son opinion, odieux s'il le fit à son ambition, il a emporté le secret de sa conduite politique devant Dieu. Dans le doute de ses motifs, l'histoire elle-même peut douter.

Il y a dans les mouvements d'une révolution une grandeur qui se communique aux caractères, et qui grandit quelquefois les âmes les plus vulgaires à la proportion des événements auxquels elles participent. Les hommes légers au commencement de l'action deviennent peu à peu sérieux, dévoués, tragiques comme la pensée qui les enveloppe et les élève dans son tourbillon. Le duc d'Orléans fut peut-être un de ces hommes. Sa vie, désordonnée au commencement, tragique à la fin, commença comme un scandale, se poursuivit comme une trame, et finit comme un acte de résignation. Ainsi que Brutus, son modèle et son erreur, il restera éternellement problématique aux yeux de la postérité. Mais elle en tirera cette grande leçon : c'est que, quand l'opinion et la nature se combattent dans le cœur d'un citoyen, c'est la nature qu'il faut écouter ; car l'opinion se trompe souvent, et la nature est infaillible. D'ailleurs les fautes que l'on commet contre l'opinion, le cœur humain les pardonne, et quelquefois les admire. Mais les fautes que l'on commet contre la nature, Dieu les réprouve, et les hommes ne les pardonnent jamais.

LIVRE QUARANTE-NEUVIÈME

La république au dedans et au dehors. — Carnot. — Situation des coalisés. — Mort du général Dampierre. — L'Angleterre. — Pitt. — Dunkerque assiégée par l'armée anglaise. — Houchard général eu chef de l'armée du Nord. — Jourdan. — Hoche. — Levasseur et Delbrel représentants du peuple. — Bataille d'Hondschoote. — Dunkerque délivrée. — Houchard condamné et mis à mort. — Jourdan le remplace. — Bataille de Wattignies. — Le représentant Duquesnoy. — Maubeuge débloquée. — Le général Chancel meurt sur l'échafaud. — Pichegru commande l'armée du Rhin; Hoche l'armée de la Moselle. — Antécédents de ces deux généraux. — La Vendée. — Lyon et Toulon. — Description de Lyon. — Sa population. — Ses mœurs. — Ses tendances. — Châlier. — Son éducation. — Sa jeunesse. — Massacres des prisonniers. — Troubles de Lyon. — Les sections prennent les armes. — Madinier. — Les sections victorieuses. — Condamnation et exécution de Châlier. — Lyon passe de la résistance à la révolte. — Chasset et Biroteau réfugiés à Lyon. — Commission populaire. — Travaux et préparatifs de défense. — M. de Précy nommé commandant général par les Lyonnais. — MM. de Chenelette et de Virieu. — Kellermann chargé par la Convention du blocus de Lyon. — Siége et bombardement de cette ville. — Défense désespérée des Lyonnais. — Doppet remplace Kellermann. — Lyon réduit aux dernières extrémités. — Retraite des assiégés. — La colonne commandée par M. de Virieu est taillée en pièces. — Disparition de M. de Virieu. — La colonne de M. de Précy se divise. — Elle est décimée et détruite. — M. de Précy fugitif. — Il parvient à passer en Suisse.

I

La république se relevait, pendant ces événements, de ses échafauds, sur les champs de bataille. A mesure qu'elle devenait plus terrible au dedans, elle devenait plus formidable au dehors. Ses frontières, entamées au nord, lui inspiraient plus de patriotisme que d'effroi. Toutes les mesures de levée en masse et d'armement général s'exécutaient avec ordre et promptitude. Carnot, qu'on appelait avec raison le *Louvois* de la Terreur, tenait son quartier général au comité de salut public. Carnot était, depuis la mort de Custine, le véritable généralissime de toutes les armées de la république. Ces armées, éparses, prisonnières dans des camps, fortifiées derrière des lignes de retranchements, sans confiance dans leurs chefs, sans cohésion avec elles-mêmes, sans autre tactique qu'une résistance passive, commençaient à reprendre, sous l'ensemble, la masse et la mobilité qui font les victoires. Le génie de la Révolution, révélé à Carnot et à ses collègues du comité par les extrémités mêmes de la patrie, inventait la guerre moderne, c'est-à-dire la guerre populaire. Jusque-là la guerre avait été un art, et les campagnes des évolutions savantes où l'habileté des généraux consumait le temps à des manœuvres stratégiques et à la prise de quelques places. Carnot en fit un instinct. Il dédaigna ces puériles tactiques, il les changea en une tactique souveraine. Cette tactique consistait à porter un peuple armé sur les frontières, à marcher droit et vite, à frapper au cœur, à négliger les petits échecs et la perte de quelques villes pour les grands résultats, à donner l'enthousiasme pour discipline, et la victoire pour mot d'ordre aux armées et aux généraux. Ce système ne tarda pas à raffermir nos bataillons et à déconcerter nos ennemis.

II

Jamais la faiblesse des coalitions n'apparut davantage que dans les campagnes qui suivirent celle de 1792. Les cabinets et les généraux de l'Europe semblaient ignorer le prix de deux choses que les hommes de guerre doivent se disputer avant tout : le temps et le mouvement. On a vu avec quelle lenteur l'Autriche, la Prusse et l'Empire avaient formé leurs contingents armés en 1791, et avec quelles hésitations, plus semblables à la trahison qu'à la prudence, le généralissime duc de Brunswick avait abordé le territoire et tâté l'armée de Dumouriez. Si le duc de Brunswick et après lui le prince de Cobourg avaient eu pour instruction secrète d'exercer et d'aguerrir peu à peu l'armée française dans des manœuvres et dans des escarmouches qui la rendissent capable de les vaincre un jour, ils n'auraient pas eu un autre système. Au lieu de surprendre la France désarmée et divisée, de marcher en colonnes de cent ou de deux cent mille hommes sur Paris, par une de ces nombreuses trouées que la nature laisse à nos frontières dans les vallées du Rhin, ou par les plaines du Nord, ces généraux avaient consumé dix-huit mois en conseils de guerre, en armements insuffisants, en tâtonnements timides; n'opposant presque jamais à nos bataillons que des bataillons en nombre égal ou inférieur, et n'avançant que pour se replier, comme si la France eût été un sol brûlant qui dût dévorer le pied de leurs soldats et de leurs chevaux. Le génie de la liberté devait de tels ennemis à la Révolution. Des alliés secrets ne lui eussent pas été plus utiles.

La rivalité des cabinets ne contribuait pas moins que le défaut de génie des généraux à donner ainsi du temps à la France. Aucun concert sérieux n'existait entre eux. Aucune des puissances ne voulait aider l'autre à trop vaincre. Elles craignaient toutes la victoire autant et plus peut-être que la défaite. Elles se bornaient donc à garder le décorum de la guerre contre nous, à défendre leurs territoires, à menacer çà et là quelques-unes de nos places, à combattre une à une par armées isolées et jamais d'ensemble; laissant Dumouriez voler, avec ses meilleurs bataillons, de la Champagne délivrée à la Belgique conquise; voyant tomber le trône, juger le roi, surgir la république, immoler la reine, éclater les explosions de Paris jusque sur leurs trônes, sans se rallier sous le danger commun. Pourquoi cette différence entre la coalition et la France? C'est que l'enthousiasme soulevait la France, et que l'égoïsme enchaînait les membres languissants de la coalition. La France se levait, combattait, mourait pour le principe de la liberté, dont elle sentait la sainteté dans sa cause, et dont elle voulait être l'apôtre et le martyr.

Si la coalition, se dévouant au principe de la monarchie, avec le sentiment désintéressé de peuples et de cabinets qui défendent un autre ordre social, avait mis sa cause générale au-dessus de ses intérêts de cour, la lutte eût été plus terrible et peut-être la cause de la monarchie aurait-elle triomphé ! Mais l'intérêt général des trônes n'était, dans le langage officiel de la coalition, qu'un mot, qui masquait des rivalités en Allemagne et des ambitions territoriales en France et en Pologne. Chacune des puissances poussait ou retenait l'autre dans des vues particulières, et souvent perfides. Elles avaient toutes un tout autre but que l'étouffement de la Révolution à Paris. De là l'incohérence, les temporisations, les démonstrations sans effet, les retraites sans cause, les marches sans but, les combats partiels, et à la fin la honte commune. Il n'est pas donné à l'égoïsme de produire les miracles du dévouement. Les ambitions font les soldats : les principes seuls font les héros.

III

La Pologne, déchirée par ses dernières dissensions, touchait à un second partage. La Russie, la Prusse et l'Autriche, plus attentives à la Pologne qu'à la France, s'entre-regardaient sans cesse, pour empêcher que l'une de ces trois puissances ne s'emparât seule de la proie pendant la distraction des autres. La Russie, sous prétexte d'observer les Turcs et d'étouffer la révolution dans la Pologne méridionale, n'envoyait point de contingent à la coalition. Elle se bornait à tenir une flotte dans la Baltique pour empêcher que les neutres n'apportassent des secours, des vivres et du fer dans les ports français. La politique de la cour de Vienne était amortie par le baron de Thugut, nommé récemment premier ministre.

Le baron de Thugut, fils d'un batelier de Lintz, remarqué pour ses facultés précoces par Marie-Thérèse, élevé par elle dans la diplomatie, longtemps employé à des négociations secrètes à Constantinople, à Varsovie, à Saint-Pétersbourg, avait résidé à Paris pendant les orages de la Révolution. Il en goûtait les principes, en connaissait les acteurs, et passait pour avoir respiré dans ce foyer les miasmes contagieux de la philosophie et de la liberté. Thugut, affilié aux sociétés secrètes, comme le duc de Brunswick, ne voulait pas éteindre, mais modérer seulement le feu de la révolution que la France couvait pour le monde. D'accord en cela avec Joseph II, cet empereur philosophe, il avait passé du service de ce prince au service de François II, prince antirévolutionnaire.

Thugut, pour flatter le nouvel empereur, avait conseillé la guerre à la France ; mais il avait fait nommer pour conduire la guerre le prince de Cobourg, entièrement soumis à sa direction occulte. Thugut contenait donc la guerre tout en la déclarant.

Depuis la victoire de Nerwinde, le cabinet de Vienne et le prince de Cobourg s'étaient plus occupés de raffermir la domination autrichienne en Belgique que de poursuivre leurs succès contre la France. Dampierre avait succédé à Dumouriez. Ayant reçu l'ordre de la Convention d'attaquer l'armée autrichienne, campée entre Maubeuge et Saint-Amand, Dampierre obéit sans espoir, et marcha à l'ennemi couvert par des bois, des abatis et des redoutes. Cinq fois nos colonnes d'attaque reculèrent en désordre devant Clairfayt, le plus énergique des généraux de Cobourg. A la sixième attaque, Dampierre, à la tête d'un détachement d'élite, s'élança à cheval sur une redoute. « Où courez-

vous, mon père? lui crie son fils, qui lui servait d'aide de camp; vous allez à une mort inutile et certaine. — Oui, mon ami, lui répond son père, mais j'aime mieux mourir au champ d'honneur que sous le couteau de la guillotine! »
A peine le général avait-il proféré ces mots, qu'un boulet de canon lui emporta la cuisse et le jeta expirant sur la poussière.

IV

Le prince de Cobourg, stimulé en vain par Clairfayt et par le duc d'York, qui commandait l'armée anglo-hanovrienne combinée, ne poursuivit pas l'armée française, et la laissa reprendre tranquillement la position forte du camp de César. En douze jours les coalisés auraient pu camper sur les hauteurs de Montmartre. L'Autriche ne voulait ni trop vaincre ni être trop vaincue; la Prusse le voulait encore moins. Uniquement occupée d'abaisser en Allemagne l'influence de l'Autriche, de ronger l'Empire d'un côté, de s'assimiler la Pologne de l'autre, le cabinet de Berlin suivait la même politique qui lui avait fait lancer timidement et retirer honteusement ses armées en Champagne l'année précédente. Le duc de Brunswick, toujours à la tête des forces prussiennes, s'était contenté de reprendre Mayence. Imposante, nombreuse, mais presque immobile, l'armée prussienne était en observation plutôt qu'en campagne.

Le roi de Prusse, les yeux toujours tournés sur la Pologne, était dans son camp. Lord Beauchamp, négociateur anglais, vint de Londres mettre un terme à l'indécision de ce prince et lui faire signer un traité d'alliance avec l'Angleterre. Les deux puissances s'y garantissaient respectivement leurs États contre la France.

Cependant le prince de Cobourg ayant pris Condé et déclaré qu'il l'occupait pour l'empereur et par droit de conquête, le cabinet prussien s'indigna d'être dupe des desseins ambitieux de l'Autriche et de l'Angleterre, et médita de nouvelles défections. Des paroles d'intelligence et des combinaisons de paix furent plusieurs fois échangées entre les généraux français Biron et Custine et l'agent confidentiel du roi de Prusse, l'habile et insinuant Lucchesini. On se combattait comme des peuples qui doivent se réconcilier bientôt.

Tout à coup le roi de Prusse partit inopinément pour la Pologne. L'Angleterre seule s'obstina à la lutte à mort contre la France. Elle avait pour cela deux motifs : l'un tout matériel, l'autre tout moral. Rivale de la France sur les mers, dans les colonies et aux Indes orientales, disputant aux vaisseaux français la navigation et le commerce des mers, l'anéantissement de la marine française et l'occupation de nos ports dans la Méditerranée ou dans la Manche étaient pour elle une ambition trop naturelle et une trop riche dépouille de la guerre pour qu'elle ne les convoitât pas. D'un autre côté, bien que les théories libérales établissent entre les esprits pensants des deux peuples une sorte de fraternité et de solidarité, cependant, comme la liberté anglaise est tout aristocratique, et que la liberté française s'annonçait de plus en plus comme entièrement démocratique, l'instinct de l'aristocratie britannique s'indignait et s'effrayait de l'exemple d'une démocratie victorieuse qui voulait se passer d'aristocrates comme de rois. Cette aristocratie britannique se sentait menacée dans son principe. D'abord indifférente à la chute du trône et aux humiliations du roi, la république lui était devenue odieuse depuis que la France prétendait couronner la souveraineté du peuple. Les doctrines des Jacobins paraissaient des blasphèmes contre les institutions héréditaires de la Grande Bretagne. Le triomphe de ces doctrines à Paris et sur le continent était à ses yeux la subversion de toute société connue. L'Angleterre soufflait ses terreurs et sa haine à toute l'Europe. Elle rangeait le monde en cordon sanitaire autour de ce foyer d'égalité. Elle nouait et renouait sans cesse le faisceau, toujours relâché, et souvent rompu, de la coalition. M. Pitt, qui fut pour son pays le génie personnifié de l'aristocratie, y était tout-puissant, parce qu'il avait compris le premier ses périls. En vain l'opposition plus déclamatoire que solide de M. Fox et de ses amis persistait à blâmer la guerre et à contester les subsides. L'opinion britannique abandonnait ces amis obstinés de la Révolution française, depuis que cette révolution tuait ses rois et ses reines et proscrivait ses premiers citoyens. Robespierre décréditait Fox. La guerre contre la France perdait aux yeux des Anglais le caractère de guerre d'ambition ou de guerre politique, et devenait la guerre sociale. M. Pitt obtenait tout, parce qu'il passait pour tout sauver.

V

Le réseau des alliances contre-révolutionnaires de M. Pitt s'étendait désormais à tout le continent. Ce ministre avait pour alliés l'Espagne, arrachée au pacte de famille par le détrônement des Bourbons de France ; la Russie et la Hollande, qui lui répondaient de la Suède et du Danemark ; la Prusse, engagée par le traité du 14 juillet dernier ; l'Autriche, l'Empire, la plupart des princes indépendants de l'Allemagne, Naples, Venise ; la Turquie enfin, qui avait refusé, à sa sollicitation, de recevoir l'ambassadeur français, Sémonville. Les cantons suisses eux-mêmes, et surtout Berne et les petits cantons, travaillés par ses agents et irrités par le meurtre des malheureux enfants de la Suisse, au 10 août et au 2 septembre, faisaient arrêter les envoyés français, Maret et Sémonville, sur le lac Majeur, et les livraient à l'Autriche, qui les emprisonnait dans ses casemates. Ainsi, malgré les tiraillements intérieurs de la coalition et l'antagonisme secret des trois principales puissances qui la composaient, l'Angleterre parvenait à la tenir en bataille plus qu'en campagne sur la Moselle et sur le Rhin, et elle soldait les efforts qu'elle lui arrachait contre nous.

Le duc d'York, fils du roi, prince brave et militaire instruit, commandait, à l'extrémité de la ligne du prince de Cobourg, une armée anglo-hanovrienne mêlée de quelques corps autrichiens et hessois. Le duc d'York s'impatientait de la lenteur et de la timidité du généralissime. La seule armée qui pût défendre encore la Convention était campée en avant d'Arras. Le passage de la Somme pouvait seul arrêter un moment les deux cent mille combattants que le prince de Cobourg pouvait porter sur Paris. Des plénipotentiaires envoyés de Vienne et de Berlin à Londres y délibérèrent avec M. Pitt et le cabinet anglais sur le plan de campagne. Au lieu de concentrer les forces de la coalition et de marcher en masse sur la Somme, on prit un parti plus conforme à l'esprit de division et d'incertitude qui neutralisait les cabinets et qui prévenait les grands résultats.

M. Pitt, à qui les dispositions des cours étaient trop connues, et qui n'en attendait aucun effort énergique et sincère, voulut au moins assurer à l'Angleterre un point à la fois maritime et territorial sur le sol français. Le siége de Dunkerque fut résolu.

L'amiral Maxbridge eut ordre de faire préparer une escadre pour foudroyer la place pendant que le duc d'York l'attaquerait par terre. L'armée anglo-hanovrienne s'avança par Furnes, et se divisa en deux corps, dont l'un, sous le commandement du duc d'York, assiégea Dunkerque; l'autre, sous les ordres du maréchal Freytag, occupa la petite ville d'Hondschoote, et couvrit ainsi l'armée assiégeante. Ces deux armées comptaient au moins trente-six mille combattants. Elles étaient liées à l'armée du prince de Cobourg par le corps d'armée du prince d'Orange, fort de seize mille combattants.

VI

Le général Houchard, qui commandait en chef l'armée française du Nord, reçut de Carnot l'ordre de délivrer Dunkerque à tout prix. Cette place, hors d'état de se soutenir longtemps, faisait des prodiges de patriotisme et de courage pour échapper à l'humiliation de se rendre aux Anglais. Jourdan, chef de bataillon peu de jours auparavant, aujourd'hui général par l'inspiration de Carnot, commandait un corps de dix mille hommes campés sur les hauteurs de Cassel, à cinq lieues de Dunkerque. Informé des projets de l'ennemi sur cette ville, il y était accouru, avait présidé aux dispositions de défense, et, en retournant à sa division de Cassel, il avait laissé le commandement de Dunkerque au général Souham.

Un officier, dont le nom ne devait pas tarder à éclater dans nos guerres, Lazare Hoche, assistait le général Souham dans les soins de la défense. Ce jeune homme se signalait au coup d'œil de Carnot par une ardeur et par une intelligence qui sont le crépuscule des grands hommes.

Carnot détacha quinze mille hommes des meilleurs soldats de l'armée du Rhin, et les envoya au général en chef de l'armée du Nord pour donner du nerf aux nouvelles recrues qui composaient en masse cette armée. Carnot vint lui-même apporter à Houchard l'esprit et le plan des opérations difficiles dont le comité de salut public le chargeait.

Houchard s'avança, à la tête de quarante mille hommes, contre la ligne des Anglais. En passant à Cassel, il rallia les dix mille hommes de Jourdan, et marcha sur Hondschoote. Le duc d'York et le maréchal Freytag s'étaient fortifiés dans cette position. Leur flanc droit s'appuyait sur Bergues, leur gauche sur Furnes, leur centre sur les moulins, les redoutes, les haies, les murs crénelés dont ils avaient à loisir hérissé Hondschoote. Ils étaient adossés ainsi à l'immense marais de Moërs. Ce marais s'étend entre Hondschoote et la mer. Des chaussées faciles à couper y assuraient leur retraite ou leur communication avec le corps sous Dunkerque. Il semblait impossible d'aborder les ennemis dans cette position.

Le duc d'York, Freytag, Walmoden, se reposaient avec une entière sécurité sur la force de cette assiette et sur le nombre de leurs troupes. Ils ne cessaient cependant d'accuser la lenteur de l'amiral Maxbridge à exécuter les ordres de M. Pitt et à conduire devant Dunkerque l'escadre qui devait seconder les assiégeants. Cette escadre ne paraissait pas en mer. Une flottille de chaloupes canonnières françaises, embossées dans la grande rade de Dunkerque, labourait incessamment de ses projectiles les dunes de sable où campait l'armée anglaise.

VII

Le 6 août, les avant-postes des deux armées se heurtèrent à Rexpoëde, gros village entre Cassel et Hondschoote. Jourdan, dispersant tout ce qui se trouvait devant lui, avait balayé la route et les villages jusque-là, et faisait halte pour passer la nuit. Trois bataillons occupaient le village. Le corps principal de Jourdan campait en arrière, la cavalerie bivouaquait dans les prairies et dans les jardins. A la chute du jour le général Freytag et le prince Adolphe, un des fils du roi d'Angleterre, qui précédaient de quelques pas leurs troupes, tombèrent dans ces bivouacs et furent faits prisonniers par les Français. Walmoden occupait Wormouth. Informé de la présence des Français à Rexpoëde, il quitta à minuit sa position, fondit sur Rexpoëde, dispersa l'avant-garde des trois bataillons, délivra Freytag et le prince Adolphe, et faillit prendre le général Houchard et les deux représentants du peuple, Delbrel et Levasseur, qui venaient d'arriver et qui soupaient dans ce village. Jourdan, accouru aux coups de fusil, ne put que sauver son général en chef et les représentants. Les trois bataillons engagés dans le village se débandèrent, et furent recueillis par le général Collaud, qui bivouaquait à Ost-Capelle. Jourdan, après de vains efforts pour rentrer dans Rexpoëde, revint dans la nuit rejoindre Houchard et les représentants à Rembek. Son cheval, criblé de coups de fusil, tomba mort sous lui à la porte du village. Walmoden, après cette heureuse rencontre, replia sa division sur Hondschoote, et ranima par ses récits la confiance de l'armée anglaise.

Le 7, Houchard groupa ses forces. Il reconnut de plus près la ville et les avant-postes d'Hondschoote. Un excès de prudence l'engagea à détacher une de ses divisions pour observer les vingt mille Anglais campés sous Dunkerque. Il se dissémina et s'affaiblit ainsi. Tous ses généraux, vieillis dans la routine, oubliaient qu'une victoire donne tout au vainqueur. Le 8, il attaqua.

Freytag, blessé l'avant-veille à Rexpoëde, était incapable de monter à cheval. Walmoden commandait. Il avait déployé son armée dans les prairies en avant d'Hondschoote. Du côté des Français, Collaud commandait la droite, Jourdan la gauche, Houchard le centre, Vandamme l'avant-garde. Une redoute de onze pièces de canon couvrait la ville, et battait à la fois la route de Bergues et la route de Blenheim. Une autre redoute balayait la route de Warem. Les abords de ces redoutes étaient inondés. Il fallait les enlever en marchant dans l'eau jusqu'à la ceinture, exposés pendant dix minutes au feu des pièces et des bataillons couverts par des murs et par des taillis. Houchard, qui ménageait ses troupes, usait le feu, et perdait le jour à des attaques chaudes, mais lentes, qui ne permettaient pas à un corps de son armée de dépasser l'autre, et qui, en ne compromettant rien, perdaient tout.

Le représentant du peuple Levasseur, militaire ignorant, mais patriote intrépide, ne cessait de gourmander le général, de lui demander compte de chacun de ses ordres, de le menacer de le destituer s'il n'obtempérait pas à ses observations. A cheval à la tête des colonnes, passant de la gauche au centre et du centre à la droite, Levasseur, revêtu de l'écharpe tricolore et le panache flottant sur son chapeau, faisait rougir les soldats et trembler les généraux. Il montrait d'une main Hondschoote en avant, et de l'autre la guillotine en arrière. La Convention avait ordonné la victoire, la patrie voulait sauver Dunkerque. Levasseur n'admettait pas de discussion même avec le feu.

Au moment où il haranguait du haut d'un tertre une colonne hésitante, engagée et foudroyée dans le chemin creux de Kellem, un boulet de canon brise les reins de son cheval. Levasseur tombe, se relève, se fait amener un autre cheval, et s'aperçoit que le bataillon s'est arrêté. « Marchez toujours, s'écrie-t-il, je serai à la redoute avant vous. » Et il se replace à leur tête.

Il rencontre Jourdan blessé, perdant son sang et s'indignant comme lui de l'indécision du général en chef. « Qu'allons-nous devenir avec un pareil chef? s'écriait Jourdan; il y a deux fois plus de monde pour défendre Hondschoote que nous n'en avons pour l'attaquer. — Jourdan, lui dit Levasseur, vous êtes militaire, dites-moi ce qu'il y a à faire, et cela sera fait. — Une seule chose, dit Jourdan, et nous pouvons vaincre encore : cesser le feu, qui nous décime sans affaiblir l'ennemi, battre la charge sur toute la ligne et marcher à la baïonnette. »

VIII

Levasseur et Delbrel sanctionnent par leurs ordres l'inspiration de Jourdan. Jourdan lui-même, son sang étanché, s'élance en avant de ses colonnes. Un silence plus terrible que la fusillade règne sur toute la ligne française. Elle s'avance comme une vague d'acier sur les retranchements anglais. Quatre mille soldats ou officiers restent blessés ou morts dans les chemins creux, sous les haies, au pied des moulins à vent fortifiés qui entourent les redoutes. Les redoutes elles-mêmes, abordées de front, s'éteignent sous le sang des canonniers qui les servent. Collaud, Jourdan, Houchard, font avancer des canons et des obusiers à l'entrée des rues, dont les retranchements s'écroulent sous les projectiles. Les Hanovriens et les Anglais se replient en bon ordre, défendant encore la place, l'église, l'hôtel de ville, criblés de boulets. Le vieux château d'Hondschoote, habité par les généraux ennemis, et depuis quelques jours témoin des fêtes de l'état-major anglais et hanovrien, est incendié par les obus. Cet édifice ensevelit sous ses toits, sous les pans des murs et dans ses fossés, des centaines de cadavres et le corps du général Cochenhousen, tué dans le combat.

Assailli et forcé de toutes parts, excepté du côté de la Belgique, Walmoden se retire avec les débris de son armée sur Furnes. Le duc d'York, qui avait assisté et combattu de sa personne à Hondschoote, se porte au galop, à travers les marais de Moërs, à son camp de Dunkerque, pour aller lever le siége. Houchard, malgré les observations de Jourdan et des représentants, qui le conjuraient d'achever sa victoire et d'en cueillir le fruit en poursuivant les Hanovriens sur la route de Furnes, et en coupant ainsi en deux l'armée ennemie, s'endormit deux jours à Hondschoote. Cette manœuvre aussi simple que facile enfermait l'armée assiégeante du duc d'York entre les remparts de Dunkerque et les quarante mille hommes victorieux de Houchard. Pas un Anglais n'eût échappé. La mer était aux Français. Hoche et une garnison intrépide étaient dans Dunkerque. Les dunes de cette place eussent été en deux heures de marche les fourches Caudines de l'Angleterre.

Le général ne vit pas ou n'osa pas toute sa fortune. Il laissa l'armée du duc d'York filer en paix le long de la mer, par une langue de sable qui joint Dunkerque à Furnes, et se renouer en Belgique aux corps de Walmoden et du prince d'Orange. Houchard vainqueur se conduisit en vaincu, et regagna Menin au milieu des murmures de son armée.

IX

La nouvelle de la victoire d'Hondschoote combla de joie Paris; mais la joie même du peuple fut cruelle. La Convention reprocha comme une trahison au général victorieux sa victoire. Ses commissaires à l'armée du Nord, Hentz, Peyssard et Duquesnoy, destituèrent Houchard et l'envoyèrent au tribunal révolutionnaire. « Houchard est coupable, disaient-ils à la Convention, de n'avoir vaincu qu'à demi; l'armée est républicaine; elle verra avec plaisir qu'un traître soit livré à la justice et que les représentants du peuple veillent sur les généraux. » L'infortuné Houchard fut condamné à mort, et subit son supplice avec l'intrépidité d'un soldat et le calme d'un innocent. Il n'était coupable que de vieillesse. Sa mort apprit aux généraux de la république que la victoire même ne couvrait pas contre l'échafaud, et qu'il n'y avait de sûreté que dans une complète obéissance aux ordres des représentants du peuple. Dans cette guerre extrême et où la nation combattait tout entière, le peuple commandait, et les représentants étaient en même temps les généraux.

Les opérations militaires sur nos autres frontières jusqu'au mois de janvier 1794 se bornèrent à l'occupation de la Savoie par Kellermann, du comté de Nice par Biron (ces deux généraux luttaient, dans des actions éclatantes, mais partielles, contre l'armée austro-sarde, forte de quatre-vingt mille hommes, et contre d'inexpugnables remparts naturels).

À une campagne malheureuse des Français dans les Pyrénées contre le général Ricardos, le vieux général français Dagobert, âgé de soixante-quinze ans, se couvrit de gloire, et répara vingt fois les échecs que l'insuffisance du nombre et les hasards de la guerre de montagne firent subir à nos armées.

Jourdan, de son côté, s'efforçait de couvrir Maubeuge, but combiné des opérations des coalisés, à qui Maubeuge ouvrait les débouchés de Paris.

Maubeuge, défendue par une forte garnison et par un camp retranché de vingt-cinq mille hommes, était décimée par la disette et par les épidémies. Cent vingt mille hommes l'entouraient. Le vieux général Ferrand commandait le camp, le général Chancel la place. Leur intrépidité ne pouvait plus rien contre la faim, contre la maladie et contre le défaut de munitions qu'un long siége avait épuisées. Le patriotisme des généraux, des soldats et des habitants disputait seul quelques heures de plus cette porte de la France, quand Jourdan et Carnot annoncèrent leur approche par le bruit du canon. Quatre-vingt mille hommes du prince de Cobourg, retranchés, comme autrefois Dumouriez dans l'Argonne, sur une position dont Wattignies était le centre, attendaient les Français. L'armée française les aborde sur cinq colonnes, le 15 novembre, à dix heures du matin. Nos soldats hésitaient et reculaient sur plusieurs points. Carnot, présent et combattant, accuse la lâcheté de Jourdan. Ce mot odieux, répété au général, l'indigne jusqu'à la démence. Il s'élance à une mort certaine avec une de ses divisions pour escalader un plateau inaccessible, sous le feu des batteries de Clairfayt. Sa colonne presque entière est balayée. Il survit presque seul. Carnot le console, reconnaît son injustice et son erreur, et le laisse libre d'exécuter son premier plan. Jourdan alors masse vingt-cinq mille hommes au centre. Les bataillons français renferment dans leurs carrés des batteries volantes, s'ouvrant pour les laisser tirer, se refermant pour les couvrir, et élèvent ainsi une citadelle mobile avec eux au sommet du plateau. Tout est balayé par cette formidable colonne. Des masses de cavalerie impériale s'efforcent en vain de culbuter les têtes des autres colonnes. Une seule, celle du général Gratien, se laisse rompre et se débande. Le représentant Duquesnoy, qui se trouve là, destitue Gratien, prend le commandement au nom de la patrie, rallie les soldats et les ramène à la victoire. Wattignies est emportée. Les Autrichiens fuient ou meurent. Du haut du champ de bataille, Carnot et Jourdan aperçoivent Maubeuge, et entendent le canon de ses remparts répondre par des salves de joie aux décharges de ses libérateurs.

La bataille de Wattignies, premier succès d'un général dont Carnot avait deviné le génie, eût été plus décisive si les vingt-cinq mille hommes du camp de Maubeuge, sous le général Ferrand, avaient coopéré à l'action et empêché le prince de Cobourg et Clairfayt de repasser la Sambre.

Les soldats de la ville et du camp demandaient, avec l'instinct de la guerre, ce passage. Le général Chancel, qui commandait dans Maubeuge, le voulait. Le défaut d'ordres et l'excessive prudence empêchèrent Ferrand d'y consentir. Il fallait une victime à la Convention : Chancel monta à l'échafaud.

X

A l'armée du Rhin, l'arbitraire ombrageux des représentants du peuple venait de remplacer dans le commandement Custine par Beauharnais, Beauharnais par Landremont, Landremont par Carlen, simple capitaine un mois auparavant; Carlen enfin par Pichegru. Cette armée, forte de quarante-cinq mille hommes, défendait l'entrée de l'Alsace par les lignes fortifiées de Wissembourg. Wurmser, le plus aventureux quoique le plus âgé des généraux de l'Empire, surprit ces lignes et les emporta par l'impéritie de Carlen. Ce général, menacé d'un autre côté par le duc de Brunswick, s'était retiré jusque sur les hauteurs de Saverne et de Strasbourg. Wurmser, Alsacien de naissance, entra triomphant dans Haguenau, sa patrie. La terreur avait perverti jusqu'à la trahison l'esprit d'une partie de la population de Strasbourg, ce boulevard du patriotisme. Des intelligences pour la reddition de la place s'établirent entre Wurmser et les principales familles de la ville. La seule condition était que le général autrichien occuperait la ville au nom de Louis XVII. Ce complot, découvert à temps, conduisit à la guillotine soixante-dix habitants de Strasbourg, les uns convaincus, les autres soupçonnés seulement de royalisme. Le fort Vauban fut emporté par les Autrichiens, Landau allait tomber. Saint-Just et Lebas furent envoyés en Alsace pour intimider la trahison ou la faiblesse par la mort. Pichegru et Hoche arrivèrent, l'un pour saisir le commandement de l'armée du Rhin, l'autre pour prendre à vingt cinq ans celui de l'armée de la Moselle. L'espérance rentra avec eux dans les camps, pendant que la terreur entrait avec Saint-Just dans les villes. « Nous allons être commandés comme des Français doivent l'être, écrivait-on de l'armée après avoir été passé en revue par les deux généraux. Pichegru a la gravité du génie. Hoche est jeune comme la Révolution, robuste comme le peuple. Son regard est fier et élevé comme celui de l'aigle. » Ces deux nouveaux chefs devaient justifier l'enthousiasme de l'armée. Pichegru, d'abord répétiteur d'études mathématiques chez les moines d'Arbois, sa ville natale, puis engagé comme simple soldat dans la guerre d'Amérique, rentré dans sa patrie au moment de la Révolution, avait présidé au club de Besançon. Un bataillon, sans chef, passant par cette ville en 1791, le prit au club pour son commandant. En deux ans son énergie, ses lumières, son empire sur les hommes, l'avaient élevé au grade de général de division. Robespierre et Collot-d'Herbois le protégeaient. Ils voyaient en lui un de ces chefs convenables aux républiques : sortis de l'obscurité, modestes, pleins de génie, mais sans éclat; capables de servir, incapables d'offusquer. » Je jure, leur écrit Pichegru en prenant le commandement, de faire triompher la Montagne ! » Il ne devait pas tarder à accomplir ses promesses et à les tromper ; à couvrir de gloire et à trahir la république : homme à qui son élévation rapide et le sentiment de son génie firent rêver une dictature chimérique sur les débris de la république et de la royauté ; fatal aux deux partis et surtout à lui-même.

Hoche, beau, jeune, martial ; héros antique par la figure, par la stature, par le bras ; héros moderne par l'étude, par la lecture, par la méditation, qui placent la force dans l'intelligence ; enfant d'une famille pauvre, mais portant sur le front l'aristocratie des grandes destinées ; engagé à seize ans dans les gardes-françaises, faisant à prix d'une demi-solde le service de ses camarades, employant cette solde gagnée le jour à acheter des ouvrages de guerre et d'histoire pour occuper ses nuits et pour enivrer son âme d'instruction et de gloire. Envoyé à Paris comme aide de camp du général Leveneur après la défection de Dumouriez, il avait été introduit au comité de salut public pour y révéler l'état de l'armée. Il avait étonné le comité par la précision de ses réponses, par la portée de ses vues et par l'éloquence martiale de sa parole. Cette entrevue, où les hommes d'État pressentirent l'homme de guerre, lui mérita le grade d'adjudant général. La défense de Dunkerque lui avait valu l'attention de Carnot et le grade de général de brigade. Il s'empara du commandement comme de son bien. Plus on l'élevait, plus il semblait grand : c'est la perspective des hommes prédestinés à l'œil de la postérité. Des manœuvres savantes sur Furnes et sur Ypres, pour réparer les fautes d'Houchard, le portèrent comme de plain-pied au commandement de l'armée de la Moselle. Hoche n'avait qu'un défaut : le sentiment de sa supériorité dégénérant souvent en dédain de ses collègues. Le sommet en toute chose lui semblait tellement sa place, qu'il ne pouvait souffrir qu'on le lui disputât. Dans une révolution où tout était accessible à l'ambition et au génie, si la mort n'eût pas arrêté Hoche, on ne saurait dire jusqu'où il serait monté.

En Vendée, les généraux envoyés coup sur coup par le comité de salut public usaient leurs bataillons contre une guerre civile qui renaissait sous leurs pas. Ils gagnaient des batailles et perdaient la campagne. Cette guerre sociale, la plus dangereuse de toutes celles qu'eut à soutenir la république, mérite une place à part et un récit non interrompu. Nous placerons ce récit dans un large cadre, au moment où cette guerre eut à la fois le plus d'activité, le plus de grandeur et le plus de désastres.

Deux autres foyers d'insurrection, Lyon et Toulon, éclataient au même moment au sein de la république; ils appelaient vers le Midi les regards, la main et l'énergie désespérée de la Convention. Nous allons en retracer brièvement les éléments, la fermentation, l'explosion et l'étouffement par les armes et par les supplices, double action du comité de salut public.

XI

Lyon est situé, comme toutes les grandes villes de manufacture, à ce point précis des territoires où le sol, les cultures, les combustibles, le feu, les eaux et les populations touffues fournissent tous les éléments et tous les bras nécessaires à un grand travail, et où les vallées, les plaines, les routes et les fleuves s'ouvrent, se ramifient et coulent pour porter et distribuer les produits aux provinces ou aux mers. La géographie et l'industrie se comprennent et semblent combiner l'assiette de ces vastes ateliers humains. Ce phénomène est si instinctif qu'on l'observe même chez les animaux en apparence dépourvus de raisonnement. Les grandes fourmilières et les grandes réunions d'abeilles dans les ruches sont toujours placées à l'embouchure et à l'embranchement des chemins, des eaux et des vallées.

Le site militaire de Lyon est conforme à son site commercial. Une haute presqu'île, appelée la Dombe, s'étend de Trévoux d'un côté et de Meximieux de l'autre, entre deux grands cours d'eau, le Rhône et la Saône. Cette langue de terre fertile court, en se rétrécissant toujours, jusqu'à un plateau élevé, appelé la Croix-Rousse, faubourg de Lyon. Là, le plateau, rongé presque à pic par les deux fleuves, s'affaisse tout à coup, descend en rampes rapides, et s'étend ensuite en plaine basse et triangulaire jusqu'au confluent des deux eaux. Cette plaine étroite et longue est le corps de la ville.

Le Rhône, torrent immense, mal encaissé par la nature, roule à gauche des eaux tumultueuses et larges qui vont s'engouffrer dans la profonde vallée de Vienne, de Valence et d'Avignon, creusée en lit vers la Méditerranée. Il emporte avec la rapidité d'une écluse les barques, les radeaux, les bois, les fers, les ballots, les houilles que les forêts, les mines, les fabriques, la navigation confient à son courant.

A droite, la Saône, rivière presque aussi large, mais plus douce et plus maniable que le Rhône, coule lentement des montagnes et des vallées de l'ancienne Bourgogne, pénètre dans Lyon par une gorge étroite embarrassée encore de quelques îles, se glisse entre les quais de la ville, sous les collines de Fourvières et de Sainte-Foi, qui la dominent à l'ouest, et va se confondre dans le lit du Rhône à la pointe marécageuse de Perrache.

La ville, trop resserrée par les deux rivières, a franchi sa première enceinte, et, pour ainsi dire, débordé de la presqu'île du côté de la Saône. Sa cathédrale, ses tribunaux et ses quartiers les plus paisibles sont jetés et entassés entre la montagne et la rivière. Des rues sont dressées comme des échelles contre les pentes. Les maisons semblent grimper contre le roc et se suspendre au flanc des collines. Plusieurs ponts, les uns de pierre, les autres de bois, font communiquer entre eux ces deux quartiers de la ville.

XII

Du côté opposé, la ville, assise sur une plage élevée, étale au levant la longue et opulente façade de ses quais Saint-Clair. Aucune colline, aucune ondulation de terrain n'encaisse le Rhône et n'intercepte la vue. Le fleuve y coule presque au niveau des basses terres des Brotteaux. Les vastes plaines du Dauphiné, souvent inondées par les débordements du Rhône, s'étendent au loin et laissent le regard se développer jusqu'aux collines noires et houleuses du Bugey à gauche, en face et à droite jusqu'aux cimes des Alpes, de la Suisse, de la Savoie et de l'Italie. Les neiges éclatantes de ces montagnes se confondent à l'horizon avec les nuages.

Entre les quais du Rhône et les quais de la Saône s'étend la ville proprement dite, avec ses quartiers populeux, ses places, ses rues, ses établissements publics, son hôtel de ville, ses marchés, ses hôpitaux, ses théâtres. L'espace étroit a pressé les rangs, entassé et amoncelé les édifices. On voit que partout la population, les ateliers, l'activité, la richesse, le travail, ont disputé la place à l'air et à la lumière, choses sans prix dans le commerce. En entrant dans la ville, son aspect sombre, austère et monacal, saisit le cœur. Les chambres étroites, les maisons hautes, le jour rare, les murs enfumés, les portes basses, les fenêtres aux châssis de papier huilé pour épargner les vitres, les magasins obstrués de caisses et de ballots, le mouvement affairé mais silencieux des rues, des quais, des places publiques, le visage soucieux et préoccupé des citoyens, qui ne perdent point le temps en conversations oiseuses, mais qui s'abordent d'un geste et qui se séparent après un mot bref échangé en marchant, l'absence de voitures de luxe, de chevaux, de promeneurs dans les quartiers riches, tout annonce une ville sérieuse, occupée d'une seule pensée, âme de cette ville du travail : cette pensée visible, c'est le gain.

XIII

Sa population offre dans ses traits un contraste frappant avec la population riante, légère et martiale des autres grandes villes de la France. Les hommes sont grands, forts, d'une stature massive, mais où les muscles sont détendus et où la chair domine. Les femmes, d'une beauté idéale et presque asiatique, ont dans les yeux, dans la physionomie, dans la démarche, une mollesse et une langueur qui rappellent la vie inanimée et sédentaire de l'Orient. On sent à leur contenance qu'elles sont là, pour les hommes, des objets d'attachement, mais non des idoles et des jouets de plaisir. Leur séduction même a cette décence grave qui est comme la sainteté de la beauté ; leur regard est tendre, mais chaste ; passions à l'ombre, population ardente du Midi préservée par les mœurs du Nord.

A côté de la légèreté de la France du centre et de la vivacité turbulente de la France méridionale, le peuple de Lyon forme un peuple à part : colonie lombarde implantée et naturalisée entre deux fleuves sur le sol français. Son caractère est analogue à sa conformation. Bien que douée de facultés riches par la nature et par le climat, l'intelligence du peuple y est patiente, lente et paresseuse. La contention exclusive et uniforme de la population tout entière vers un seul but, le gain, a absorbé dans ce peuple les autres aptitudes. Les lettres sont négligées à Lyon, les arts de l'esprit y languissent, les métiers sont préférés. La peinture y fleurit. La musique, le moins intellectuel et le plus sensuel de tous les arts, y est cultivée. Cet art convient à une ville qui va le soir, après une journée laborieuse, acheter dans ses théâtres ses plaisirs comme elle achète tout.

Le choc des idées et des systèmes, qui agite et qui ébruite le monde intellectuel, s'amortit dans ses murs. Une telle ville change peu ses idées, parce qu'elle n'a pas le temps de les réfléchir. Elle vit de ses traditions et se transmet ses mœurs et ses opinions héréditaires comme ses pièces d'or, sans les vérifier ni les sonder. C'est la ville de la régularité, de l'habitude et de l'ordre. Une sage routine de mœurs et de vie est, avec l'économie, la vertu qui élève au plus haut degré d'estime publique. Les grandes lumières offusquent, les grands talents inquiètent, parce qu'ils dérangent la règle, cette souveraine des mœurs. Les supériorités y subissent l'ostracisme de l'indifférence. Aussi Lyon a-t-il montré souvent un grand peuple, rarement de grands hommes.

XIV

On conçoit que les vertus d'un tel peuple doivent participer de sa nature. Il en a de grandes, et entre toutes le travail, l'économie et la probité. Ses vertus mêmes sont lucratives. Il est religieux, mais non jusqu'au fanatisme, qui suppose l'enthousiasme. Son clergé nombreux, respecté, obéi, y exerce un empire absolu sur les familles, sur les femmes, sur l'éducation des enfants, sur la noblesse et sur le peuple. Des monastères de tous les ordres religieux d'hommes ou de femmes y couvrent les collines. L'Italie semble déborder jusque-là, par-dessus les Alpes, avec ses pompes religieuses. L'imagination du peuple s'y entretient avec une infatigable avidité d'images miraculeuses, de statues animées, de chapelles privilégiées, de pèlerinages, de prédictions, d'apparitions, de prodiges. Lyon se souvient d'avoir été la première colonie du christianisme dans les Gaules. Les tombeaux de ses saints et de ses martyrs, ses catacombes, ses églises romanes, sa cathédrale gothique de Saint-Jean : tout rappelle la Rome des Gaules. Tout attestait, dans l'aspect extérieur de la ville et dans les rites de son peuple pieux, que le catholicisme était profondément incrusté dans son âme, comme dans son sol, et que pour l'extirper il aurait fallu extirper la ville elle-même.

XV

Lyon forme deux villes distinctes, et contient en apparence deux peuples : la ville du commerce, qui s'étend des hauteurs de la Croix-Rousse jusqu'à la place de Bellecour, et qui a pour centre la place des Terreaux ; la ville de la noblesse, des capitalistes, du commerce enrichi et rassasié, qui se repose, et qui s'étend autour de la place de Bellecour et dans les quartiers opulents de Perrache. Là le travail, ici le loisir; là la bourgeoisie, ici l'aristocratie. Mais, à l'exception d'un très-petit nombre de familles militaires et féodales, cette noblesse de capitaux diffère peu de la bourgeoisie d'où elle sort. Elle ne travaille plus elle-même, il est vrai, mais elle place et surveille ses capitaux dans la fabrique et dans le commerce de la ville manufacturière. Les fabricants sont les fermiers industriels de ces riches prêteurs.

La ville est essentiellement plébéienne. La bourgeoisie innombrable, riche, sans faste, sortant sans cesse du peuple et y rentrant sans honte par le travail des mains, rappelle ces corps d'arts et de métiers de la *soie* et de la *laine* de la république commerciale de Florence, dont Machiavel raconte l'histoire, et qui, s'honorant de leur industrie et portant pour drapeaux les outils du fouleur et du tisseur, formaient des factions dans l'État et des castes dans la démocratie. Tel était alors et tel est encore aujourd'hui Lyon. Au-dessous de cette universelle bourgeoisie s'étend une population de deux cent mille ouvriers, résidant dans la ville, dans les faubourgs, dans les petites villes et dans les villages du territoire lyonnais. Cette population est employée par les fabricants aux différents métiers de leur industrie, et surtout à la préparation de la soie.

Ce peuple de travailleurs n'est point entassé, comme dans d'autres villes, dans d'immenses ateliers communs où l'homme, traité comme un rouage mécanique, s'avilit dans la foule, se pervertit par le contact, et s'use par le frottement continuel avec d'autres hommes. Chaque atelier de

Lyon est une famille composée du mari, de la femme, des enfants. Cette famille va chercher toutes les semaines l'ouvrage, la soie, les modèles. Les ouvriers emportent chez eux les matières premières, les ourdissent à domicile, et reçoivent, en les rendant aux fabricants, le prix convenu pour chaque pièce de soierie manufacturée. Ce genre de fabrication, en conservant à l'ouvrier son individualité, son isolement, son foyer de famille, ses mœurs et sa religion, est mille fois moins propice à la sédition et à la corruption du peuple que ces armées de machines vivantes, disciplinées par les autres industries, dans des ateliers communs où une étincelle produit l'explosion et l'embrasement. Ce travail à la tâche établit de plus entre la bourgeoisie et le peuple des rapports continuels et une mutuelle solidarité de bénéfices ou de pertes, éminemment propres à unir les deux classes par une communauté de mœurs et par une communauté d'intérêts. Les villes des montagnes du Forez, Saint-Étienne, Rive-de-Giers, Vienne, Montbrison, Saint-Chamon, sont autant de colonies occupées des mêmes industries, régies par les mêmes mœurs, animées par le même esprit. Cette population de même race, groupée ou disséminée, d'environ cinq cent mille âmes, est essentiellement active comme le travail, morale comme la religion, sédentaire comme l'habitude, parcimonieuse comme le gain, conservatrice comme la propriété. Tout ébranlement des choses l'inquiète. Le chômage ou le travail, la perte ou le bénéfice, sont pour ce peuple toute la politique et tout le gouvernement.

XVI

On comprend qu'un tel peuple soit plus républicain que monarchique, car sa constitution sociale est au fond une république d'intérêts et une démocratie de mœurs. Étranger aux cours, dédaigneux pour la noblesse, la chute de ces hautes supériorités de l'État était plus propre à caresser son orgueil plébéien qu'à l'affliger. Partout le travail est républicain et l'oisiveté monarchique. Aussi, bien que la ville de Lyon fût plus inattentive qu'aucune autre ville de France au mouvement et à l'intelligence de la philosophie sociale qui préparait la Révolution, les premiers symptômes d'affaiblissement de la monarchie et de souveraineté naissante du peuple réjouirent sa bourgeoisie. Elle n'y vit que l'abaissement de ses patriciens et la restauration de son gouvernement municipal. Depuis des siècles sa municipalité et ses évêques avaient été son gouvernement, comme dans les débris des cités romaines qui s'étaient conservées à travers le moyen âge. Les états généraux, la résurrection de l'Assemblée nationale, l'humiliation de la cour, l'égalité des ordres de l'État, la destruction des priviléges, la chute de la Bastille, les doctrines de l'Assemblée constituante, les réformes de Mirabeau, les popularités de La Fayette et des Lameth, la création de la garde nationale, la constitution de 1791, enfin toutes ces dépouilles de l'aristocratie et du pouvoir royal arrachées au trône, jetées à la nation par les Girondins, le 10 août même, où l'on croyait combler si vite et si aisément le vide du trône par une constitution de république régulière et propriétaire, avaient souri dans le principe à la bourgeoisie de Lyon. La révolution de Paris y avait eu ses contre-coups applaudis, mais modérés par l'esprit essentiellement propriétaire du pays.

Les premières agitations de Lyon avaient été soufflées par Roland et sa femme, qui habitaient alors les environs. Roland et ses amis avaient attisé par leurs écrits, par leurs journaux, par leurs clubs, le feu dormant du jacobinisme. Ce feu, si incendiaire dans le reste de la France, s'était allumé lentement et difficilement à Lyon. Aussitôt qu'une doctrine se traduisait en désordre et menaçait le commerce, elle devenait impopulaire. La société tout entière à Lyon n'a qu'un signe : l'écu. Tout ce qui l'attaque ou tout ce qui le fait disparaître est antisocial. Ce peuple a déifié la propriété.

Il en était résulté que le jacobinisme, ne trouvant pas ses meneurs, ses orateurs et ses modérateurs dans les rangs de la bourgeoisie marchande ou du peuple honnête et laborieux, avait été forcé de les chercher dans la lie de la population flottante d'une grande ville, dans les étrangers sans patrie, dans des hommes perdus de mœurs et de dettes, qui n'avaient rien à perdre dans l'incendie, tout à trouver dans les décombres. Cette constitution des clubs et du jacobinisme à Lyon, en les rendant plus infimes, les rendait par là même plus séditieux, plus exagérés et plus odieux aux citoyens. Tout y était extrême. Comme Bordeaux, Marseille et Toulon, Lyon avait adopté avec passion les doctrines et les hommes de la Gironde. Robespierre, Danton, la Montagne, y étaient en horreur à la majorité. Le riche voyait dans cette partie de la Convention les spoliateurs de sa fortune; le peuple, les proscripteurs de sa religion. Le commerce tarissait, le luxe tombait, on ne fabriquait plus que des armes. Du jour où la république atteignait ses banques, ses marchés, sa fabrique, ses métiers, ses prêtres, Lyon ne reconnaissait plus la république. La ville commençait à confondre ses plaintes avec celles des royalistes, qui, de toutes les provinces voisines, venaient chercher la sûreté dans ses murs. Ces dispositions irritaient et enflammaient davantage les clubistes menaçants, mais contenus à Lyon.

XVII

Il y avait alors dans cette ville un homme étrange, de la pire espèce des hommes dans les temps d'agitation : un fanatique de l'impossible. C'était un de ces insensés qui résument dans leur tête, non la passion, mais la démence de la multitude, un de ces prophètes du peuple, que le peuple prend pour des inspirés parce qu'ils sont fous, et qu'il écoute comme des oracles parce qu'ils lui prédisent des destinées plus grandes que nature et des triomphes plus complets que la portée de l'esprit humain. A la faveur de cette passion de l'impossible et de ces perspectives, qui les trompent eux-mêmes les premiers, les hommes de ce genre entraînent le peuple à l'abîme, à travers l'illusion et à travers le sang. Cet homme se nommait Châlier.

Comme Marat, il était accouru de l'étranger à la lueur d'une révolution. Il était né en Piémont ou en Savoie d'une famille obscure, mais assez riche pour lui donner une éducation et un état. Destiné au sacerdoce, cette échelle dont le pied touchait au fond du peuple et dont les derniers échelons montaient au sommet de la société, Châlier avait été élevé pour cette profession chez des moines de Lyon. Il y avait pris cette rigidité, cette contention d'esprit, cet ascétisme extérieur, cette affectation d'inspiration surnaturelle et ces bribes de poésie et d'éloquence sacrée qui, fermentant dans une tête faible avec les principes du moment, avaient produit en lui un de ces composés étranges où le prêtre et le tribun, le prophète et le démagogue, le saint et le scélérat, se mêlent dans un seul homme, pour enfanter un monstre impossible à comprendre et plus impossible à définir. On eût dit, en voyant Châlier, que la destinée de Lyon, si semblable à celle de Florence, avait voulu compléter la ressemblance en donnant à cette ville un agitateur inexplicable entre Savonarole et Marat.

Le bruit de la Révolution, qui entrait dans son cloître, agitait le jeune lévite jusque dans ses études. Il rêvait une régénération après un cataclysme. Il épouvantait ses condisciples des fantômes sanglants qui obsédaient son imagination. Il écrivait dès lors ces lignes dont les mouvements brisés et incohérents affectent les soubresauts, les inspirations et les oracles bibliques : « Les têtes sont rétrécies, les âmes de glace; le genre humain est mort. Génie créateur! fais jaillir une nouvelle lumière et une nouvelle vie de ce chaos ! J'aime les grands projets, les vertiges, l'audace, les chocs, les révolutions. Le grand Être a fait de belles choses, mais il est trop tranquille. Si j'étais Dieu, je remuerais les montagnes, les étoiles, les empires; je renverserais la nature pour la renouveler. »

La destinée de Châlier, avortée dans le bien comme dans le crime, était toute dans ces premiers jets de son âme. La folie n'est que l'avortement d'une pensée forte, mais impuissante, parce qu'elle n'a pas été conçue et gouvernée par la raison. Sous l'empire de cette obsession, Châlier laissa la prêtrise, entra dans un comptoir, et voyagea quelque temps pour le commerce. Il fut chassé d'Italie pour y avoir propagé les dogmes révolutionnaires. Cette proscription le fit remarquer et adopter par Marat, par Robespierre, par Camille Desmoulins et par Fauchet. Il vint, sous leurs auspices, fonder à Lyon le club central, foyer ardent entretenu de son souffle et agité nuit et jour de sa parole. Ses discours, tour à tour bouffons et mystiques, frappèrent le peuple. Rien n'était raisonné, tout était lyrique dans son éloquence. Son idéal était évidemment le rôle de ces faux prophètes d'Israël, serviteurs de Jéhovah et égorgeurs d'hommes.

XVIII

Le mystère qui enveloppait sa vie, sa pauvreté, son incorruptibilité, son dévouement à la cause populaire, son assiduité aux séances publiques du club central, lui avaient donné un immense ascendant sur les Jacobins de Lyon. Il avait été nommé par les électeurs président du tribunal civil. On voyait ou l'on croyait voir sa main dans tous les désordres et dans tous les crimes. Ces désordres et ces crimes avaient été d'autant plus atroces à Lyon que le parti de Châlier, se sentant plus faible et plus menacé, avait besoin d'imprimer plus de terreur pour s'assurer plus d'obéissance. Il y avait entre Lyon et Paris émulation de sang.

Le lendemain des massacres de septembre, un petit nombre d'assassins s'était porté, escorté d'enfants et de femmes, au château de Pierre-Encise. On y avait immolé onze officiers du régiment de Royal-Pologne, emprisonnés la veille comme suspects de royalisme. En vain une jeune fille d'un courage égal à sa beauté, mademoiselle de Bellecice, fille du gouverneur du fort, s'était précipitée entre le peuple et les victimes, et s'était blessée elle-même en écartant les sabres et les piques du corps des prisonniers. En vain le maire de Lyon, Vitet, homme ardent de principes, mais intrépide de conscience et humain de cœur, était accouru avec quelques grenadiers dévoués, et avait employé pour sauver les prisonniers tantôt la supplication, tantôt la force ; le seuil de toutes les prisons de Lyon avait été encombré de cadavres. Ces cadavres, suspendus le lendemain aux branches des tilleuls de la promenade publique de Bellecour, avaient été enchaînés l'un à l'autre, comme des trophées, par des guirlandes de membres mutilés, pour épouvanter le quartier des aristocrates. En même temps des émissaires du club des Cordeliers de Paris, au nombre desquels se signalait Huguenin, l'orateur du 20 juin, étaient venus réchauffer la tiédeur du club central de Lyon. La populace avait pillé les magasins et régularisé la spoliation, en nommant des commissaires au pillage. La municipalité, où les deux partis balancés et des résolutions flottantes donnaient tour à tour force à l'ordre et encouragement au désordre, devenait de plus en plus le jouet du club central, où régnait Châlier. Châlier, Laussel, son complice, prêtre incestueux qui venait d'épouser sa propre sœur; Roullot, membre de la municipalité; enfin Cusset, élu député à la Convention, prêchaient publiquement les dogmes de la loi agraire et du brigandage : « Le temps est venu, disaient-ils, où doit s'accomplir cette prophétie : « Les riches seront dépouillés et les pauvres enri» chis. » — Si le peuple manque de pain, proclamait Tarpan, qu'il profite du droit de sa misère pour s'emparer du bien des riches. — Voulez-vous, écrivait Cusset, un mot qui paye pour tout ce dont vous avez besoin à Lyon? *Mourez* ou *faites mourir !* »

XIX

Pour donner à ces excitations l'autorité de la terreur, ces hommes avaient fait venir une guillotine de Paris. Ils l'avaient installée en permanence sur la place de Bellecour, pour que l'instrument rappelât le supplice. Les Girondins, pour modérer cet emportement, avaient renvoyé Vitet, leur collègue et leur ami, à Lyon. Vitet s'était présenté au club central et l'avait harangué avec la mâle sévérité d'un citoyen qui cherche à convaincre les factieux avant de les frapper. Le club l'avait couvert de mépris et d'outrages. « Le grand jour des vengeances est arrivé, s'écria Châlier. Cinq cents têtes sont parmi nous qui méritent le même sort que celle du tyran. Je vous en donnerai la liste. Vous n'aurez qu'à frapper ! » Il proposa l'établissement d'un tribunal révolutionnaire, puis prenant dans ses mains une image du Christ : « Ce n'est pas assez, s'écria-t-il, d'avoir fait périr le tyran des corps, il faut que le tyran des âmes soit détrôné ! » Et brisant l'image du crucifix, il en foula sous ses pieds les débris. De là, conduisant l'attroupement de ses sectaires sur la place des Terreaux, Châlier leur fit jurer, devant l'arbre de la liberté, d'exterminer les aristocrates, les Rolandistes, les modérés, les agioteurs, les accapareurs et les prêtres.

La municipalité, asservie un moment au club central, imite à sa requête les visites domiciliaires, prélude du 2 septembre, et confie aux commissaires du club le soin de signaler et d'arrêter les suspects. La ville entière était dans la main d'une faction de Catilinas subalternes. Un seul homme, le maire Nivière, qui avait succédé à Vitet, contenait avec l'intrépidité d'un magistrat antique l'audace des séditieux, et ralliait le désespoir des gens de bien. Nivière savait que Châlier et Laussel avaient rassemblé dans la nuit leurs séides, nommé un tribunal révolutionnaire secret, préparé la guillotine, choisi la place des exécutions sur un pont du Rhône d'où l'on précipiterait les cadavres dans les flots, dressé des tables de proscription, et qu'à défaut d'exécuteurs en nombre suffisant, Laussel avait dit : « Tout le monde doit être bourreau. La guillotine tombe d'elle-même. »

Quelques témoins indignés de la conjuration s'étant échappés du conciliabule et ayant ébruité le plan de Châlier, Nivière avait appelé autour de l'hôtel de ville quelques bataillons et huit pièces de canon. La tête de ce généreux maire était la première promise aux assassins. Il la jouait pour le salut de sa patrie. Sa fermeté imposa aux factieux.

« Retirons-nous, le coup est manqué! » s'écria Châlier en trouvant ces baïonnettes et ces canons en bataille autour de l'hôtel de ville. Nivière, après ce triomphe, rentra dans les rangs des simples citoyens; mais réélu aussitôt par huit mille suffrages sur neuf mille votants, il reprit le gouvernement de la ville aux acclamations des propriétaires.

XX

Le parti de Châlier, menacé à son tour par la réaction des républicains modérés, fut sauvé de la fureur publique par ce même Nivière que ce parti avait voulu immoler. Le club central fut dispersé. Les membres de ce club invoquèrent le secours de leurs frères de Paris. La Convention décréta que deux bataillons de Marseillais viendraient rétablir l'ordre à Lyon. Elle y envoya trois commissaires choisis dans les rangs de la Montagne, Bazire, Rovère, Legendre. Mais des bataillons d'Aix et de Marseille, arrivés à Lyon pleins de l'esprit de la Gironde, y furent accueillis comme des libérateurs par la masse de la population, et firent trembler et fuir Châlier et son parti. Les Jacobins, réduits à l'impuissance, résolurent un 10 août contre la municipalité. Châlier reparut et raviva le foyer du club central : « Trois cents Romains, disait-il, ont juré de poignarder les modernes Porsennas et de s'ensevelir avec leurs ennemis sous les débris de cette nouvelle Sagonte. Aristocrates, Rolandistes, modérés égoïstes, tremblez ! Le 10 août peut encore renaître, les flots de la Saône et du Rhône rouleront bientôt vos cadavres à la mer ! » Cusset lui répondait du sommet de la Montagne : « La liberté pour nous, la mort pour nos ennemis, voilà le scrutin épuratoire de la république ! » Un banquet patriotique réunit les Jacobins sous les arbres de Bellecour, le 9 mai. Encouragés par leur nombre et par les applaudissements de la foule, ils allèrent, après le repas, sommer la municipalité d'installer enfin le tribunal révolutionnaire. Ils furent repoussés.

Des commissaires plus énergiques de la Convention arrivèrent à Lyon : c'étaient Albitte, Dubois-Crancé, Gauthier et Nioche. Ils frappèrent les riches d'un emprunt forcé de six millions. Ils organisèrent un comité de salut public, imitation de celui de Paris. Ils décrétèrent une armée révolutionnaire. Ils relevèrent l'audace de Châlier et repartirent pour l'armée des Alpes, laissant la ville à la merci de ce comité dictatorial. Le comité se hâta de pressurer les citoyens, d'armer ses partisans, de noter de mort ses ennemis. Châlier publia ces tables sous le titre de *Boussole des patriotes*. « Aux armes ! aux armes ! s'écriait-il en parcourant les rues à la tête de ses Jacobins. Vos ennemis ont juré d'égorger jusqu'à vos enfants à la mamelle. Hâtez-vous de les vaincre, ou ensevelissez-vous sous les ruines de la ville ! »

Ces cris féroces retentirent jusque dans la Convention,

soulevèrent le parti modéré à la voix de la Gironde, et arrachèrent un décret qui autorisait les citoyens de Lyon à repousser la force par la force. « Croyez-vous, dit Châlier à la réception de ce décret, croyez-vous que ce décret m'intimide? Non. Il se lèvera avec moi assez de peuple pour poignarder vingt mille citoyens, et c'est moi qui me réserve de vous enfoncer le couteau dans la gorge! » Il court au club, il arme ses amis, il distribue à chacun une demi-livre de poudre, il indique le lieu de ralliement, il prépare l'assaut à l'hôtel de ville. Les sections, averties de ses desseins, s'assemblent, s'arment contre les Jacobins. La ville se sépare en deux camps. La municipalité se range du parti des Jacobins. Les représentants du peuple Gauthier et Nioche rentrent dans Lyon à la tête de deux bataillons et de deux escadrons. Les bandes de Châlier, armées de faux, de piques, de massues, les précèdent et insultent les citoyens armés des sections. Le sang coule. Châlier harangue le club : « Marchons, dit-il, allons nous saisir des membres du département, des présidents, des secrétaires des sections, faisons-en un faisceau que nous placerons sous la guillotine, et lavons enfin nos mains dans leur sang! »

XXI

Pendant que les sections se concertent, la municipalité jacobine s'empare de l'arsenal, s'y fortifie et remplit l'hôtel de ville de canons, de munitions et de troupes. Les sectionnaires, rassemblés au nombre de plus de vingt mille sur la place de Bellecour, choisissent pour commandant un apprêteur de drap nommé Madinier, homme au cœur de feu et au bras de fer. Madinier enlève l'arsenal et marche à l'hôtel de ville. Le représentant Nioche veut s'interposer. « Allez, lui répond Fréminville, président du département, vous avez signé ces infâmes arrêtés qui aspirent nos fortunes et notre sang, nous ne pouvons avoir confiance en vous ! Retirez-vous ; nous professons comme vous le républicanisme, mais nous voulons la république légale, et non l'oppression d'une municipalité. Si vous voulez que nous déposions nos armes, renvoyez vos troupes, retirez vos canons, et suspendez de ses fonctions tout le corps municipal. » Pendant cette négociation à l'arsenal, la municipalité s'était entourée de troupes de ligne et de rassemblements populaires sur la place des Terreaux. Les cadavres des premiers sectionnaires assassinés dans les rues étaient étalés sur les marches de l'hôtel de ville, outragés et mutilés par le peuple.

Madinier, informé de ces excès, retient Nioche en otage et fait marcher ses sections en deux colonnes, l'une par les quais de la Saône, l'autre par les quais du Rhône, pour aller faire leur jonction à la hauteur de l'hôtel de ville. La tête de la colonne du quai du Rhône est foudroyée, en approchant, par une batterie placée sur la culée du pont Morand, et qui balaye le quai dans sa longueur. Des centaines de sectionnaires expirent; dans le nombre, quelques officiers royalistes et plusieurs fils des principales familles de la noblesse et du commerce de Lyon.

La colonne du quai de la Saône est également mitraillée

au débouché sur la place des Terreaux. Elle se replie et vient prendre une position plus abritée sur la place des Carmes, en face de l'hôtel de ville, mais à demi couverte par une aile d'édifices. De là, cette colonne tire à boulets sur l'hôtel de ville. Les Jacobins décimés désertent les salles et cherchent un abri dans ses cours. Le représentant Gauthier se présente aux sectionnaires pour parlementer. On le retient en otage comme son collègue. Il signe, sous la terreur des sections, la suspension de la municipalité. Madinier fait une entrée triomphale à cheval dans l'hôtel de ville, saisit Châlier et ses principaux complices, et les conduit en prison, à travers les flots du peuple indigné, qui voulait les immoler dans leur crime. Ce triomphe de la Gironde éclatait le 29 mai, l'avant-veille du jour où les Girondins, vainqueurs à Lyon, succombaient à Paris. Châlier, condamné à mort quelques jours après par le tribunal criminel, voyait du fond de son cachot la lueur des illuminations allumées en l'honneur de la victoire des modérés.

« Ce sont les torches de mes funérailles, dit-il. Les Lyonnais font une grande faute en demandant ma mort. Mon sang, comme celui du Christ, retombera sur eux et sur leurs enfants ; car je serai à Lyon le Christ de la Révolution. L'échafaud sera mon Golgotha, le couteau de la guillotine ma croix, où je mourrai bientôt pour le salut de la république. »

Cet homme, qui aspirait le sang par le fanatisme de sa démagogie, se montra le plus sensible et le plus tendre des hommes dans la solitude et dans le désarmement de sa prison. Une femme dont il était aimé lui avait fait parvenir une tourterelle apprivoisée dont il avait fait la compagne de sa captivité, et qu'il caressait sans cesse. Image d'innocence sur une tête pleine de rêves sanglants, l'oiseau perchait constamment sur les épaules de Châlier. Châlier fit entendre, après sa condamnation, des prophéties sinistres sur la ville. On lui accorda de voir une dernière fois ses amis et la femme à laquelle il était attaché. Il les consola lui-même et leur légua ce qu'il possédait, sans oublier son oiseau, qu'il baigna de ses larmes. La guillotine que Châlier avait fait venir de Paris et dresser sur la place des Terreaux pour immoler ses ennemis essaya pour la première fois son couteau sur cette tête. Le crucifix qu'il avait tour à tour adoré et brisé ne quitta plus ses mains dans son cachot. Il y contemplait sans cesse le Dieu du supplice. Condamné à quatre heures du matin, il employa le reste du jour à écrire son testament. Il adressa ses adieux aux autres prisonniers, et marcha à l'échafaud d'un pas ferme, regardant le peuple à droite et à gauche comme pour lui reprocher sa mort. Au pied de l'échafaud il embrassa son confesseur, colla une dernière fois le crucifix sur ses lèvres, et se livra au bourreau.

Le couteau mal aiguisé de la guillotine, au lieu de trancher d'un seul coup la vie de Châlier, tomba et se releva cinq fois sans pouvoir le décoller. Il fut haché et non décapité. La tête à demi séparée du tronc, Châlier, adressant au bourreau un regard de reproche, le suppliait d'abréger son agonie. Un sixième coup l'acheva. Il savoura lentement cette mort dont il avait si souvent inspiré la soif au peuple. Il fut assouvi de sang, mais c'était du sien. Le peuple l'abhorra d'abord, puis le plaignit, puis le déifia comme il avait déifié Marat, puis replongea sa mémoire dans l'oubli ou dans l'horreur, comme la mémoire de ces hommes qui représentent dans les crises ses fureurs, au lieu de représenter ses droits et ses vertus. Le sang de Châlier, répandu en défi à la Convention, rendit toute réconciliation impossible. Lyon ne pouvait plus se soumettre qu'en acceptant la vengeance des Montagnards. Les Lyonnais se réfugièrent de la résistance dans la révolte.

XXII

Les éléments de l'insurrection étaient nombreux et divers à Lyon. Les Girondins renversés, la Convention décimée, la représentation nationale mutilée à Paris par le 31 mai, l'oppression anarchique de Châlier et de sa populace, longtemps subie, enfin brisée, la confiance dans leur force, l'émulation d'insurrection avec Marseille et Toulon, le commerce anéanti, les prêtres persécutés, la vie de chaque citoyen menacée par la loi des suspects, l'horreur du terrorisme, qui versait goutte à goutte le sang de tant d'illustres victimes à Paris, enfin le royalisme concentré à Lyon comme dans un asile où il appelait de toutes parts ses partisans, et d'où il renouait ses négociations avec l'étranger, tout concourait à faire de cette ville la capitale contre-révolutionnaire de la république.

Cependant l'insurrection n'affichait point encore cette couleur. Elle restait couverte par l'apparence du républicanisme. Les administrateurs et les présidents de section qui venaient de triompher à l'hôtel de ville étaient des hommes de la Révolution, dévoués au système des Girondins, et bornant leur ambition à l'espoir de relever et de venger les amis de Vergniaud et de Roland. Les deux députés de ce parti réfugiés à Lyon, Chasset et Biroteau, entretenaient par leurs discours et par leurs récriminations l'esprit de la Gironde. Le gouvernement de la ville avait pris les formes de la dictature. Il se composait d'administrateurs nommés et délégués par les sections. Il s'intitulait commission populaire républicaine. Ces délégués avaient été nommés sous l'impression de l'horreur contre les Jacobins. On avait choisi les hommes qui s'éloignaient le plus par leur opinion des terroristes, et qui, par conséquent, se rapprochaient aussi le plus des contre-révolutionnaires. D'un républicain révolté contre la république à un royaliste conspirant contre elle, il y avait si près, que les actes et les hommes ne pouvaient manquer tôt ou tard de se confondre. Une oppression commune devient involontairement une cause commune. C'est ce qui arrivait à Lyon à l'insu des hommes, mais par la force des choses.

La commission populaire républicaine était présidée par M. Rambaud, dont les principes et les sentiments monarchiques étaient avérés. Les autres membres étaient des *Girondins* irrités ou des *modérés* compromis, à qui la soumission à la Convention ne laissait en perspective que la mort. Le commerce, qui n'a pour opinion que son intérêt, déplorait chaque jour la ruine des affaires et regrettait secrètement la royauté comme gage de travail, de crédit et de sécurité. La noblesse et les prêtres réfugiés et cachés en foule à Lyon jetaient leurs ressentiments dans ce foyer; ils espéraient en faire le volcan intérieur dont l'explosion emporterait la république et rouvrirait le chemin de la France et du trône aux émigrés et aux princes proscrits.

XXIII

Depuis longtemps Lyon était le mirage des royalistes émigrés. Aussitôt que cette ville eut rompu avec la Convention, leurs émissaires crurent qu'elle avait rompu avec la république. Ils reparurent pour s'emparer du mouvement et pour le détourner à la royauté. Le comte d'Artois était alors réfugié à Hamm sur le territoire prussien. Il envoya aussitôt le général marquis d'Autichamp en Savoie avec ordre d'étudier de près le caractère de l'insurrection lyonnaise, de donner de la résolution à la cour de Turin, et de lui faire diriger des forces plus imposantes sur Chambéry.

Un autre officier de ce prince fut envoyé à Berne pour décider la Suisse à se déclarer contre la France et à joindre ses forces à celles du roi de Sardaigne, afin de porter le coup décisif à la république. Deux envoyés du roi de Sardaigne, le baron des Étolles et le comte de Maistre, ce prophète toujours démenti mais toujours fulminant de l'ancien régime, secondaient en ce moment auprès des cantons helvétiques les efforts des émigrés. Lord Fitz-Gerald, envoyé par le cabinet britannique, travaillait les cantons dans le même esprit. Mais les cantons aristocratiques de la Suisse, menacés dans leur propre pays par l'esprit révolutionnaire qui couvait chez eux, n'osaient faire un mouvement qui serait peut-être le signal de l'écroulement de leur constitution. La cour de Sardaigne, renforcée de huit ou dix mille Autrichiens, jetait à la hâte ses principales forces dans le comté de Nice pour couvrir avant tout le Piémont; elle se contentait de défendre pied à pied les gorges de la Savoie contre les bataillons peu nombreux de Kellermann. Le marquis d'Autichamp et les officiers de Condé ne tardèrent pas à reconnaître l'impossibilité de donner ostensiblement des émigrés pour chefs à un mouvement qui conservait les apparences du républicanisme. Les royalistes de Lyon et de l'intérieur furent obligés de renoncer à tout espoir d'une puissante intervention étrangère. Ils n'espéraient plus que dans le temps, dans la prudence et dans la victoire pour relever la royauté à Lyon sur les ruines du parti girondin. Indépendamment de la partie de la population qui leur était dévouée par opinion, ils comptaient dans la ville quatre mille prêtres insermentés et six mille nobles déterminés à prendre les armes contre les troupes de la Convention.

XXIV

Toute tentative de conciliation était désormais tardive. Lyon courut aux armes. La commission populaire républicaine fit exécuter les travaux de défense, fondre les canons, construire les redoutes, arriver les approvisionnements, circuler une monnaie obsidionale de plusieurs millions garantie par la ville, recruter une armée de neuf mille hommes soldés. Elle repoussa par une délibération formelle la constitution de 1793. Enfin elle nomma le commandant général de ses forces.

Ce général, dont le nom inconnu jusque-là était de nature à rassurer les royalistes sans porter trop d'ombrage aux républicains, était le comte de Précy. M. de Précy, gentilhomme du Charolais, ancien colonel du régiment des Vosges, appartenait à cette partie de la noblesse militaire qui ne s'était point dénationalisée par l'émigration, qui conservait le patriotisme du citoyen uni à la fidélité du gentilhomme, monarchique par honneur, patriote par l'esprit du siècle, Français par le sang. Il avait servi en Corse, en Allemagne et dans la garde constitutionnelle de Louis XVI. Il confondait dans un même culte la constitution et le roi. Il avait combattu au 10 août avec les officiers dévoués qui voulaient couvrir le trône de leurs corps. Il avait pleuré la mort de son maître, mais il n'avait point maudit sa patrie. Retiré dans sa terre de Semur en Brionnais, il y subissait en silence le sort de la noblesse persécutée.

Les amis qu'il avait à Lyon le désignèrent à la commission républicaine comme le chef le plus propre à diriger et à modérer le mouvement mixte que Lyon osait tenter contre l'anarchie. Précy n'était point un chef de parti, c'était avant tout un homme de guerre. Néanmoins la modération de son caractère, l'habitude de manier les soldats et cette habileté naturelle aux hommes de sa province, le rendaient capable de réunir en faisceau ces opinions confuses, de conserver leur confiance et de les conduire au but sans le leur découvrir d'avance. Précy avait cinquante et un ans; mais son extérieur martial, sa physionomie ouverte, son œil bleu et serein, son sourire fin et ferme, le don naturel de commandement et de persuasion à la fois, son corps infatigable, en faisaient un chef agréable à l'œil d'un peuple.

XXV

Les députés de Lyon partirent pour proposer le commandement à M. de Précy. Ils le trouvèrent, comme les Romains avaient trouvé jadis le dictateur, dans son champ, la bêche à la main et cultivant ses légumes et ses fleurs. Un dialogue antique s'établit, dans le champ même, à l'ombre d'une haie, avec le militaire et les citoyens. Précy déclara modestement qu'il se sentait au-dessous du rôle qu'on venait lui offrir; que la Révolution avait brisé son épée et l'âge amorti son feu; que la guerre civile répugnait à son âme; que c'était un remède extrême qui perdait plus de causes qu'il n'en sauvait; qu'en s'y précipitant on ne se réservait d'autre asile que la victoire ou la mort; que les forces organisées de la Convention, dirigées sur une seule ville, écraseraient tôt ou tard Lyon; qu'il ne fallait pas se dissimuler que les combats et les disettes d'un long siége dévoreraient un grand nombre de leurs citoyens, et que l'échafaud décimerait les survivants. « Nous le savons, répondirent les négociateurs de Lyon, mais nous avons pesé dans nos pensées l'échafaud contre l'oppression de la Convention, et nous avons choisi l'échafaud. — Et moi, s'écria

Précy, je l'accepte avec de tels hommes ! » Il reprit son habit, suspendu aux branches d'un poirier, rentra pour embrasser sa jeune femme et prendre ses armes, cachées depuis dix-huit mois, et suivit les Lyonnais.

A son arrivée, il se revêtit de l'uniforme civique, arbora la cocarde tricolore et monta à cheval pour passer l'armée municipale en revue. Les bataillons de troupes soldées et de gardes nationaux, rangés en bataille sur la place de Bellecour pour reconnaître le général, saluèrent Précy d'unanimes acclamations. Le commandement de l'artillerie fut donné à M. de Chenelette, lieutenant-colonel de cette arme, officier consommé dans la guerre, citoyen estimé pour ses vertus et pour ses talents dans la paix. Le comte de Virieu reçut le commandement général de la cavalerie. Le comte de Virieu était l'homme qui donnait la signification la plus royaliste au soulèvement de Lyon. Orateur célèbre de l'Assemblée constituante, il avait, au commencement de la Révolution, réclamé les droits de la nation, assisté à l'assemblée de Vizille en Dauphiné, demandé la représentation par tête et non par ordre aux états généraux, et passé avec les quarante-sept membres de la noblesse, le 25 juin, du côté du peuple. Depuis, le comte de Virieu avait semblé se repentir de ces actes populaires. Il s'était hâté d'appuyer le trône après l'avoir ébranlé. Il avait voulu, comme Mounier, Lally-Tolendal, Clermont-Tonnerre et Cazalès, ses amis, réduire la Révolution à la conquête d'un droit représentatif distribué en deux chambres, à l'imitation de l'Angleterre. La lutte de l'aristocratie et de la démocratie, modérée par la monarchie, lui semblait le seul gouvernement de la liberté. Depuis que l'Assemblée nationale avait brisé ce cercle où l'aristocratie voulait enfermer le tiers état, tous les pas de la Révolution lui avaient paru des excès, tous ses actes des crimes. Il en était sorti, comme on sort d'une conjuration coupable, en secouant la poussière de ses pieds et en maudissant son erreur. Il s'était dévoué à la restauration de la monarchie et de la religion détruites. Il entretenait des correspondances avec les princes. Il était dans le Dauphiné, sa patrie, et à Lyon, l'homme politique de la monarchie exilée. De plus, sa foi religieuse, ravivée par la persécution du culte et exaltée dans son âme jusqu'à l'illuminisme, le faisait aspirer à la mort pour son roi et pour son Dieu, comme il avait jadis aspiré à la liberté. D'un sang illustre, d'une caste proscrite, d'un culte persécuté, la guerre civile lui paraissait trois fois sainte : comme aristocrate, comme monarchiste et comme chrétien. Militaire intrépide, orateur facile, politique adroit, il avait toutes les conditions d'un chef de parti. Lyon, en lui donnant le commandement en second, révélait d'avance, non le but avoué, mais l'arrière-pensée de son insurrection.

XXVI

De son côté, la Convention acceptait la lutte avec l'inflexible résolution d'un pouvoir qui ne recule pas devant l'amputation d'un membre pour sauver le corps. L'unité de la république parut plus précieuse à conserver que la seconde ville de France. La Convention n'eût pas reculé davantage devant l'anéantissement de Paris. La patrie n'était pas à ses yeux une ville, mais un principe. Elle n'eut pas un instant d'hésitation; elle crut en son droit, et elle trouva sa force dans cette conviction.

Elle ordonna à Kellermann, général en chef de l'armée des Alpes, d'oublier les frontières et de concentrer ses forces autour de Lyon. Kellermann, qui disputait à Dumouriez la gloire de Valmy, portait seul en ce moment du côté du Midi le poids des Autrichiens, des Allobroges et des Piémontais, dont les forces croissaient au revers des Alpes. La Savoie, partagée entre son attrait pour nos principes et sa fidélité à ses princes, éclatait en insurrection contre nous dans les provinces montagneuses du Faucigny et de Conflans. Avec un petit nombre de troupes, Kellermann écrasait partout ces résistances. Le petit corps d'armée qu'il avait en Savoie se présentait, comme une digue mobile, d'une vallée à l'autre en franchissant les faîtes, et arrêtait partout le débordement qui descendait sur nous des hauteurs.

Kellermann était de ces races militaires habiles et intrépides au combat, plus faites pour conduire des soldats que pour se mêler aux débats des partis; voulant bien être le chef des armées de la république, mais non l'exécuteur de ses sévérités. Il craignait, dans l'avenir, la renommée de destructeur de Lyon. Il savait quelle horreur s'attache dans la mémoire des hommes à ceux qui ont mutilé la patrie. Le renom de Marius du Midi lui répugnait. Il temporisa quelque temps, tenta la voie des négociations, et, pendant qu'il rassemblait ses troupes, il envoya sommation sur sommation aux Lyonnais. Tout fut inutile. Lyon ne lui répondit que par des conditions qui imposaient à la Convention la rétractation du 31 mai, la révocation de toutes les mesures prises depuis ce jour, la réintégration des députés girondins, le désaveu d'elle-même, l'humiliation de la Montagne. Kellermann, pressé par les représentants du peuple Gauthier, Nioche et Dubois-Crancé, resserra le blocus encore incomplet de la ville. Le comité de salut public fit partir Couthon et Maignet pour lever en masse les départements de l'Auvergne, de la Bourgogne, du Jura, de la Bresse, de l'Ardèche, et pour submerger Lyon sous les bataillons de volontaires patriotes que la terreur faisait sortir de terre à la voix des représentants. Déjà des bords de la Saône, des bords du Rhône, des montagnes de l'Ardèche et des vallées populeuses de l'ancienne Auvergne et de l'Allier, des colonnes conduites par Reverchon, Javogues, Maignet, Couthon, s'avançaient par toutes les routes qui mènent à Lyon. Les paysans n'avaient pas besoin de discipline pour former, derrière les troupes de ligne ou dans les intervalles qui séparaient les camps, des murailles de baïonnettes qui resserreraient le blocus et étoufferaient la ville.

XXVII

Lyon n'avait d'enceinte fortifiée que sur les hauteurs de la Croix-Rousse, plateau qui sépare les deux fleuves, et sur la chaîne des collines qui s'étendent parallèlement au cours de la Saône depuis le rocher de Pierre-Encise, où cette rivière entre dans la ville, jusqu'au faubourg de Sainte-Foi, qui s'élève à l'extrémité de ces collines, non loin du confluent de la Saône et du Rhône. Ce confluent défendait lui-même la ville du côté du midi. Un pont, appelé le pont de la Mulatière, traversait, à ce point de jonction des deux fleuves, le lit de la Saône. Défendu par des redoutes, ce pont interceptait le passage aux colonnes des assiégeants. Entre la ville et la Mulatière, une chaussée étroite, facile à couper et à défendre, s'étend sur la plage du Rhône. Le reste de l'espace, qui forme la pointe Perrache, était un terrain bas, marécageux, creusé de mares et de canaux, planté d'osiers, de roseaux, de saules en palissades, propre à être défendu par un petit nombre de tirailleurs embusqués, inaccessible à l'artillerie. Du côté de l'est, et en face des plaines basses du Dauphiné, Lyon n'avait d'autres défenses que le Rhône, dont la largeur et la rapidité forme sous ses quais un fossé courant impossible à franchir. On n'avait eu à ajouter à cette défense naturelle que deux redoutes élevées aux deux têtes du pont de la Guillotière et du pont Morand, seuls points qui fissent communiquer alors la ville avec le quartier des Brotteaux ou avec le faubourg de la Guillotière situé au delà du fleuve. Lyon n'avait que quarante pièces de canon pour armer cette immense circonférence, mais on en fondait tous les jours; et sous l'infatigable impulsion du général Précy et de son état-major, les remparts, les batteries, les redoutes, les ponts coupés ou prêts à s'écrouler, présentaient de toutes parts un formidable appareil de résistance aux armées de la Convention.

XXVIII

L'armée de siége prit position dans les premiers jours d'août. Elle se divisa en deux camps : le camp de la Guillotière, fort de dix mille hommes, muni d'une nombreuse artillerie, et commandé par le général Vaubois : ce camp bordait le Rhône et fermait le Dauphiné, la Savoie, les Alpes aux Lyonnais ; le camp de Mirebel, qui s'étendait du nord du Rhône à la Saône, enjambant le plateau de la Dombe, qui les sépare, et menaçant le faubourg de la Croix-Rousse, position la plus forte.

Kellermann avait établi son quartier général au château de la Pape, à peu de distance de Mirebel, sur le rivage escarpé du Rhône. Un pont de bateaux jeté au pied du château, sur le fleuve, faisait communiquer les deux armées républicaines. Les bataillons de l'Ardèche, du Forez, de l'Auvergne et de la Bourgogne, conduits par les représentants de ces départements, s'amoncelaient successivement sur une ligne immense qui s'étendait de la rive droite du Rhône, au delà de son confluent, jusqu'aux plateaux de Limonest, qui dominent le cours de la Saône avant son entrée à Lyon. Mais cette ligne de troupes onduleuse, faible, coupée en plusieurs tronçons par les corps avancés des Lyonnais, et par les villes de Saint-Étienne, Saint-Chamond, Montbrison, qui faisaient cause commune avec les assiégés, laissait Lyon en communication libre avec les

montagnes du Vivarais, et avec la route de Paris par le
Bourbonnais. Ces villes et les populations adjacentes fournissaient, comme autant de colonies fidèles, les armes, les
vivres, les combattants. Elles servaient d'avant-postes à la
défense. Le champ de bataille n'avait pas ainsi moins de
soixante lieues carrées d'étendue.

A mesure que les colonnes assiégeantes arrivaient en
position, elles occupaient ces villes, ces villages et ces
avant-postes, et faisaient refluer l'armée de Précy dans les
postes fortifiés, derrière les redoutes ou sous les remparts
de la ville. Précy aguerrissait ainsi son armée mobile d'environ dix mille combattants. Il faisait de ce corps de
troupes soldées ou de jeunes volontaires exercés au feu le
noyau et le nerf de sa défense intérieure. Enthousiasmés
pour leur cause, passionnés pour leur général, qu'ils
voyaient toujours le premier à cheval, au feu, à la baïonnette avec eux; récompensés par son regard, recevant à
leur rentrée dans Lyon leur gloire toute chaude dans les
embrassements de leurs mères, de leurs femmes, de leurs
sœurs, de leurs concitoyens, ces jeunes gens, presque tous
royalistes, étaient devenus une armée de héros. C'est avec
eux que Précy fit ces prodiges de valeur, de mobilité et de
constance, qui arrêtèrent plus de deux mois la France entière devant une poignée de combattants au milieu d'une
population hésitante, foudroyée, incendiée et affamée.

XXIX

Le bombardement commença le 10 août, anniversaire d'heureux augure pour la république. Les batteries de Kellermann et celles de Vaubois firent pleuvoir sans interruption, pendant dix-huit jours, les bombes, les boulets rouges, les fusées incendiaires sur la ville. Des signaux perfides, faits pendant la nuit par les amis de Châlier, indiquaient les quartiers et les maisons à brûler. Les boulets choisissaient ainsi leur but, les bombes éclataient presque toujours sur les rues, sur les places et sur les demeures des ennemis de la république. Pendant ces nuits sinistres, le quai opulent de Saint-Clair, la place de Bellecour, le port du Temple, la rue Mercière, immense avenue de magasins encombrés des richesses de la fabrique et du commerce, s'allumèrent trois cents fois sous la chute et sous l'explosion des projectiles; dévorant dans leur incendie les millions de produits du travail de Lyon, et ensevelissant, dans les ruines de leurs fortunes, des milliers d'habitants.

Ce peuple, un moment épouvanté, n'avait pas tardé à s'aguerrir à ce spectacle. L'atrocité de ses ennemis ne produisait en lui que l'indignation. La cause de la guerre, qui n'était d'abord que la cause d'un parti, devint ainsi la cause unanime. Le crime de l'incendie de Lyon parut aux citoyens le sacrilége de la république. On ne comprit plus d'accommodement possible avec cette Convention qui empruntait l'incendie pour auxiliaire, et qui brûlait la France pour soumettre une opinion. La population s'arma tout entière pour défendre jusqu'à la mort ses remparts. Après avoir dévoué ses foyers, ses biens, ses toits, ses richesses, il lui en coûtait peu de dévouer sa vie. L'héroïsme devint une habitude de l'âme. Les femmes, les enfants, les vieillards, s'étaient apprivoisés en peu de jours avec le feu et avec les éclats des projectiles. Aussitôt qu'une bombe décrivait sa courbe sur un quartier ou sur un toit, ils se précipitaient, non pour la fuir, mais pour l'étouffer en arrachant la mèche. S'ils y réussissaient, ils jouaient avec le projectile éteint, et le portaient aux batteries de la ville pour le renvoyer aux ennemis; s'ils arrivaient trop tard, ils se couchaient à terre et se relevaient quand la bombe avait éclaté. Des secours, partout organisés contre l'incendie, apportaient, par des chaînes de mains, l'eau des deux fleuves à la maison enflammée. La population entière était divisée en deux peuples, dont l'un combattait sur les remparts, dont l'autre éteignait les flammes, portait aux avant-postes les munitions et les vivres, rapportait les blessés aux hôpitaux, pansait les plaies, ensevelissait les morts. La garde nationale, commandée par l'intrépide Madinier, comptait trente-six mille baïonnettes. Elle contenait les Jacobins, désarmait les clubistes, faisait exécuter les réquisitions de la commission populaire, et fournissait de nombreux détachements de volontaires aux postes les plus menacés. Précy, Virieu, Chenelette, présents partout, traversant sans cesse la ville à cheval pour courir et pour combattre d'un fleuve à l'autre, allaient du camp au conseil, et du conseil au combat. La commission populaire, présidée par le médecin Gilibert, Girondin ardent et courageux, n'hésitait ni devant la responsabilité ni devant la mort. Dévouée à la victoire ou à la guillotine, elle avait reçu du péril commun la puissance qu'elle exerçait avec le concours unanime de toutes les volontés. L'autorité est fille de la nécessité. Tout pliait, sans murmure, sous ce gouvernement de siége.

XXX

Les Jacobins, comprimés, désarmés, surveillés, se cachaient dans leurs faubourgs, se réfugiaient dans les camps républicains ou tramaient, dans l'ombre, de vains complots. Pendant la nuit du 24 au 25 août, et dans la confusion du bombardement de la place de Bellecour, le feu, allumé par la main d'une femme, dévora l'Arsenal, immense édifice assis sur les bords de la Saône, à l'extrémité de la ville. L'explosion ébranla, ravagea et consterna la ville. Cette nuit dispersa des milliers de quintaux de munitions et désarma en partie l'insurrection; mais elle ne désarma ni les bras ni les cœurs des Lyonnais. Les insurgés firent, à la lueur même de l'incendie, une sortie de trois mille hommes, qui repoussa les troupes républicaines des hauteurs de Sainte-Foi.

Le bombardement ne produisait que des décombres, mais point de progrès contre la place. La Convention réprimandait Kellermann. Les représentants du peuple présents à l'armée accusaient sa mollesse et ses temporisations. Les

Sardes profitaient de son absence pour reconquérir la Savoie. Kellermann prétexta la nécessité de sa présence à l'armée des Alpes, et demanda son remplacement à l'armée de Lyon. Le comité de salut public nomma le général Doppet à la place de Kellermann. Doppet avait commandé l'avant-garde de Carteaux contre Marseille ; il était rompu aux guerres civiles. En attendant l'arrivée de Doppet au camp, le commandement fut confié à Dubois-Crancé.

Dubois-Crancé, représentant du peuple et lieutenant de Kellermann, portait dans la guerre l'emportement de son républicanisme. Noble, mais transfuge de la cause des rois, Dubois-Crancé voulait écraser Lyon comme soldat, mais plus encore comme républicain. Il voyait dans ses murs les deux objets de sa haine : la Gironde et le royalisme. Il imprima à son armée, qui grossissait tous les jours, l'énergie et le mouvement de son âme. La voûte de fer et de feu qui couvrait Lyon depuis un mois s'épaissit encore. Il fit attaquer par l'armée de Reverchon, descendue des hauteurs de Limonest, le poste du château de la Duchère. Défendu par quatre mille Lyonnais et par des redoutes, ce poste dominait le faubourg de Vaise. Le lendemain, dans la nuit, sous la protection d'un feu terrible et combiné de toutes ses batteries, Dubois-Crancé s'avança lui-même, à la tête des bataillons de l'Ardèche, contre les redoutes des assiégés qui couvraient le pont d'Oullins et le pont de la Mulatière. Il les emporta à la baïonnette avant que les trois cents Lyonnais qui les gardaient eussent fait sauter le pont. La presqu'île Perrache se trouvait ainsi ouverte aux républicains. Les hauteurs de Sainte-Foi leur furent livrées par la trahison. Le caporal de garde à la principale redoute, pendant la nuit du 27 septembre, plaça la sentinelle avancée dans une position d'où l'on ne pouva rien découvrir. Ce caporal s'avança alors lui-même jusqu'aux postes républicains et livra le mot d'ordre des assiégés. Les républicains entrèrent, à la faveur de ce mot d'ordre, dans la redoute, et égorgèrent le poste.

La prise des redoutes de Sainte-Foi découvrait toutes les hauteurs de Lyon à l'ouest. Précy résolut de tenter un effort désespéré pour reprendre ces positions. Il s'avança, à la tête de ses bataillons d'élite, contre les républicains fortifiés dans leur conquête. Repoussé d'abord par le feu de leurs redoutes, son cheval tué et renversé sur son corps, il se dégage, il rallie ses troupes, il saisit le fusil d'un soldat, et marchant le premier aux pièces de canon, il en reçoit la mitraille ; son sang coule par deux blessures. Il l'étanche, et agitant son mouchoir sanglant dans sa main, comme un drapeau, il précipite ses bataillons sur l'ennemi, qui fuit en lui laissant les pièces enclouées et les redoutes démolies.

Mais pendant que Précy triomphe ainsi à Sainte-Foi et à Saint-Irénée, le général Doppet, profitant de l'accès ouvert la veille à ses troupes par la prise du pont de la Mulatière, lance ses bataillons sur l'avenue de Perrache, emporte les deux redoutes qui la défendent, et s'avance en colonne foudroyante sur le quartier du quai du Rhône, au cœur de Lyon. C'en était fait de la ville. Déjà les boulets balayaient le quai du Rhône, quand Précy, informé de l'invasion des républicains, redescend, avec les débris de ses bataillons, des hauteurs de Sainte-Foi, traverse la Saône et la ville, rallie en passant à sa poignée de braves tout ce qui reste de combattants sous sa main, les forme en colonne sur la place de la Charité, couvre la tête de sa colonne de quatre pièces de canon, répand une nuée de tirailleurs dans les terrains bas de Perrache pour protéger son flanc droit, et débouche au pas de course sur la levée pour repousser l'armée républicaine ou pour mourir.

XXXI

Les soldats de Doppet attendaient le choc. Le champ de bataille était une levée de vingt-cinq toises, entre le Rhône et le marais de Perrache. Aucune manœuvre n'était possible. La victoire était au parti le plus obstiné à mourir. Les batteries républicaines, placées, les unes sur la rive gauche du Rhône, les autres sur la rive droite de la Saône, les autres enfin sur la levée, balayaient dans trois sens la colonne lyonnaise. C'était un tourbillon de mitraille. Les premières compagnies furent emportées tout entières par ce vent de feu. Précy, franchissant les cadavres, s'élance, avec les plus intrépides de ses volontaires, sur les bataillons républicains qui soutenaient la batterie de front. Il les égorge corps à corps sur leurs pièces. Le choc fut si terrible et la fureur si acharnée, que les baïonnettes se brisaient dans le corps des combattants, sans leur arracher un cri, et que les républicains, précipités et enveloppés dans les fossés qui bordent la levée, refusèrent la vie qui leur était offerte, et se firent tuer jusqu'au dernier.

Précy, poursuivant sa victoire, refoula les colonnes débandées de Doppet jusqu'au pont de la Mulatière. Les républicains n'eurent que le temps de couper le pont après l'avoir repassé. Ils se replièrent jusqu'à Oullins. Lyon respira quelques jours. Mais Précy avait perdu, dans cette victoire, l'élite de la jeunesse lyonnaise. Les fatigues, le feu, la mort, les blessés, réduisaient à trois mille combattants les défenseurs d'une si vaste circonférence. Ils ne quittaient une brèche que pour voler à l'autre, laissant partout le plus pur de leur sang. Les batteries du général de la Convention, Vaubois, chauffant leurs boulets à rouge sur des grils qu'ils avaient fait venir de Grenoble, ne laissaient pas une heure de sommeil à la ville, pas même un abri aux blessés et aux mourants. En vain, selon l'usage des villes assiégées, où l'on épargne les asiles consacrés à l'humanité, Lyon avait arboré un drapeau noir sur son hôpital, monument admirable d'architecture et de charité; les artilleurs de la Convention criblaient de boulets et d'obus les murs et les dômes de l'hôpital. Les bombes éclatant dans les salles ensevelissaient les blessés sous les voûtes où ils venaient chercher leur salut. Les cours des deux fleuves et les routes qui apportaient des vivres à Lyon étaient fermés de toutes parts. Les vivres et les munitions étaient épuisés. On mangeait les derniers chevaux. On fondait, avec les plombs des édifices, les dernières balles. Le peuple murmurait, en mourant, contre une mort désormais inutile. Les secours dont on s'était flatté du côté de la Savoie et de l'Italie étaient interceptés par l'armée de Kellermann dans les Alpes. Marseille était pacifiée par Carteaux. L'incendie que Lyon avait espéré allumer par son exemple, au cœur de la France, était étouffé partout et ne dévorait que ses murs. La ville entière n'était qu'un champ de bataille, encombré des ruines de ses édifices et des lambeaux de sa population. Un dernier assaut, en la livrant à la fureur d'une armée de cent mille paysans irrités et affamés de pillage, pouvait, à chaque instant, livrer les femmes, les enfants, les vieillards, les malades, tout ce qu'il y a de sacré dans le foyer d'une cité, à l'outrage, au carnage, à la mort. La faim comptait les heures et expirait en les comptant. Il n'y avait plus que pour deux jours de nourriture disputée aux chevaux par les hommes. La distribution d'une demi-livre d'avoine délayée dans de l'eau cessa. Couthon et Maignet adressaient des sommations modérées et insidieuses. La commission populaire communiqua ces sommations aux sections assemblées. Les sections nommèrent des députés, pour aller au camp de Couthon conférer avec les généraux et les représentants. Ceux-ci accordèrent quinze heures à la ville, pour donner le temps aux défenseurs les plus compromis de pourvoir à leur sûreté.

XXXII

Précy rassembla, dans la nuit du 8 au 9 octobre, ses compagnons de gloire et de malheur. Il leur annonça que la dernière heure de Lyon était venue; que, malgré les promesses de Couthon, la terreur et la vengeance entreraient le lendemain dans la ville avec l'armée républicaine; que l'échafaud remplacerait pour eux le champ de bataille; qu'aucun de ceux que leurs fonctions, leur uniforme, leurs armes, leurs blessures, signaleraient comme les principaux défenseurs de la ville, n'échapperait au ressentiment de la

Convention et à la délation des Jacobins. Il ajouta que, quant à lui, il était décidé à mourir en soldat et non en victime ; qu'il sortirait cette nuit même de Lyon avec les derniers et les plus intrépides des citoyens ; qu'il tromperait la surveillance des camps républicains en les traversant du côté où il était le moins attendu et en remontant la rive gauche de la Saône, sur la route de Mâcon, la moins observée ; et que, parvenu à la hauteur de Montmerle, il traverserait le fleuve, se jetterait dans la Dombe, passerait derrière le camp de Dubois-Crancé, à Meximieux, et atteindrait les frontières suisses par les gorges du Jura. « Que ceux, ajouta-t-il, qui veulent tenter avec moi cette dernière fortune du soldat se trouvent, avec leurs armes et ce qu'ils ont de plus cher, avant la pointe du jour, rassemblés dans le faubourg de Vaise, et qu'ils me suivent. Je passerai ou je mourrai avec eux ! »

Cette nuit fut une agonie mortelle pour la ville. Elle se passa à délibérer dans le sein des familles sur le parti le plus sûr à prendre pour se sauver du lendemain. L'attente avait des perspectives sinistres, la sortie des périls certains. Deux mille hommes seulement, presque tous jeunes, nobles, royalistes, ou fils des plus hautes familles de Lyon, se trouvèrent, dès le crépuscule du matin, au rendez-vous indiqué par Précy. Trois ou quatre cents femmes, mères, épouses, sœurs des fugitifs, chargées d'enfants à la mamelle ou les conduisant par la main, accompagnaient leurs maris, leurs pères, leurs frères, et se réfugièrent dans la colonne pour partager leur sort. Cette foule confuse étouffait ses sanglots, de peur d'éveiller l'attention du camp de la Duchère.

XXXIII

Pendant que le rassemblement se formait lentement, sous les arbres touffus d'un grand parc nommé le bois de la Claire, quelques centaines de combattants assistaient, dans une cave voisine, à un service funèbre en l'honneur de leurs frères morts dans les combats et de ceux d'entre eux qui allaient mourir. Le général Virieu, dont le courage se fortifiait par la foi, y reçut la communion avant la marche, viatique de sa dernière journée. Quand tout le monde fut réuni, Précy, monté sur l'affût d'un de ses canons, harangua sa troupe : « Je suis content de vous, l'êtes-vous de moi? » leur dit-il. Des cris unanimes de : « Vive notre général ! » l'interrompirent. « Vous avez fait, continua Précy, tout ce qui était humainement possible pour votre malheureuse ville. Il n'a pas dépendu de moi qu'elle ne fût sauvée, libre et triomphante. Il dépend maintenant de vous de la revoir heureuse et prospère ! Souvenez-vous que, dans des extrémités telles que celles où nous nous trouvons, il n'y a de salut que dans la discipline et dans l'unité de commandement. Je ne vous en dis pas davantage; l'heure presse, le jour se lève. Fiez-vous à votre général.—Vive Lyon ! » répondit la colonne en adieu suprême à ses foyers abandonnés.

Précy avait divisé ce corps d'armée, ou plutôt ce convoi funèbre, en deux colonnes : l'une de quinze cents hommes précédés de quatre pièces de canon, sous ses ordres; l'autre de cinq cents hommes, sous les ordres du comte de Virieu; les femmes, les enfants, les vieillards désarmés, entre les rangs.

A la sortie du faubourg de Vaise, cinq batteries républicaines, soutenues par des bataillons embusqués derrière les murs et les haies, foudroyèrent les Lyonnais. Précy ordonna aux grenadiers de les débusquer à la baïonnette. Un de ses meilleurs officiers, Burtin de la Rivière, qui lui servait d'aide de camp, s'élance à la tête de la colonne. « Grenadiers, en avant! » s'écrie-t-il. Les grenadiers s'ébranlent; mais, au moment où La Rivière montrait du geste l'ennemi, un boulet lui fracasse le bras et la poitrine, et le jette mort aux pieds de son cheval. La colonne hésite. Précy rallie deux pelotons du centre, les enflamme de sa résolution, franchit à leur tête un ravin hérissé de feux, et refoule au loin les républicains. Pendant qu'il combat, la colonne passe, et il la rejoint à l'abri des batteries.

XXXIV

A la faveur de cette diversion, la colonne sortit du défilé et se glissa sous les collines escarpées qui bordent la Saône jusqu'aux gorges de Saint-Cyr. Précy franchit heureusement ces gorges. Déjà il marchait avec plus de sécurité dans un espace ouvert et libre. Virieu et sa colonne allaient s'engager à leur tour dans le défilé de Saint-Cyr, quand huit mille réquisitionnaires du camp de Limonest, dirigés par le représentant Reverchon, fondirent d'en haut sur sa colonne, la coupèrent en tronçons épars, précipitèrent dans la Saône ou fusillèrent dans les chemins creux et dans les vignes tous ceux qui la composaient, et ne laissèrent échapper ni hommes, ni enfants, ni femmes, à la baïonnette des républicains. Le massacre fut si complet que nul ne put connaître le sort de Virieu. Un dragon de l'armée républicaine assura l'avoir vu combattre en héros contre plusieurs cavaliers républicains, refuser tout quartier et se précipiter avec son cheval couvert de sang dans le fleuve. On ne trouva ni son corps, ni son cheval, ni ses armes sur le sol. Cette disparition soudaine et cette absence de tout vestige firent longtemps espérer à la comtesse de Virieu, qui fuyait de son côté déguisée en paysanne, que son mari avait échappé à la mort. Obstinée dans sa tendresse et dans son espérance pour lui, elle erra quelques mois dans les environs pour découvrir ses traces, et attendit pendant plusieurs années le retour du mort comme celui d'un absent.

XXXV

Précy, faisant face tour à tour avec ses canons à la cavalerie qui le poursuivait, aux tirailleurs du camp de Limonest qui le fusillaient en flanc et aux bataillons qui lui barraient le passage, attaqua une dernière fois à la baïonnette une batterie républicaine, la dispersa, et entra avec sa colonne dans le bois d'Alix. La rive gauche de la Saône était hérissée de tirailleurs. Franchir le fleuve devenait impraticable. Il n'y avait plus de salut pour l'armée que dans sa dispersion sur les montagnes du Forez. Parmi ces populations religieuses, royalistes, contre-révolutionnaires, dans des sites coupés de torrents et de forêts, la petite armée des Lyonnais soulèverait le pays ou trouverait du moins des asiles et des moyens de fuite individuelle. Précy rassembla sa troupe en conseil de guerre et lui communiqua sa résolution. Elle fut combattue avec obstination par une partie de ses compagnons d'armes, qui ne voyaient de salut qu'au delà des Alpes. Une altercation tumultueuse s'éleva entre les deux partis. Pendant ce débat, le tocsin sonnait dans tous les villages, et les paysans cernaient la forêt. Une moitié de l'armée abandonna son général, franchit la Saône et fut immolée sur l'autre bord. Précy, suivi seulement d'environ trois cents combattants, abandonna les canons et les chevaux, sortit des bois d'Alix, s'éloigna de la Saône et marcha pendant trois jours de combats en combats, semant sa route à travers les montagnes de traînards, de blessés, de morts. Traqués par les habitants, poursuivis par la cavalerie légère de Reverchon, à chaque instant sur le point d'être enveloppés, ces débris de dix mille combattants au commencement du siége atteignirent, au nombre de cent dix, le sommet du mont Saint-Romain, plateau élevé défendu par des ravins et voilé de taillis. Le cercle se rétrécissait à chaque minute autour d'eux. Quelques hameaux leur fournissaient encore des vivres. Des parlementaires républicains, admirant leur intrépidité et plaignant leur sort, leur offrirent une capitulation. On assurait la vie à tous, excepté au général. Ses braves compagnons refusèrent de séparer leur sort du sien. Précy les embrassa tous une dernière fois, quitta son habit de commandant, brisa son épée, débrida son cheval, lui rendit la liberté, et, se glissant dans les broussailles sous la conduite d'un de ses soldats, il s'enfonça dans des cavernes inaccessibles abritées par un bois de sapins. A peine Précy avait-il quitté son armée, qu'un officier de hussards républicains se présente aux avant-postes : « Livrez-nous votre général, et vous êtes sauvés, dit-il au jeune Reyssié, aide de camp de Précy et un des héros du siége. — Il n'est plus parmi nous, répond Reyssié, et, si vous en voulez la preuve, regardez : voilà son cheval abandonné qui paît l'herbe en liberté derrière nous. — Tu me trompes, réplique l'officier tirant son sabre ; le général, c'est toi ! et je t'arrête. » A ces mots, Reyssié, lassé de la vie, casse la tête d'un coup de pistolet à l'officier républicain, et, plaçant dans sa propre bouche le canon de son second pistolet, se brûle la cervelle, et tombe vengé sur le corps de son ennemi. Au bruit de cette double détonation, les républicains fondent sur les débris de l'armée lyonnaise et les égorgent sans pitié. A peine quelques soldats isolés échappèrent-ils au massacre en rampant dans les broussailles. Reyssié et l'officier qu'il avait entraîné dans la mort furent jetés par les paysans dans la même fosse.

XXXVI

Cependant Précy, instruit par deux de ses soldats fugitifs de l'inutilité de son sacrifice et du massacre de son armée, erra trois jours et trois nuits sans nourriture et sans abri dans les bois et dans les ravins de ces montagnes. Ses deux derniers compagnons ne l'abandonnèrent pas. L'un d'eux, paysan du hameau de Violay, au bord de la Saône, parvint à conduire son général, en trois nuits de marche, jusque dans un bois voisin de la chaumière de son père. Il le nourrit là furtivement pendant quelques jours de pain dérobé à l'indigence de ses parents. Il lui procura des habits de paysan. Quand enfin le bruit répandu de la mort de Précy se fut accrédité à Lyon et ralentit l'ardeur des recherches, le général parvint à se réfugier en Suisse à travers les gorges du Jura. Précy ne passa la frontière qu'avec deux soldats, seuls débris de l'immense insurrection civile que la république rejetait de son sein, comme elle allait rejeter bientôt les débris de la coalition des rois.

Précy, accueilli avec respect dans l'exil, rentra dans sa patrie avec les Bourbons. Il y vieillit sans récompense et sans honneur sous leur règne. Les cours n'aiment que les courtisans. Précy n'avait pas émigré. Il n'avait combattu de la république que son anarchie et ses excès. Il avait conservé les couleurs de la nation sur son drapeau. Soldat de la patrie et non d'une famille, il fut oublié. Les princes et les hommes sont ainsi faits, qu'ils aiment mieux ceux qui ont partagé leurs fautes que ceux qui ont servi leurs intérêts. On ne se souvint de Précy qu'après sa mort. Lyon fit de magnifiques funérailles à son général dans cette plaine des Brotteaux arrosée du sang de ses compagnons d'armes. On l'ensevelit auprès des restes de ces héros du siége. Sa dépouille mortelle y repose dans sa gloire : les guerres civiles ne décernent que des tombeaux.

LIVRE CINQUANTIÈME

Entrée de l'armée républicaine à Lyon. — La Convention décrète la destruction de cette ville. — Couthon. — Collot-d'Herbois. — L'armée révolutionnaire. — Fouché. — Profanations. — Supplices. — Destructions. — Ruines. — Misère. — Dorfeuille accélère les exécutions. — Massacres en masse. — Mêmes exécutions dans toute la province. — Toulon se soulève. — Le parti royaliste. — Les Anglais appelés par les insurgés. — Le général Carteaux. — Siége de Toulon par l'armée républicaine. — Napoléon Bonaparte. — Le général Dugommier. — Prise du fort Mulgrave. — Les Anglais évacuent Toulon après avoir incendié la flotte française. — Entrée de l'armée républicaine. — Réactions.

I

Ce qui attriste l'histoire dans le récit des guerres civiles, c'est qu'après les champs de bataille il faut raconter les échafauds.

L'armée républicaine entra à Lyon avec une apparence de modération et de fraternité qui donnait à cette occupation l'aspect d'une réconciliation plus que d'une conquête. Couthon lui-même ordonna, dans les premiers moments, le respect des personnes et des propriétés. Aucun désordre, aucune violence ne furent tolérés. Les paysans de l'Auvergne qui étaient accourus avec des chars, des mulets et des sacs, pour emporter les dépouilles de la plus opulente ville de France promises à leur rapacité, furent congédiés les mains vides, et regagnèrent en murmurant leurs montagnes. Les républicains se comportèrent en vainqueurs affligés de leur victoire, et non en bandes sauvages et indisciplinées. Ils partagèrent leur pain avec les habitants affamés. La générosité naturelle au soldat français précéda la vengeance. Les représentants ne la proclamèrent que quelques jours après, et sur les injonctions du comité de salut public. Lyon fut choisi pour exemple des sévérités de la république. Ce n'était plus assez de supplices individuels; la terreur voulait offrir le supplice d'une ville en exemple et en menace à ses ennemis.

Les Jacobins amis de Châlier, longtemps comprimés par les royalistes et par les Girondins de Lyon, sortirent de leurs refuges en criant vengeance aux représentants, et en sommant la Convention de leur livrer enfin leurs ennemis. Les représentants essayèrent quelque temps de contenir cette rage; ils finirent par lui obéir, et se bornèrent à la régulariser par l'institution de tribunaux révolutionnaires et de décrets d'extermination.

II

Ici, comme dans tous les actes de la terreur, on a déversé sur un seul homme l'horreur du sang répandu. La confusion du moment, le désespoir de ceux qui meurent, le ressentiment de ceux qui survivent ne sait pas choisir entre les coupables, et fait quelquefois tomber l'exécration de la postérité sur les moins criminels. L'histoire a ses hasards comme le champ de bataille : elle absout ou elle immole certaines renommées, sans lumière et sans pitié. C'est au temps à mieux rétribuer. Sans affaiblir la réprobation qui s'attache aux grandes exécutions des guerres civiles, c'est à lui de faire peser sur chaque parti et sur chaque homme la part exacte de responsabilité qui lui revient. Les préjugés de la calomnie ne se légitiment pas par le temps. La justice est due à tous les noms, même odieux. On ne prescrit pas contre la mémoire des hommes.

Tous les crimes de la république à Lyon ont été rejetés sur Couthon, parce que Couthon était l'ami et le confident de Robespierre dans la répression du fédéralisme, dans la victoire des républicains unitaires contre l'anarchie civile. Les dates, les faits et les paroles impartialement étudiés démentent ces préjugés. Couthon entra à Lyon en pacificateur plutôt qu'en bourreau; il y combattit, avec toute l'énergie que lui permettait son rôle, les excès et les vengeances des Jacobins. Il lutta contre Dubois-Crancé, Collot-d'Herbois, Dorfeuille, pour modérer la réaction de ces emportés de la terreur. Il fut dénoncé par eux à la Montagne et aux Jacobins comme indulgent et prévaricateur. Il se retira enfin avant la première condamnation à mort, pour ne pas être témoin et complice du sang versé par les représentants du parti implacable de la Convention.

III

Couthon, Laporte, Maignet et Châteauneuf-Randon entrèrent triomphalement à Lyon à la tête des troupes et se rendirent à l'hôtel de ville, escortés de tous les Jacobins et d'un flot de peuple qui leur demandait, à grands cris, les dépouilles des riches et les têtes des fédéralistes. Couthon harangua cette multitude, promit vengeance, mais recommanda l'ordre, et revendiqua pour la république seule le droit de choisir, de juger et de frapper ses ennemis. Les représentants allèrent de là s'installer dans le palais vide de l'archevêché. Les appartements dévastés de cet édifice, les pans de muraille et les toits écrasés par les bombes donnaient à leur résidence l'aspect d'un campement parmi des décombres. Dubois-Crancé, général en second de l'armée de siége, et membre aussi de la Convention, se présenta le même soir à l'archevêché avec la concubine qu'il traînait à sa suite dans les camps. Il ne put trouver pour asile, dans le palais de ses collègues, qu'un réduit fétide sous les toits à demi écroulés. Le vainquer de Lyon, couché sur un misérable grabat, indigné du mépris de ses collègues, qui le reléguaient dans ce grenier, quitta le lendemain l'archevêché, en murmurant contre l'insolence de Couthon, et alla se loger dans une hôtellerie de la ville. Les Jacobins, offensés des temporisations de Couthon, se groupèrent autour de Dubois-Crancé. Ce général les réunit le soir dans la salle du théâtre. Les loges et les décorations incendiées, les voûtes percées à jour, rappelaient à l'œil la résistance et la punition. Dubois-Crancé reforma le club central. Il harangua les Jacobins moins en chef qu'en complice. Le peuple sortit en criant : « Vive Dubois-Crancé ! » Il se répandit dans les rues, en chantant des couplets féroces. On signa dans les lieux publics une pétition à la Convention, pour lui demander de conserver le commandement de l'armée à ce général.

Couthon et ses collègues, voyant les Jacobins et Dubois-Crancé prêts à entraîner les soldats dans leur cause, et l'armée travaillée par les clubistes, écrivirent au comité de salut public pour demander le prompt rappel du général jacobin. Ils adressèrent proclamations sur proclamations aux troupes et au peuple, les invitant à la discipline, à l'ordre, à la clémence. « Braves soldats ! disait Couthon, avant d'entrer dans la ville de Lyon, vous avez juré de faire respecter la vie et les biens des citoyens. Ce serment solennel ne sera pas vain, puisqu'il vous a été dicté par le sentiment de votre propre gloire ! Il pourrait y avoir hors de l'armée des hommes qui se porteraient à des excès ou à des vengeances, afin d'en attribuer l'infamie aux braves républicains ; dénoncez-les, arrêtez-les, nous en ferons prompte justice ! — Soldats français, disait-il ailleurs, gardez-vous de perdre tout le mérite de la guerre que vous venez de faire avec tant de magnanimité. Restez ce que vous avez été. Laissez aux lois le droit de punir les coupables !... Des ennemis du peuple prennent le masque du patriotisme pour égarer quelques-uns d'entre vous ; ils cherchent à vous faire outrager, par des actes injustes, oppressifs, arbitraires, l'honneur de l'armée et de la république... »

Couthon ordonna que les manufactures fussent rouvertes et que les relations commerciales reprissent leur cours. Les Jacobins frémirent. L'armée obéit. Dubois-Crancé, intimidé et rappelé par la Convention, trembla devant Couthon et s'humilia devant Robespierre. Couthon ferma les clubs imprudemment rouverts par Dubois-Crancé : « Considérant, dit-il, qu'à la suite du siége que Lyon vient d'essuyer, les passions individuelles des citoyens les uns contre les autres doivent encore fermenter, que les malveillants pourraient profiter de ces circonstances pour souffler le feu de la discorde civile... ; il est défendu aux citoyens de s'assembler en sections ou en comités. — Que feront les citoyens, écrivait Couthon au comité de salut public, quand ils verront les députés les exciter les premiers à la violation des lois ? » Il se borna, conformément aux lois existantes, à renvoyer devant une commission militaire les Lyonnais fugitifs pris les armes à la main, après la capitulation. Il institua, quelques jours après, par ordre du comité de salut public, un second tribunal sous le nom de *Commission de justice populaire*. Ce tribunal devait juger tous ceux des citoyens qui, sans être militaires, auraient trempé dans la résistance armée de Lyon à la république. Les formes judiciaires et lentes de ce tribunal donnaient, sinon des garanties à l'innocence, du moins du temps à la réflexion. Couthon garda dix jours le décret qui instituait ce tribunal, pour donner aux individus compromis et aux signataires des actes incriminés pendant le siége le temps de s'évader. Vingt mille citoyens, prévenus par ses soins du danger qui les menaçait, sortirent de la ville et se réfugièrent en Suisse ou dans les montagnes du Forez.

IV

Cependant la Montagne et les Jacobins de Paris, soulevés contre les lenteurs de Couthon par les accusations de Dubois-Crancé, pressaient le comité de salut public de donner un mémorable exemple aux insurrections à venir, et de venger la république sur la seconde ville de la république. Robespierre et Saint-Just, quoique amis particuliers de Couthon et satisfaits d'avoir vaincu, se sentaient impuissants contre l'emportement de la Montagne. Ils feignirent de le partager. Barère, toujours prêt à servir indifféremment la fureur ou la sagesse des partis, monta, le 12 novembre, à la tribune, et lut à la Convention, au nom du comité de salut public, un décret ou plutôt un *plébicide* contre Lyon.

« Que Lyon soit enseveli sous ses ruines! dit Barère. La charrue doit passer sur tous les édifices, à l'exception de la demeure de l'indigent, des ateliers, des hospices ou des maisons consacrées à l'instruction publique. Il faut que le nom même de cette ville soit englouti sous ses ruines. On l'appellera désormais *Ville affranchie.* Sur les débris de cette infâme cité il sera élevé un monument qui sera l'honneur de la Convention, et qui attestera le crime et la punition des ennemis de la liberté. Cette seule inscription dira tout : *Lyon fit la guerre à la liberté, Lyon n'est plus !* » Le décret portait : qu'une commission extraordinaire, composée de cinq membres, ferait punir militairement les contre-révolutionnaires de Lyon ; que les habitants seraient désarmés ; que les armes des riches seraient remises aux pauvres ; que la ville serait détruite, et spécialement toutes les habitations des riches ; que le nom de la ville serait effacé du tableau des villes de la république ; que les biens des riches et des contre-révolutionnaires seraient distribués en indemnités aux patriotes.

Ce décret fit trembler le sol de Lyon. Le fanatisme de la liberté n'avait pas encore éclaté jusqu'au suicide ; la propriété n'avait pas encore été imputée à crime ; la spoliation n'avait pas encore transféré la richesse du riche à l'indigent, de la victime au délateur. La ville dont le culte était la propriété était la première frappée dans la propriété. Couthon, tout en feignant d'admirer le décret, le crut inexécutable, et resta encore douze jours sans le mettre à exécution. Ces délais laissaient fuir en foule les citoyens menacés. Le représentant ouvrait la porte aux victimes pour frapper à vide les coups ordonnés par les Jacobins. « Ce décret, citoyens collègues ! écrivait-il à la Convention, nous a pénétrés d'admiration. De toutes les mesures grandes et vigoureuses que vous venez de prendre, une seule, nous l'avouons, nous avait échappé : c'est celle de la destruction totale ; mais déjà nous avions frappé les murs de défense et les remparts. » La Montagne aurait voulu que

Lyon s'engloutît aussi promptement que Barère avait prononcé l'arrêt de sa destruction.

Un homme néfaste pour la ville de Lyon, Collot-d'Herbois, fulminait au comité de salut public et aux Jacobins de Paris contre la mollesse des représentants du peuple en mission dans cette ville. On eût cru qu'une haine personnelle et mortelle l'animait contre Lyon. On disait qu'ancien comédien et débutant sans talent sur le théâtre de cette ville il avait été sifflé en signe de dégoût par les spectateurs ; que le ressentiment de l'acteur vivait et brûlait dans l'âme du représentant ; et qu'en vengeant la république il vengeait son orgueil offensé. Dubois-Crancé appuyait l'éloquence de Collot-d'Herbois de son témoignage. Il apporta un jour, sur la tribune des Jacobins, la tête coupée de Châlier. Il étala et montra du doigt sur ce crâne les traces des cinq coups successifs de la guillotine qui avaient mutilé, avant de la tuer, l'idole des révolutionnaires lyonnais. Guillard, l'ami de Châlier, leva les mains au ciel à cet aspect, et s'écria : « Au nom de la patrie et des frères de Châlier, je demande vengeance des crimes de Lyon. »

V

Couthon et ses collègues se déterminèrent enfin à céder aux injonctions de la Montagne ; ils réorganisèrent les comités révolutionnaires. Couthon les investit d'un droit de recherche, de surveillance et de dénonciation contre les fédéralistes et les royalistes. Il ordonna des visites domiciliaires et des appositions de scellés sur les maisons des suspects. Mais il entoura toutes ces mesures de conditions et de prescriptions qui en neutralisaient en partie l'effet. Enfin Couthon accomplit, mais seulement en apparence, le décret de la Convention qui ordonnait la démolition des édifices. Il se rendit en grand appareil, accompagné de ses collègues et de la municipalité, sur la place de Bellecour, plus particulièrement vouée à la destruction par l'opinion de ses habitants et par le luxe de ses constructions. Porté dans un fauteuil, comme sur le trône des ruines, par quatre hommes du peuple, Couthon frappa d'un marteau d'argent la pierre angulaire d'une des maisons de la place, en prononçant ces paroles : « Au nom de la loi, je te démolis. »

Une poignée d'indigents en haillons, des pionniers et des maçons, portant sur leurs épaules des pioches, des leviers, des haches, formaient le cortége des représentants. Ces hommes applaudissaient d'avance à la chute de ces demeures, dont la ruine allait consoler leur envie ; mais Couthon, satisfait d'avoir donné ce signe d'obéissance à la Convention, imposa silence à leurs clameurs et les congédia. Les démolitions furent ajournées jusqu'à l'époque où les habitants de la place auraient emporté ailleurs leurs meubles et leurs foyers.

Après la cérémonie, les représentants rendirent un arrêté pour ordonner aux sections d'enrôler chacune trente démolisseurs et de leur fournir les pinces, les marteaux, les tombereaux et les brouettes nécessaires au déblayement des débris. Les femmes, les enfants, les vieillards, furent admis, selon leur force, à l'œuvre. Un salaire leur fut attribué aux frais des propriétaires spoliés, mais on ne démolit pas encore! Couthon, réprimandé de nouveau par le comité de salut public pour la lenteur de ses exécutions, et coupable aux yeux des Jacobins du sang qu'il ne voulait pas verser, averti de plus de la prochaine arrivée d'autres représentants chargés d'accélérer les vengeances, écrivit à Robespierre et à Saint-Just. Il conjura ses amis de le soulager du poids d'une mission qui pesait à son âme, et de l'envoyer dans le Midi. Robespierre fit rappeler Couthon. Son départ fut le signal des calamités de Lyon. Le sang qu'il retenait déborda. Les représentants Albitte, Javogues, accoururent. Dorfeuille, président de la commission de justice populaire, fit dresser la guillotine sur la place des Terreaux. Il la fit élever aussi dans la petite ville de Feurs, autre foyer de vengeances nationales, au sud des montagnes insurgées.

Dorfeuille présida là, la tête du club central, à une fête funèbre consacrée aux mânes de Chalier. « Il est mort, s'écria Dorfeuille, et il est mort pour la patrie! Jurons de l'imiter et de punir ses assassins! Ville impure! ce n'était pas assez pour toi d'avoir infecté pendant deux siècles de ton luxe et de tes vices la France et l'Europe! il te fallait encore égorger la vertu! Les monstres! ils l'ont commis, ce forfait, et ils respirent encore! Châlier, nous te devons une vengeance, et tu l'obtiendras! Martyr de la liberté, le sang des scélérats est l'eau lustrale qui convient à tes mânes! Aristocrates, fanatiques! serpents des cours, négociants avides et égoïstes! femmes perdues de débauche, d'adultère, de prostitution! que lui reprochiez-vous? De l'exagération, un patriotisme exalté, une popularité dangereuse! Misérables! ainsi vous vous arrogiez le droit de poser la borne où doit s'arrêter l'amour de la patrie et la reconnaissance du peuple ! Ainsi vous annonciez que c'est entre vos mains que l'Éternel a remis l'équerre et le compas des vertus humaines ! Ah ! si vous ne pouvez comprendre les vertus, au moins ne les assassinez pas ! Ils chantèrent à son supplice, peuple ! pleure aujourd'hui à son triomphe. O vous, citoyens ! qui formez ici ce groupe à ma droite, c'est à cette même place que Châlier quitta la vie. C'est ici que mourut de la mort des criminels le plus innocent des hommes. O vous qui formez ce groupe à ma droite, citoyens, vous foulez son sang ! Écoutez ses derniers moments. Il va, par ma voix, vous parler une dernière fois. Citoyens, écoutez ! »

Dorfeuille lut alors, au milieu des sanglots et des imprécations de la foule, une lettre écrite par Châlier au moment de monter à l'échafaud. Ses adieux à ses amis, à ses parents, à la femme qu'il aimait, étaient pleins de larmes ; ses adieux à ses frères les Jacobins, pleins d'enthousiasme. La liberté, la démocratie et la religion se fondaient en une confuse invocation de Châlier au peuple, à Dieu, à l'immortalité. La mort solennisait ces paroles. Le peuple les recueillit comme le legs du patriote.

VI

Le lendemain, Dorfeuille présida, pour la première fois, le tribunal. Les supplices commencèrent avec les jugements. Albitte et ses collègues, qui venaient de succéder à Couthon, appelèrent à Lyon l'armée de Ronsin; ils formèrent une armée pareille dans chacun des six départements voisins. La mission de ces armées, recrutées dans l'écume du peuple, était de généraliser, sur toute la surface de ces départements, les mesures d'inquisition, de spoliation, d'arrestation et de meurtre juridiques dont Lyon allait devenir le foyer. Dans les murs et hors des murs, les fugitifs ne trouvaient que des piéges, les suspects que des délateurs, les accusés que des bourreaux. Des milliers de détenus de toutes conditions, nobles, prêtres, propriétaires, négociants, cultivateurs, encombrèrent en peu de jours les prisons de ces départements. On les évacuait par colonnes et par charretées sur Lyon. Là, cinq vastes dépôts les recevaient pour quelques jours, et les reversaient à l'échafaud. Le vide se faisait et se comblait sans cesse. La mort maintenait le niveau.

Au nombre de ces victimes suppliciées dans leur corps ou dans leur âme avant l'âge du crime, on remarquait une jeune orpheline encore enfant, mademoiselle Alexandrine des Écherolles, privée de sa mère par la mort, de son père par la fuite; elle venait chaque jour à la porte de la prison des recluses solliciter par ses larmes la permission de voir la tante qui lui avait servi de mère et qu'on avait jetée dans les cachots. Bientôt elle la vit conduire au supplice et la suivit jusqu'au pied de l'échafaud, demandant en vain de lui être réunie dans la mort. On dut plus tard à cette enfant quelques-unes des pages les plus dramatiques et les plus touchantes de ce siège. Semblable à cette Jeanne de La Force, historienne des guerres de religion de 1622, et à l'héroïque et naïve madame de La Rochejaquelein, elle écrivit avec le sang de sa famille et avec ses propres larmes le récit des catastrophes auxquelles elle avait assisté. Les femmes sont les véritables historiens des guerres civiles, parce qu'elles n'y ont jamais d'autre cause que celle de leur cœur, et que les souvenirs y conservent toute la chaleur de leur passion.

Albitte lui-même, jugé trop indulgent, se retira, comme Couthon, à l'arrivée de Collot-d'Herbois et de Fouché, nouveaux proconsuls désignés par la Montagne. On connaissait Collot-d'Herbois, vanité féroce qui ne voyait la gloire que dans l'excès, et dont aucune raison ne modérait les emportements. On ne connaissait pas Fouché; on le croyait fanatique, il n'était qu'habile. Plus comédien de caractère que Collot ne l'était de profession, il jouait le rôle de Brutus avec l'âme de Séjan. Nourri dans les habitudes du cloître, Fouché y avait contracté ce pli servile que la vie monacale imprime quelquefois aux caractères, et qui les rend également propres à obéir ou à dominer selon le temps. Il n'avait vu dans la Révolution qu'une puissance à flatter et à exploiter. Il se dévouait à la tyrannie du peuple, en attendant le moment de se dévouer à la tyrannie de quelque César. Il flairait les temps. Fouché cherchait alors à circonvenir Robespierre. Il feignait d'aimer la sœur du député d'Arras et de vouloir l'épouser. Robespierre abhorrait Fouché, malgré ses caresses. Il pressentait son incrédulité révolutionnaire et son athéisme. Robespierre voulait des séides de sa foi, mais non des adulateurs de sa personne. Il écartait Fouché de son cœur et de sa famille comme un piége. Fouché, affectant l'exagération des principes, s'était lié avec Chaumette et Hébert. Chaumette était de Nevers. Il avait fait envoyer Fouché dans cette ville pour y propager la terreur. Les actes et les lettres de

Fouché dépassèrent, à Nevers, la langue des démagogues de Paris. Il effaça, en peu de mois, dans ces départements, l'empreinte des siècles dans les mœurs, dans les lois, dans les fortunes, dans les castes. Cependant, plus avide pour la république que sanguinaire, il avait plus emprisonné qu'immolé; il menaçait plus qu'il ne frappait. Les dépouilles des riches, des émigrés, des châteaux, des églises, les rançons des suspects, les produits de ses exactions, envoyés par lui à la Convention et à la commune de Paris, attestèrent l'énergie de ses mesures, et firent fermer les yeux sur ses tolérances d'opinion. Il frappait surtout les idoles muettes de l'ancien culte qu'il avait répudié. Son impiété lui comptait pour du patriotisme. « Le peuple français, écrivait-il, ne reconnaît d'autre dogme que celui de sa souveraineté et de sa toute-puissance. » Il proscrivit tout signe religieux, même sur la tombe. Il fit graver la figure du sommeil sur le frontispice des lieux de sépulture ; il ordonna qu'on n'y écrivît d'autre inscription que celle-ci : *La mort est un sommeil éternel!* Son athéisme professait le néant.

VII

Tels étaient les deux hommes que la Montagne envoyait présider au supplice de Lyon. Robespierre voulut leur faire adjoindre Montaut, républicain inflexible, mais probe. Montaut, instruit par le sort de Couthon de ce qu'on attendait de lui, refusa de se rendre à son poste. Les deux représentants commencèrent par accuser Couthon de l'ajournement des démolitions et des supplices. « Les accusateurs publics vont marcher, écrivirent-ils ; le tribunal va juger pour trois dans un jour. La mine va accélérer les démolitions... »

Collot avait amené avec lui de Paris une colonie de Jacobins choisis, au scrutin, parmi les hommes extrêmes de cette société. Fouché en amenait une autre de la Nièvre, tous hommes exercés aux délations, endurcis aux larmes, aguerris aux supplices. Les représentants s'étaient fait suivre de geôliers étrangers, de peur que les relations de cité avec les détenus et la pitié naturelle entre compatriotes ne corrompissent l'inflexibilité des geôliers de Lyon. Ils commandèrent des guillotines comme des armes avant le combat. Ils promenèrent dans la ville, pour échauffer le peuple, l'urne mortuaire de Châlier. Arrivés à l'autel qu'ils avaient dressé à ses mânes, ils fléchirent le genou devant ses restes. « Châlier, s'écria Fouché, le sang des aristocrates sera ton encens ! »

Les signes du christianisme, l'Évangile et le crucifix, traînés à la suite de la procession, attachés à la queue d'un animal immonde, furent jetés dans le bûcher allumé sur l'autel de Châlier. On fit boire un âne dans le calice du sacrifice. On foula aux pieds les hosties. Les temples, jusque-là réservés au culte constitutionnel, furent profanés par des chants, des danses, des cérémonies ironiques.

« Nous avons fondé hier la religion du patriotisme, écrivait Collot. Des larmes ont coulé de tous les yeux à la vue de la colombe qui consolait Châlier dans sa prison et qui semblait gémir auprès de son simulacre. *Vengeance ! ven-*

geance! criait-on de toutes parts. Nous le jurons! le peuple sera vengé, le sol sera bouleversé, tout ce que le vice et le crime avaient bâti sera anéanti. Le voyageur, sur les débris de cette ville superbe et rebelle, ne verra plus que quelques chaumières habitées par les amis de l'égalité!»

VIII

Les têtes de dix membres de la municipalité tombèrent le lendemain. La mine fit sauter les plus beaux édifices de la ville. Une instruction patriotique, signée de Fouché et de Collot, aux clubistes de Lyon et des départements de la Loire et du Rhône, pour stimuler leur énergie, résumait ainsi leurs droits et leurs devoirs : « Tout est permis à ceux qui agissent dans le sens de la Révolution. Le désir d'une vengeance légitime devient un besoin impérieux. Citoyens, il faut que tous ceux qui ont concouru directement ou indirectement à la rébellion portent la tête sur l'échafaud. Si vous êtes patriotes, vous saurez distinguer vos amis; vous séquestrerez tous les autres. Qu'aucune considération ne vous arrête, ni l'âge, ni le sexe, ni la parenté. Prenez en impôt forcé tout ce qu'un citoyen a d'inutile : tout homme qui possède au delà de ses besoins ne peut qu'abuser. Il y a des gens qui ont des amas de draps, de linge, de chemises, de souliers. Requérez tout cela. De quel droit un homme garderait-il dans ses armoires des meubles ou des vêtements superflus? Que l'or et l'argent et tous les métaux précieux s'écoulent dans le trésor national. Extirpez les cultes; le républicain n'a d'autre Dieu que sa patrie. Toutes les communes de la république ne tarderont pas à imiter celle de Paris, qui, sur les ruines d'un culte gothique, vient d'élever le temple de la Raison. Aidez-nous à frapper les grands coups, ou nous vous frapperons vous-mêmes. »

Ces proclamations de la vengeance, du pillage et de l'athéisme, étaient autant de reproches indirects à Couthon, qui avait tenu un langage tout opposé, peu de jours auparavant, à la réunion populaire : « Notre morale à nous, avait dit Couthon en parlant de Robespierre et de son parti, n'est pas la morale de quelques faux philosophes du jour, qui, ne sachant pas lire dans le grand livre de la nature, croient au hasard et au néant. Nous croyons, nous, à une Providence, nous croyons à un Être suprême, puissant, juste et bon par essence. Nous ne l'outrageons pas par des cérémonies ridicules et forcenées; l'hommage que nous lui rendons est pur et libre. »

Conformément à l'esprit de cette proclamation, Fouché et Collot créèrent des commissaires de confiscation et de délation. Ils affectèrent un salaire de trente francs par dénonciation. Le salaire était double pour les têtes d'élite, telles que celles des nobles, des prêtres, des religieux, des religieuses. On ne délivrait le prix de sang qu'à celui qui dirigeait, en personne, les recherches de l'armée révolutionnaire et qui livrait le suspect au tribunal. Une foule de misérables vivaient de ce infâme trafic de la vie des citoyens. Les caves, les greniers, les égouts, les bois, les émigrations nocturnes dans les montagnes environnantes, les déguisements de tout genre, dérobaient vainement des hommes compromis, les femmes tremblantes à l'inquisition toujours éveillée des délateurs. La faim, le froid, la fatigue, la maladie, les visites domiciliaires, la trahison, les livraient, après quelques jours, aux sicaires de la commission temporaire. Les cachots regorgeaient de prisonniers. Pendant que les propriétaires et les négociants périssaient, les maisons s'écroulaient sous le marteau. Aussitôt qu'un délateur avait indiqué une maison confisquée au comité des séquestres, le comité de démolition lançait ses bandes de pionniers contre les murs. Les marchands, les locataires, les familles expulsées de ces maisons proscrites avaient à peine le temps d'évacuer leur domicile, d'emporter les vieillards, les infirmes, les enfants, dans d'autres demeures. On voyait tous les jours la pioche attaquer les escaliers, ou les couvreurs enlever les tuiles. Pendant que les habitants surpris précipitaient leurs meubles par les fenêtres et que les mères emportaient les berceaux de leurs enfants à travers les décombres de leurs toits, vingt mille pionniers de l'Auvergne et des Basses-Alpes étaient employés à raser le sol. La poudre sapait les caves et les fondements. La solde des démolisseurs s'élevait à quatre cent mille francs par décade. Les démolitions coûtèrent quinze millions pour anéantir une capitale de plus de trois cents millions de valeur en édifices. Des centaines d'ouvriers périrent engloutis sous les pans des murailles imprudemment minées. Le quai Saint-Clair, les deux façades de la place de Bellecour, les quais de la Saône, les rues habitées par l'aristocratie du commerce, les arsenaux, les hôpitaux, les monastères, les églises, les fortifications, les maisons de plaisance des bords sur les deux fleuves, n'offraient plus que l'aspect d'une ville trouée par le canon après de longs assauts. Lyon presque inhabité se taisait au milieu de ses ruines. Les ouvriers, sans ateliers et sans pain, enrôlés et soudoyés par les représentants, aux dépens des riches, semblaient s'acharner, la hache à la main, sur le cadavre de la ville qui les avait nourris. Le bruit des murs qui tombaient, la poussière des démolitions qui enveloppait la ville, le retentissement des coups de canon et des feux de peloton qui fusillaient ou qui mitraillaient les habitants, le roulement des charrettes qui, des cinq prisons de la ville, conduisaient les accusés au tribunal et les condamnés à la guillotine, étaient les seuls signes de vie de la population ; l'échafaud était son seul spectacle, les acclamations d'un peuple en haillons à chaque tête qui roulait à ses pieds étaient sa seule fête.

IX

La commission de justice populaire, instituée par Couthon, fut transformée, à l'arrivée de Ronsin et de son armée, en tribunal révolutionnaire. Le surlendemain de l'arrivée de ces corps moins soldats que licteurs de la république, les exécutions commencèrent, sans interruption, pendant quatre-vingt-dix jours. Huit ou dix condamnés par séance mouraient, en sortant du tribunal, sur l'échafaud dressé en permanence en face du perron de l'hôtel de ville. L'eau et le sable répandus, tous les soirs, après les exécutions, autour de cet égout de sang humain, ne suffisaient pas à décolorer le sol. Une boue rouge et fétide, piétinée constamment par un peuple avide de voir mourir, couvrait la place et viciait l'air. Autour de ce véritable abattoir d'hommes on respirait la mort. Les murailles extérieures du palais Saint-Pierre et de la façade de l'hôtel de ville suaient le sang. Le matin des journées de novembre, de décembre et de janvier, les plus fécondes en supplices, les habitants du quartier voyaient s'élever du sol imbibé un petit brouillard. C'était le sang de leurs compatriotes immolés la veille, l'ombre de la ville qui s'évaporait au soleil. Dorfeuille, sur les réclamations du quartier, fut obligé de transporter la guillotine à quelques pas plus loin. Il la plaça sur un égout découvert. Le sang, ruisselant à travers les planches, pleuvait dans une fosse de dix pieds de profondeur, qui l'emportait au Rhône avec les immondices du quartier. Les blanchisseuses du fleuve furent forcées de changer la station de leurs lavoirs pour ne pas laver leur linge et leurs bras dans une eau ensanglantée. Enfin, quand les supplices, qui s'accéléraient comme les pulsations du pouls dans la colère, se furent élevés à vingt, à trente, à quarante par jour, on dressa l'instrument de la mort au milieu du pont Morand, sur le fleuve. On balaya le sang et on jeta les têtes et les troncs par-dessus les parapets dans le courant le plus rapide du Rhône. Les mariniers et les paysans des îles et des plages basses qui interrompent le cours du fleuve entre Lyon et la mer trouvèrent longtemps des têtes et des troncs d'hommes échoués sur ces îlots, et engagés dans les joncs et dans les oseraies de leurs bords.

Ces suppliciés étaient presque tous la fleur de la jeunesse de Lyon et des contrées voisines. Leur âge était leur crime. Il les rendait suspects d'avoir combattu. Ils marchaient à la mort, avec l'élan de la jeunesse, comme ils auraient marché au combat. Dans des prisons, comme dans les bivouacs la veille des batailles, ils n'avaient qu'une poignée de paille par homme pour reposer leurs membres sur les dalles des cachots. Le danger de se compromettre en s'intéressant à leur sort et de mourir avec eux n'intimidait pas la tendresse de leurs parents, de leurs amis, de leurs serviteurs. Nuit et jour des attroupements de femmes, de mères, de sœurs, rôdaient autour des prisons. L'or et les larmes qui coulaient dans les mains des geôliers arrachaient des entrevues, des entretiens, des adieux suprêmes. Les évasions étaient fréquentes. La religion et la charité, si actives et si courageuses à Lyon, ne reculaient ni devant la suspicion, ni devant le dégoût, pour pénétrer dans ces souterrains, et pour y soigner les malades, y nourrir les affamés, y consoler les mourants. Des femmes pieuses achetaient des administrateurs et des geôliers la permission de se faire les servantes des cachots. Elles y portaient des messages, elles y introduisaient des prêtres pour consoler les âmes et sanctifier le martyre. Elles purifiaient les dortoirs, balayaient les salles, nettoyaient les vêtements de la vermine, ensevelissaient les cadavres ; providences visibles qui s'interposaient jusqu'à la dernière heure entre l'âme des prisonniers et la mort. Plus de six mille détenus séjournaient à la fois dans ces entrepôts de la guillotine.

ques du moyen âge n'avaient pas plus assombri l'aspect d'une province. On ne rencontrait, sur les routes de Lyon aux villes voisines et jusque dans les champs des villages et des hameaux, que des échappements de l'armée révolutionnaire, forçant les portes du toit, visitant les caves, les greniers, la fibre même du blé, souillant les murs avec la crosse de leurs fusils, ou renversant, écrasant. Là s'engloutit toute une génération. Là se rencontrèrent tous les hommes de condition, de naissance, de fortune, d'opinion différentes qui, depuis la Révolution, avaient embrassé des partis opposés, et que le soulèvement commun contre l'oppression réunissait à la fin dans la même mort. Clergé, noblesse, bourgeoisie, commerce, peuple, tout s'y confondit. Nul citoyen contre qui pût s'élever un délateur, un envieux, un ennemi, n'échappa à la captivité. Peu de captifs échappèrent à la mort. Tout ce qui avait un nom, une fortune, une profession, une fabrique, une maison de ville ou de campagne, tout ce qui était suspect de partager la cause du fiché était arrêté, accusé, condamné, exécuté d'avance dans la pensée des proconsuls et de leurs pourvoyeurs. L'élite d'une capitale et de plusieurs provinces, la Bresse, la Dombe, le Forez, le Beaujolais, le Vivarais, le Dauphiné, s'écoula par ces prisons et par ces échafauds. La ville et la campagne semblaient décimées. Les châteaux, les maisons de luxe, les manufactures, les demeures même de la bourgeoisie rurale, étaient fermés dans un rayon de vingt lieues autour de Lyon. Le séquestre était posé sur des milliers de propriétés. Les scellés muraient les portes et les fenêtres. La nature semblait atteinte de la terreur de l'homme. La colère de la Révolution était arrivée à la puissance d'un fléau de Dieu. Les pestes antiques du moyen âge n'avaient pas plus assombri l'aspect d'une province. On ne rencontrait, sur les routes de Lyon aux villes voisines et jusque dans les chemins des villages et des hameaux, que des détachements de l'armée révolutionnaire, forçant les portes au nom de la loi, visitant les caves, les greniers, la litière même du bétail, sondant les murs avec la crosse de leurs fusils, ou ramenant, enchaînés deux à deux, sur des charrettes, des fugitifs arrachés à leur retraite, et suivis de leur famille en pleurs.

Ainsi furent amenés à Lyon tous les citoyens notables ou illustres que Couthon avait laissés s'échapper dans les premiers moments : échevins, maires, municipaux, administrateurs, juges, magistrats, avocats, médecins, architectes, sculpteurs, chirurgiens, conseillers des hospices, des bureaux de bienfaisance, accusés d'avoir ou combattu, ou secouru des combattants, ou pansé les blessés, ou nourri le peuple insurgé, ou fait des vœux secrets pour le triomphe des défenseurs de Lyon. On y ajoutait les parents, les fils, les femmes, les filles, les amis, les serviteurs, présumés complices de leurs époux, de leurs frères, de leurs maris, de leurs maîtres; coupables d'être nés sur le sol et d'avoir respiré l'air de l'insurrection.

Chaque jour le greffier de la prison lisait, à haute voix, dans la cour, la liste des détenus appelés au tribunal. La respiration semblait interrompue pendant cet appel. Les partants embrassaient, pour la dernière fois, leurs amis, et distribuaient leurs lits, leurs couvertures, leurs vêtements, leur argent aux survivants. Ils se réunissaient, en longue file de soixante ou quatre-vingts, dans la cour, et s'avançaient ainsi, à travers la foule, vers le tribunal. L'espace du prétoire et les forces du bourreau fatigué étaient la seule limite du nombre des prisonniers immolés en un jour. Les juges étaient presque tous étrangers, pour qu'aucune responsabilité future n'intimidât leur arrêt. Ces cinq juges, dont chacun pris à part avait peut-être un cœur d'homme, jugeaient ensemble comme un instrument mécanique de meurtre. Observés par une foule ombrageuse, ils tremblaient eux-mêmes sous la terreur dont ils frappaient les autres. Leur activité cependant ne suffisait plus à Fouché et à Collot-d'Herbois. Ces représentants avaient promis aux Jacobins de Paris des prodiges de rigueur. La lenteur du jugement et du supplice les faisait accuser de demi-mesures. Les journées de septembre se levaient en exemple devant eux. Ils voulaient les atteindre en les régularisant. Dorfeuille écrivit aux représentants du peuple : « Un grand acte de justice nationale se prépare. Il sera de nature à épouvanter les siècles futurs. Pour donner à cet âge la majesté qui doit le caractériser, pour qu'il soit grand comme l'histoire, il faut que les administrateurs, les corps d'armée, les magistrats du peuple, les fonctionnaires publics y assistent au moins par députation. Je veux que ce jour de justice soit un jour de fête; j'ai dit jour de fête, et c'est le mot propre : quand le crime descend au tombeau, l'humanité respire, et c'est la fête de la vertu. »

étaient la seule limite du nombre des prisonniers immolés
en un jour. Les juges étaient presque tous étrangers, pour
qu'aucune responsabilité future n'intimidât leur arrêt. Ces
cinq juges, dont chacun pris à part avait peut-être un
cœur d'homme, jugeaient ensemble comme un instrument
mécanique de meurtre. Observés par une foule ombrageuse, ils tremblaient eux-mêmes sous la terreur dont ils
étaient l'instrument.

Les représentants ratifièrent les plans de Dorfeuille; pour
le supplice en masse remplaça le supplice individuel. Le
lendemain de cette proclamation, soixante-quatre jeunes
gens des premières familles de la ville furent extraits des
prisons. Ils furent conduits, avec une solennité inusitée, à
l'hôtel de ville, où un interrogatoire sommaire les réunit
tous en peu de minutes dans une même condamnation. Ils
marchèrent, de là, processionnellement vers les bords du
Rhône. On les fit traverser le pont, laissant derrière eux la
guillotine, comme une arme ébréchée et impuissante désormais à cet âge la magnitude du crime révolutionnaire.

De l'autre côté du pont, dans la plaine basse des Brotteaux, on avait creusé dans le sol fangeux une double
tranchée, ou plutôt une double fosse, entre deux rangs de
saules. Les soixante-quatre condamnés, enchaînés deux à
deux par les poignets, furent placés en colonne dans cette
allée, à côté de leur sépulcre ouvert. Trois pièces de canon
chargées à boulet occupaient l'extrémité de l'avenue à laquelle les condamnés faisaient face. A droite et à gauche,
des détachements de dragons, le sabre à la main, semblaient attendre le signal d'une charge. Sur les monticules
de terre extraits de cette fosse, les membres les plus exaltés de la municipalité, les présidents et les orateurs des
clubs, les fonctionnaires, les autorités militaires, l'état-
major de l'armée révolutionnaire, Dorfeuille et ses juges,

étaient groupés comme sur les gradins d'un amphithéâtre ; du haut d'un balcon d'un des hôtels confisqués du quai du Rhône, Collot-d'Herbois et Fouché, la lunette à la main, semblaient présider à cette solennité de l'extermination.

Les victimes chantaient en chœur l'hymne qui les avait naguère encouragées au combat. Elles semblaient chercher dans les paroles de ce chant suprême l'étourdissement du coup qui allait les frapper :

> Mourir pour sa patrie
> Est le sort le plus beau, le plus digne d'envie !

Les canonniers écoutaient, la mèche allumée, ces mourants chantant leur propre mort. Dorfeuille laissa les voix achever lentement les graves modulations du dernier vers ; puis, levant la main en signal convenu avec le commandant des pièces, les trois coups partirent à la fois. La fumée, enveloppant les canons, flotta un moment sur la chaussée. Les tambours sous un roulement étouffèrent les cris. La foule se précipita pour contempler l'effet du carnage. Il avait trompé les artilleurs. L'ondulation de la ligne des condamnés avait laissé dévier les boulets. Vingt prisonniers seulement étaient tombés sous la foudre, entraînant par le poids de leurs corps leurs compagnons vivants dans leur chute, les associant à leurs convulsions, les inondant de leur sang. Des voix, des cris, des gestes affreux s'élevaient de ce monceau confus de membres mutilés, de cadavres et de survivants. Les canonniers rechargent et tirent à mitraille. Le carnage n'est pas encore complet. Un cri déchirant, entendu jusque dans la ville, à travers le Rhône, monte de ce champ d'agonie. Quelques membres palpitent encore, quelques mains se tendent vers les spectateurs pour implorer le dernier coup. Les soldats frémissent. « En avant, dragons, s'écrie Dorfeuille, chargez maintenant! » A cet ordre, les dragons lancent leurs chevaux, qui se cabrent, s'élancent au galop sur la chaussée, et achèvent avec horreur, à la pointe de leur sabre ou à coups de pistolet, les mourants. Ces soldats étaient novices dans le maniement du cheval et des armes; ils répugnaient d'ailleurs à l'infâme métier de bourreaux qu'on leur assignait. Ils prolongèrent involontairement plus de deux heures les scènes lugubres de ce massacre et de ces agonies.

XII

Un sourd murmure d'indignation accueillit, dans la ville, le récit de ce supplice. Le peuple se sentait déshonoré, et se comparait lui-même aux tyrans les plus néfastes de Rome et aux bourreaux de la Saint-Barthélemy. Les représentants étouffèrent ce murmure par une proclamation qui commandait d'applaudir et qui traduisait la pitié en complot. Les citoyens, les femmes même les plus élégantes, affectèrent alors le rigorisme révolutionnaire, pour cacher l'horreur sous l'adulation. La guillotine, instrument de supplice, devint, pendant quelques semaines, une décoration civique et un ornement des festins. Le luxe, qui renaissait autour des représentants, fit de cette machine en miniature un bijou hideux de l'ameublement et de la parure des Jacobins. Leurs épouses, leurs filles et leurs maîtresses portèrent de petites guillotines d'or en agrafes sur leur sein, et en boucles d'oreilles.

Fouché, Collot-d'Herbois et Dorfeuille voulurent étouffer le remords sous de plus audacieux défis au sentiment public. Deux cent neuf Lyonnais emprisonnés attendaient leur jugement dans la sombre prison appelée prison de Roanne. Le bruit du canon qui foudroyait leurs frères avait retenti la veille jusque dans les cachots de ces prisonniers. Ils se préparèrent à la mort et passèrent la nuit les uns à prier, les autres à se confesser à quelques prêtres déguisés, les plus jeunes à faire les derniers adieux à la jeunesse et à la vie dans des libations et dans des chants qui bravaient la mort. Collot-d'Herbois vint visiter la nuit le greffe de cette prison. Il entendit ces voix. « De quelle trempe est donc cette jeunesse, s'écria-t-il, qui chante ainsi son agonie? »

A dix heures du matin, un bataillon se rangea devant la porte de la prison de Roanne, sur le quai de la Saône. Cette porte de fer s'ouvrit et laissa défiler les deux cent neuf citoyens. Le doigt du greffier les comptait, en passant, comme un troupeau de bétail qu'on marque pour la consommation du jour. Ils étaient liés deux par deux. La longue colonne, dans laquelle chacun reconnaissait un fils, un frère, un parent, un ami, un voisin, s'avança d'un pas ferme vers l'hôtel de ville. Les saluts suprêmes, les mains tendues, les regards éplorés, les muets adieux leur étaient adressés des fenêtres, des portes, à travers la haie des baïonnettes. Quelques Jacobins et des hordes immondes de femmes apostrophaient les victimes et les couvraient d'outrages. Elles y répondaient avec l'accent du dédain. Des dialogues sauvages s'établissaient, pendant la marche, entre les prisonniers et le peuple : « Si nous avions rendu justice le 29 mai, disaient les prisonniers, à tous les brigands qui méritent le sort de Châlier, vous ne nous insulteriez pas en ce moment ! » Ils disaient à ceux qui leur montraient des visages attendris et des yeux humides : « Ne pleurez pas sur nous, on ne pleure pas les martyrs ! »

La salle des séances était trop étroite pour les recevoir. On les jugea en plein air, sous les fenêtres de l'hôtel de ville. Les cinq juges, dans le costume et dans l'appareil de leurs fonctions, parurent au balcon, se firent lire la liste des noms, feignirent de délibérer et prononcèrent un arrêt général; formalité de mort qui donnait à l'assassinat en masse l'hypocrisie d'un jugement. En vain, de ces deux cents voix, des réclamations individuelles, des protestations de patriotisme s'élevèrent vers les juges et vers le peuple. Les juges inflexibles et le peuple sourd n'y répondirent que par le silence ou par le mépris. La colonne pressée par les soldats reprit sa marche vers le pont Morand. A l'entrée du pont, l'officier qui commandait le convoi compta les prisonniers pour s'assurer qu'aucun n'avait échappé dans la marche. Au lieu de deux cent neuf, il en trouva deux cent dix. Il y avait plus de présents que de condamnés. Lequel était l'innocent? lesquels étaient les coupables? qui serait légalement mis à mort? qui allait être assassiné sans jugement? L'officier sentit l'horreur de sa situation, arrêta la colonne et envoya transmettre son doute à Collot-d'Herbois. La solution de ce scrupule aurait exigé un nouvel examen. Cet examen aurait ajourné la mort des deux cent neuf; le peuple était là, la mort attendait : « Qu'importe un de plus? répondit Collot-d'Herbois; un de plus vaut mieux qu'un de moins. D'ailleurs, ajouta-t-il pour se laver les mains de ce meurtre, celui qui mourra aujourd'hui ne mourra pas demain. Qu'on achève! »

Le surnuméraire du supplice était un Jacobin avéré, qui remplissait l'air de ses cris et qui protestait en vain contre l'erreur.

XIII

La colonne reprit sa marche en chantant :

> Mourir pour sa patrie
> Est le sort le plus beau, le plus digne d'envie!

Les strophes, chantées d'une voix martiale par les jeunes gens, cadençaient la marche de la colonne. Elle s'arrêta entre les saules, sur la chaussée étroite trempée encore du sang de la veille. Les tranchées moins profondes, recouvertes d'une terre fraîche et mobile, attestaient que les fosses n'étaient qu'à demi comblées et qu'elles attendaient d'autres cadavres. Un long câble était tendu d'un saule à l'autre. On attacha chaque détenu à c câble par l'extrémité de la corde qui lui liait les mains derrière le dos. Trois soldats furent placés à quatre pas de distance, en face de chacun des condamnés, la cavalerie distribuée en pelotons en arrière. Au commandement de *feu!* les neuf cent trente soldats tirèrent à la fois trois coups sur chaque poitrine. Un nuage de fumée enveloppe un moment la scène. Ce nuage se fond, s'élève et laisse voir à côté des cadavres couchés sur le sol ou suspendus au câble plus de cent jeunes gens encore debout. Les uns, le regard égaré, semblent pétrifiés par la terreur; les autres, à demi frappés, supplient leurs bourreaux de les achever : quelques-uns, dégagés du câble par les balles qui ont brisé leurs cordes, rampent à terre ou s'enfuient en chancelant à travers les saules. Les spectateurs consternés, les soldats attendris, détournent les yeux pour les laisser fuir. Grand-maison, qui préside ce jour-là à l'exécution, ordonne à la cavalerie de poursuivre les blessés. Atteints par les dragons et hachés de coups de sabre, ils roulèrent tous sous les pieds des chevaux. Un seul, nommé Merle, maire de Mâcon, patriote, mais dévoué à la Gironde, parvint à se traîner tout sanglant jusque dans des roseaux du marécage. Les cavaliers se détournèrent par pitié et feignirent de ne pas le voir. Le fugitif reprit sa course vers le fleuve. Il allait se jeter dans un bateau pour rentrer inaperçu dans la ville, quand un groupe de Jacobins impitoyables le reconnut au sang qui ruisselait de sa main mutilée, et le précipita vivant dans le Rhône; mort à la fois, dans la même heure, de la double mort de l'eau et du feu.

Les soldats achevèrent à regret, à coups de crosse et de baïonnette, les victimes expirantes sur la chaussée. La nuit, qui tombait, étouffa les gémissements. Le lendemain, quand les fossoyeurs vinrent ensevelir les cadavres, plusieurs palpitaient encore. Quelques-uns survivaient aux coups mal assénés. Les pionniers assommèrent les survivants à coups de pioche, avant de les recouvrir de la boue sanglante des fossés. « Nous avons ranimé, écrivait, le soir, Collot-d'Herbois à la Convention, l'action d'une justice républicaine, c'est-à-dire prompte et terrible comme la volonté du peuple : elle doit frapper comme la foudre et ne laisser que des cendres. » La Révolution avait trouvé ses Attilas.

XIV

Montbrison, Saint-Étienne, Saint-Chamond, toutes ces colonies lyonnaises, étaient le théâtre des mêmes atrocités ou fournissaient les mêmes victimes. Le représentant du peuple Javogues avait installé la guillotine à Feurs. Un tribunal révolutionnaire dirigé par lui imprimait à l'instrument du supplice la même activité qu'à Lyon. Les provinces riveraines de la Haute-Loire étaient purgées de tout le sang aristocrate, royaliste, fédéraliste, qui coulait à flots sous la hache. La hache, comme à Lyon, parut trop lente. Le feu de la foudre remplaça l'arme blanche du supplice. Une magnifique allée de tilleuls, avenue du château du Rosier, qui servait de promenade et de site aux fêtes de la ville de Feurs, fut convertie en lieu d'exécution, comme les saules funèbres des Brotteaux. On y fusillait jusqu'à vingt-deux personnes par jour. La même impatience de mort semblait posséder les bourreaux et les victimes : les uns avaient la frénésie du meurtre, les autres l'enthousiasme de la mort. L'horreur de vivre avait enlevé son horreur au trépas. Les jeunes filles, les enfants, demandaient à tomber à côté de leurs pères ou de leurs proches fusillés. Chaque jour les juges avaient à repousser ces supplications du désespoir implorant le supplice de mourir, moins affreux que le supplice de survivre. Tous les jours ils accordaient ou prévenaient ces demandes. La barbarie des proconsuls n'attendait pas le crime : ils le préjugeaient dans le nom, dans l'éducation, dans le rang. Ils frappaient pour les crimes futurs. Ils devançaient les années. Ils immolaient l'enfance pour ses opinions à venir, la vieillesse pour ses opinions passées, les femmes pour le crime de leur tendresse et de leurs larmes. Le deuil était interdit, comme sous Tibère. Plusieurs furent suppliciés pour avoir eu un visage triste et un vêtement lugubre. La nature était devenue une accusation. Pour être pur il fallait l'avoir répudiée. Toutes les vertus étaient à contre-sens du cœur humain. Le jacobinisme des proconsuls de Lyon avait bouleversé les instincts de l'homme. Le faux patriotisme avait renversé l'humanité. Des traits touchants et sublimes brillèrent dans ces saturnales de la vengeance. L'âme humaine s'éleva à la hauteur tragique de ces drames. L'héroïsme éclatait dans tous les âges, dans tous les sexes. L'amour brava les bourreaux. Le cœur révéla des trésors de tendresse et de magnanimité.

XV

Le jeune Dutaillon, âgé de quinze ans, conduit à la mort avec sa famille, se réjouit, au pied de l'échafaud, de n'être séparé de son père que par l'intervalle d'un coup de hache.

« Il me garde ma place là-haut, ne le faisons pas attendre ! » dit-il au bourreau.

Un fils de M. de Rochefort est conduit avec son père et trois de ses parents dans l'avenue du Rosier, à Feurs, pour y être fusillé. Le peloton fait feu. Trois condamnés tombent. L'enfant, préservé par la pitié des soldats, n'est pas atteint. « Grâce, grâce pour lui ! s'écrient les spectateurs attendris. Il n'a que seize ans, il peut devenir un bon citoyen ! » Les exécuteurs hésitent, Javogues promet la vie. « Non, non, point de votre grâce, plus de votre vie ! s'écrie l'enfant en embrassant le corps sanglant de son père. Je veux la mort ! je suis royaliste ! Vive le roi ! »

La fille d'un ouvrier, d'une beauté éclatante, est accusée de ne pas vouloir porter la cocarde républicaine. « Pourquoi t'obstines-tu, lui dit le président, à ne pas vouloir porter le signe rédempteur du peuple ? — Parce que vous le portez, » répond la jeune fille. Le président Parrein, admirant ce courage et rougissant d'envoyer tant de jeunesse à la mort, fait signe au guichetier, placé derrière l'accusée, d'attacher une cocarde à ses cheveux. Mais elle, s'apercevant du geste, arrache la cocarde avec indignation, la foule aux pieds et marche à la mort.

Une autre, dont la mitraille a immolé la veille tout ce qui l'attache à la vie, fend la foule, s'agenouille éplorée au pied du tribunal et supplie les juges de la condamner : « Vous avez tué mon père, mes frères, mon fiancé, s'écrie-t-elle ; je n'ai plus ni famille, ni amour, ni destinée ici-bas ! Je veux la mort ! Ma religion me défend de mourir de ma propre main : faites-moi mourir ! »

Un jeune détenu, nommé Couchoux, condamné à mourir le lendemain avec son père, âgé de quatre-vingts ans et privé de l'usage de ses jambes, est jeté, pour attendre l'heure de l'échafaud, dans les caves de l'hôtel de ville. Pendant la nuit il découvre le moyen de s'échapper par un égout qui communique du souterrain au lit du fleuve. Sûr de l'issue, il revient chercher son père. Le vieillard fait de vains efforts pour se soutenir, succombe à moitié chemin, et conjure son fils de sauver sa vie en l'abandonnant à son sort. « Non, dit le jeune homme, nous vivrons ou nous périrons ensemble. » Il charge son père sur ses épaules, avance en rampant dans le souterrain, et, fuyant avec son fardeau à la faveur des ténèbres, il trouve un bateau sur le bord du Rhône, s'y jette avec son père, et parvient à le sauver avec lui.

Une femme de vingt-sept ans, que l'amour avait exaltée jusqu'à l'héroïsme pendant le siége, et qui avait combattu avec l'intrépidité d'un soldat, madame Cochet, harangua le peuple du haut de la charrette qui la conduisait au supplice : « Vous êtes des lâches, disait-elle, d'immoler une femme qui a fait son devoir en combattant pour vous défendre de l'oppression ! Ce n'est pas la vie que je regrette, c'est l'enfant que je porte dans mon sein. Innocent, il partagera mon supplice... Les monstres ! ajouta-t-elle en montrant de la main son sein qui attestait son état de grossesse, ils n'ont pas voulu attendre quelques jours, ils ont craint que je n'enfantasse un vengeur de la liberté ! » Le peuple, ému par la maternité de cette héroïne, par sa jeunesse, par sa beauté, la suivait en silence. Un cri de grâce sortit de la foule ; mais le bruit du couteau qui tranchait deux vies interrompit la tardive clameur du peuple. Quarante-cinq têtes furent emportées ce jour-là dans le tombereau de l'exécuteur. Pour contre-balancer ces mouvements de pitié dans la multitude, des applaudisseurs à gages étaient recrutés par les proconsuls et placés aux fenêtres de la place, comme dans les loges du Cirque, pour insulter les mourants et pour battre des mains aux supplices.

XVI

Une jeune fille de dix-sept ans, d'une beauté virile, et qui rappelait Charlotte Corday, avait combattu avec ses frères et son fiancé dans les rangs des canonniers lyonnais. La ville entière admirait son intrépidité. Précy la citait en exemple à ses soldats. Sa modestie égalait son courage. Elle ne trouvait son héroïsme qu'au feu. Elle n'était ailleurs qu'une vierge. Son nom était Marie Adrian. « Quel est ton nom, lui demanda le juge, frappé de sa jeunesse et ébloui de ses charmes. — Marie, répondit la jeune accusée; le nom de la mère du Dieu pour qui je vais mourir. — Quel est ton âge? — Dix-sept ans, l'âge de Charlotte Corday. — Comment, à ton âge, as-tu pu tirer le canon contre ta patrie? — C'était pour la défendre. — Citoyenne, lui dit un des juges, nous admirons ton courage. Que ferais-tu si nous t'accordions la vie? — Je vous poignarderais comme les bourreaux de ma patrie, » répondit-elle en relevant la tête. Elle monta en silence, et les yeux baissés, les degrés de l'échafaud, plus intimidée des regards de la foule que de la mort. Elle refusa la main que le bourreau lui tendait pour assurer ses pas, et cria deux fois : « Vive le roi! » En la dépouillant de ses vêtements, le bourreau trouva sur sa poitrine un billet écrit avec du sang : c'était l'adieu de son fiancé, mitraillé quelques jours auparavant aux Brotteaux : « Demain, à cette même heure, je ne serai plus, disait-il à sa fiancée. Je ne veux pas mourir sans te dire encore une fois : « Je t'aime. » On m'offrirait ma grâce pour dire le contraire, que je la refuserais. Je n'ai pas d'encre, je me suis ouvert la veine pour t'écrire avec mon sang. Je voudrais le confondre avec le tien pour l'éternité. Adieu, ma chère Marie. Ne pleure pas, pour que les anges te trouvent aussi belle que moi dans le ciel. Je vais t'attendre. Ne tarde pas ! » Les deux amants ne furent séparés que de quelques heures dans la mort. Le peuple sut admirer et non absoudre.

Les supplices en masse ne cessèrent que par le dégoût des soldats, indignés d'être transformés en bourreaux. Les supplices individuels se multiplièrent jusqu'à user les haches et à lasser les exécuteurs. « As-tu besoin d'un bourreau plus actif ? écrivait le Jacobin Achard à Collot-d'Herbois : je m'offre moi-même. » Les corps sans sépulture échoués sur les plages du Rhône infectaient ses rives et menaçaient d'une contagion. Les villes et les villages du littoral se plaignaient à la Convention de la fétidité de l'air et de la souillure de l'eau qui descendait de Lyon. Les Jacobins et les représentants étaient sourds. Ils ranimèrent leur fureur dans des banquets patriotiques. Dorfeuille, Achard, Grandmaison, les juges, les administrateurs, les satellites, y burent à la rapidité de la mort et à l'énergie du bourreau. Parodiant la cène du Christ, ils se passèrent, de main en main, une coupe pleine de vin, et s'encouragèrent à la vider. « C'est la coupe de l'égalité, s'écria Grandmaison, c'est ici le sang des rois, prenez et buvez ! — Républicains, reprit Dorfeuille, ce banquet est digne du peuple souverain. Réunissons-nous, administrateurs, états-majors, membres des tribunaux, fonctionnaires publics, chaque décade, pour boire ensemble, dans le même calice, le sang des tyrans ! »

Collot-d'Herbois, rappelé à Paris par les premiers murmures de l'opinion contre ces immolations en masse, se justifia aux Jacobins : « On nous appelle anthropophages ! disait-il. Ce sont les aristocrates qui parlent ainsi. On examine avec scrupule comment meurent les contre-révolutionnaires. On affecte de répandre qu'ils ne sont pas morts du premier coup ! Le Jacobin Châlier est-il mort, lui, du premier coup ? La moindre goutte d'un sang patriote me retombe sur le cœur. Je n'ai point de pitié pour les conspirateurs. Nous en avons fait foudroyer deux cents à la fois. On nous en fait un crime ! Et ne sait-on pas que c'est encore là une marque de sensibilité ? La foudre populaire les frappe et ne laisse que le néant et les cendres ! » Les Jacobins applaudissaient.

Fouché, demeuré à Lyon pour continuer l'épuration du Midi, écrivait à Collot-d'Herbois pour se féliciter avec lui de leur commun triomphe : « Et nous aussi, nous combattons les ennemis de la république à Toulon, en offrant à leurs regards des milliers de cadavres de leurs complices. Anéantissons d'un seul coup dans notre colère tous les rebelles, tous les conspirateurs, tous les traîtres ! Exerçons la justice à l'exemple de la nature ! Vengeons-nous en peuple ! Frappons comme le tonnerre ! et que la cendre même de nos ennemis disparaisse du sol de la liberté ! Que la république ne soit qu'un volcan ! Adieu, mon ami ; des larmes de joie coulent de mes yeux; elles inondent mon âme. Nous n'avons qu'une manière de célébrer nos victoires : nous envoyons ce soir deux cent treize rebelles sous le feu de la foudre. »

Cependant, même à Lyon, quelques âmes républicaines osaient respirer librement l'humanité, flétrir le crime et accuser les bourreaux. Des citoyens non suspects s'adressèrent à Robespierre comme au modérateur de la république. On savait, par la correspondance de Couthon avec quelques patriotes de Lyon, que Robespierre s'indignait au comité de salut public des proscriptions de Collot-d'Herbois et de Fouché, et de l'anéantissement de la seconde ville de France. « Ces Marius de théâtre, disait-il dans son intimité chez Duplay, en faisant allusion au métier de proconsul, ne régneront bientôt plus que sur des ruines. » Fouché, dans ses lettres à Duplay, s'efforçait de circonvenir Robespierre, et présentait Lyon comme une contre-révolution permanente. On connaissait, dans toute la république, les dissentiments secrets qui couvaient déjà, dans le comité de salut public, entre le parti de Robespierre et le parti de Collot-d'Herbois; que les uns cherchaient dans la Révolution un ordre social sous les ruines, que les autres n'y cherchaient que des rapines et des vengeances. Quelques républicains du parti de Robespierre se réunissaient mystérieusement à Lyon, épiant le moindre retour de l'opinion publique. L'un d'entre eux, nommé Gillet, osa signer la lettre de tous. « Citoyen représentant, disait cette lettre à Robespierre, j'ai habité les caves et les catacombes, j'ai souffert la faim et la soif pendant le siège de ma patrie; encore un jour ou deux, je périssais victime de mon attachement à la cause de la Convention, qui est à mes yeux le centre d'union des bons citoyens. J'ai donc le droit de parler aujourd'hui de justice et de modération en faveur de mes ennemis. Ceux qui portent ici atteinte à la liberté des cultes sont maintenant les vrais coupables. Hâte-toi, citoyen, de faire rendre un décret qui les condamne à mort et qui en purge la terre de la liberté. Le mal est grand, la plaie est profonde; il faut une main violente et prompte. Nos campagnes sont dans la stupeur. Le laboureur sème avec la certitude de ne point moissonner. Le riche cache son or et n'ose faire travailler l'indigent. Tout commerce est suspendu. Les femmes, étouffant l'instinct de la nature, maudissent le jour où elles sont devenues mères. Le mourant appelle son pasteur pour entendre de sa bouche une parole de consolation et d'espérance, et le pasteur est menacé de la guillotine s'il va consoler son frère. Les églises sont dévastées, les autels renversés par des brigands qui prétendent marcher au nom de la loi, tandis qu'ils ne marchent que par les ordres de brigands comme eux! Grand Dieu! à quels temps sommes-nous arrivés! Tous les bons citoyens, ou presque tous, bénissaient la Révolution, et tous la maudissent et regrettent la tyrannie. La crise est telle que nous sommes à la veille des plus grands malheurs. Les éclats de la bombe que l'on charge dans ces contrées extermineront peut-être la Convention tout entière si tu ne te hâtes de l'éteindre!... Médite, Robespierre, ces vérités que j'ose signer, dussé-je périr pour les avoir écrites! »

XVII

Ces remords des républicains modérés étaient étouffés à Paris par les cris de démence du parti d'Hébert, de Chaumette, de Collot-d'Herbois. Robespierre, Couthon, Saint-Just, qui n'osaient attaquer ce parti, se turent. Ils attendirent que l'indignation publique fût assez soulevée pour la rejeter sur les terroristes. Mais pendant que les cendres de Lyon s'éteignaient dans ces flots de sang, l'incendie de la guerre civile se rallumait à Toulon.

Toulon, le port le plus important de la république, ville ardente et mobile comme le soleil et la mer du Midi, avait passé rapidement de l'excès du jacobinisme au découragement et au dégoût de la Révolution. Imitant les mouvements de Marseille aux approches du 10 août, Toulon avait lancé contre Paris l'élite de sa jeunesse, mêlée à l'écume de sa population. La Provence avait apporté sa flamme à Paris; mais la même fougue qui avait rendu les Provençaux si terribles contre le trône de Louis XVI les rendait incapables de se plier longtemps au joug d'une république centrale et uniforme comme celle que Robespierre, Danton, les Cordeliers, les Jacobins voulaient fonder. Ces anciennes colonies indépendantes, jetées par les Phocéens et les Grecs sur les plages de la Provence, avaient conservé quelque chose de la perpétuelle agitation et de l'insubordination de leurs flots. Le spectacle de la mer rend l'homme plus libre et plus indomptable. Il voit sans cesse l'image de la liberté sur ses vagues, et son âme contracte l'indépendance de son élément.

Les Toulonnais, comme les Bordelais et les Marseillais, penchaient vers le fédéralisme de la Gironde. La fréquentation des officiers de la flotte, presque tous royalistes; la domination du clergé, tout-puissant sur les imaginations du Midi; les outrages et les martyres que subissait, sous le règne des Jacobins, la religion; l'indignation contre les excès révolutionnaires que l'armée de Carteaux avait commis à Marseille; cette grande scission, enfin, d'une république qui se brisait en factions et qui égorgeait ses fondateurs, tout provoquait Toulon à l'insurrection.

XVIII

La flotte anglaise de l'amiral Hood, qui croisait dans la Méditerranée, entretenait ces dispositions par des correspondances secrètes avec les royalistes de Toulon. Cette flotte se composait de vingt vaisseaux de ligne et de vingt-cinq frégates. L'amiral Hood se présentait aux Toulonnais en allié et en libérateur plus qu'en ennemi. Il promettait de garder la ville, le port et la flotte, non comme une conquête, mais comme un dépôt qu'il remettrait au successeur de Louis XVI, aussitôt que la France aurait étouffé ses tyrans intérieurs. L'opinion des Toulonnais passa, avec la rapidité du vent, du jacobinisme au fédéralisme, du fédéralisme au royalisme, du royalisme à la défection. Huit mille fugitifs de Marseille, chassés dans Toulon par la terreur des vengeances de la république; l'abri de leurs murailles, les batteries de leurs vaisseaux, le pavillon anglais et espagnol des escadres combinées, prêtes à protéger l'insurrection, donnèrent aux Toulonnais la pensée de ce crime contre la patrie.

Des deux amiraux qui commandaient la flotte française dans le port de Toulon, l'un, l'amiral Trogoff, conspirait avec les royalistes; l'autre, l'amiral Saint-Julien, s'efforçait de raffermir le républicanisme de ses équipages. Ainsi divisée d'esprit, la flotte se neutralisait par ses tendances contraires. Elle ne pouvait que suivre, en se déchirant, le mouvement que lui imprimerait le parti vainqueur. Placée entre une ville insurgée et une mer bloquée, elle devait être inévitablement écrasée, ou par le canon des forts, ou par le canon des Anglais, ou anéantie par les deux feux à la fois. La population de Toulon, où tant d'éléments combinés fermentaient à la fois, s'insurgea à l'approche des avant-gardes de Carteaux, avec une unanimité qui excluait même l'idée d'un remords. Elle ferma les clubs des Jacobins, immola leur chef, emprisonna les représentants du peuple Bayle et Beauvais, en mission dans ses murs, et appela les Anglais, les Espagnols et les Napolitains.

A l'aspect des escadres ennemies, le représentant Beauvais se tua de sa propre main dans sa prison. La flotte française, à l'exception de quelques vaisseaux que l'amiral Saint-Julien retint quelques jours dans le devoir, arbora le drapeau blanc. Les Toulonnais, les Anglais et les Napolitains réunis, au nombre de quinze mille hommes, armèrent les forts et les approches de la ville contre les troupes de la république. Carteaux, s'avançant de Marseille à la tête de quatre mille hommes, refoula l'avant-garde ennemie des gorges d'Ollioules. Le général Lapoype, détaché de l'armée de Nice avec sept mille hommes, investit Toulon du côté opposé. Les représentants du peuple Fréron, Barras, Ricord, Salicetti, Robespierre jeune et Gasparin, surveillaient, dirigeaient et combattaient à la fois. Le petit nombre des républicains, l'espace immense qu'ils avaient à occuper pour investir les montagnes auxquelles Toulon est adossé, le site et les feux des forts qui protégent d'en haut cet amphithéâtre, l'inexpérience des généraux, amollirent longtemps les attaques, et firent frémir la Convention de cet exemple d'une trahison impunie. Aussitôt que Lyon laissa des troupes à la disposition du comité de salut public, Carnot se hâta de les diriger sur Toulon. Il y envoya le général Doppet, le vainqueur de Lyon. Fréron et Barras étaient résolus à écraser Toulon, dussent-ils anéantir avec cette ville la marine et les arsenaux français.

Un capitaine d'artillerie, envoyé par Carnot à l'armée des Alpes, fut arrêté à son passage pour remplacer à l'armée de Toulon le commandant d'artillerie Donmartin, blessé à l'attaque d'Ollioules. Ce jeune homme était Napoléon Bonaparte. Sa fortune l'attendait là. Son compatriote Salicetti le présenta à Carteaux. En peu de mots et en peu de jours il fit éclater son génie et fut l'âme des opérations. Prédestiné à faire prévaloir la force sur l'opinion et l'armée sur le peuple, on le voit apparaître pour la première fois dans la fumée d'une batterie, foudroyant du même coup l'anarchie dans Toulon, les ennemis dans la rade. Son avenir était dans cette attitude : génie militaire éclos au feu d'une guerre civile pour s'emparer du soldat, illustrer l'épée, étouffer la parole, éteindre la Révolution, et faire rétrograder la liberté d'un siècle. Gloire immense, mais funeste, que la postérité ne jugera pas comme les contemporains !

XIX

Dugommier avait remplacé Carteaux. Il assembla un conseil de guerre auquel assista Bonaparte. Ce jeune capitaine, immédiatement promu au grade de chef de bataillon, réorganisa l'artillerie, rapprocha les batteries de la ville, discerna le cœur de la position, y porta ses coups, négligea le reste et marcha au but. Le général anglais O'Hara, sorti du fort Malbosquet avec six mille hommes, tombe dans un piége dressé par Bonaparte, est blessé et pris. Le fort Mulgrave est attaqué par deux colonnes, malgré l'ordre des représentants. Bonaparte et Dugommier y entrent les premiers par la brèche. La victoire les justifie. « Général, dit Bonaparte à Dugommier écrasé d'années et épuisé de fatigue, allez dormir, nous venons de prendre Toulon. » L'amiral Hood voit, au lever du jour, les batteries françaises hérisser les pentes et se préparer à battre la rade. Le vent d'automne gémissait, le ciel se couvrait, la mer était grosse ; tout annonçait que les prochaines tempêtes de l'hiver allaient fermer la sortie de la rade aux Anglais.

A la chute du jour, des chaloupes ennemies remorquent

le brûlot *le Vulcain* au milieu de la flotte française. D'immenses quantités de matières combustibles sont entassées dans les magasins, les chantiers et les arsenaux. Des officiers anglais, une lance de feu à la main, attendent le signal de l'incendie. Dix heures sonnent à l'horloge du port. Une fusée part au centre de la ville, monte et retombe en étincelles. C'était le signal. Les lances de feu s'abaissent sur la traînée de poudre. L'arsenal, les établissements, les approvisionnements maritimes, les bois de construction, les goudrons, les chanvres, les armements de cette flotte et de cet entrepôt naval, furent en quelques heures consumés. Ce foyer, où s'engloutit la moitié de la marine de France, éclaira pendant toute une nuit les vagues de la Méditerranée, les flancs des montagnes, les camps des représentants, les ponts des vaisseaux anglais. Les habitants de Toulon, abandonnés dans quelques heures à la vengeance des républicains, erraient sur les quais. Le silence que l'horreur de l'incendie jetait dans les deux camps n'était interrompu que par l'explosion des magasins à poudre, de dix vaisseaux et de quinze frégates qui lançaient leurs membrures et leurs canons dans les airs avant de s'engloutir dans les flots. Le bruit du départ des escadres combinées et de la reddition de la ville s'était répandu dans la population. Douze mille Toulonnais et Marseillais réfugiés, hommes, femmes, enfants, vieillards, blessés, infirmes, étaient sortis de leurs demeures et se pressaient sur la plage, se disputant la place dans les embarcations qui les transportaient aux vaisseaux anglais, espagnols, napolitains. La mer furieuse et les flammes qui couraient entre les lames rendaient le transport des fugitifs plus périlleux et plus lent. A chaque instant les cris d'un canot qui sombrait et les cadavres rejetés sur le rivage décourageaient les matelots. Les débris embrasés de l'arsenal et de la flotte pleuvaient sur cette foule et écrasaient des rangs entiers. Une batterie de l'armée républicaine labourait de ses boulets et de ses bombes le port et le quai. Les membres séparés de la même famille se cherchaient, s'appelaient à grands cris dans ce tumulte de voix et dans cet ondoiement de la foule. Des femmes perdaient leurs maris, des filles leurs mères, des mères leurs enfants. Quelques-uns, dont les parents étaient déjà embarqués, mais qui les croyaient encore dans la ville, refusaient de monter dans les canots, se roulaient de désespoir sur la plage et se cramponnaient à la terre, refusant de fuir sans les êtres qu'ils aimaient. Quelques-uns se sacrifièrent et se précipitèrent à la mer pour alléger les chaloupes trop chargées et pour sauver, par ce suicide, leurs enfants, leurs mères, leurs femmes. Des drames touchants et terribles furent ensevelis dans l'horreur de cette nuit. Elle rappelait ces générations antiques des peuplades de l'Asie Mineure ou de la Grèce abandonnant en masse la terre de leur patrie, et emportant sur les flots leurs richesses et leurs dieux à la lueur de leurs villes incendiées. Environ sept mille habitants de Toulon, sans compter les officiers et les matelots de la flotte, reçurent asile sur les vaisseaux anglais et espagnols. Le crime d'avoir livré le rivage et les armes de la France aux étrangers et d'avoir arboré le drapeau de la royauté était irrémissible. Ils dirent du sommet des vagues un dernier adieu aux collines de la Provence illuminées par les flammes qui dévoraient leurs toits et leurs oliviers. A ce moment suprême, l'explosion de deux frégates qui contenaient des milliers de barils de poudre et que les Espagnols avaient oublié de submerger, éclata comme un volcan sur la ville et sur la mer. Adieu formidable de la guerre civile, qui fit pleuvoir à la fois ses débris sur les vaincus et sur les vainqueurs.

Le lendemain matin, les Anglais levèrent l'ancre, emmenant les vaisseaux qu'ils n'avaient pu incendier, et gagnèrent la pleine mer. Les réfugiés de Toulon furent transportés presque tous à Livourne, et s'établirent pour la plupart en Toscane. Leurs familles y subsistent encore, et l'on entend des noms français de cette date, parmi les noms étrangers, sur les collines de Livourne, de Florence et de Pise.

XX

Le lendemain, 20 décembre 1793, les représentants entrèrent à Toulon à la tête de l'armée républicaine. Dugommier, en montrant la ville en cendres et les maisons presque vides d'habitants, conjura les Conventionnels de se contenter de cette vengeance, de supposer généreusement que tous les coupables s'étaient exilés, et d'épargner le reste. Les représentants prirent en pitié la magnanimité du vieux général. Ils n'étaient pas seulement chargés de vaincre, mais de terrifier. La guillotine entra dans Toulon avec l'artillerie de l'armée. Le sang y coula comme il avait coulé à Lyon. La Convention effaça par un décret le nom de la ville des traîtres : « Que la bombe et la mine, dit Barère, écrasent les toits de tous les commerçants de Toulon, et qu'il ne reste plus sur son emplacement qu'un port militaire peuplé seulement des défenseurs de la république ! »

FIN DU TOME CINQUIÈME DES GIRONDINS.

TABLE DES SOMMAIRES

LIVRE QUARANTE-TROISIÈME.

Marat. — Danton. — La Montagne. — Les Girondins proscrits. — Scission entre les départements et la Convention. — Les ports bloqués. — Les coalisés aux frontières. — Nouvelle constitution. — Les Girondins à Caen. — Le général Wimpfen. — Marat accusateur public.. 3

LIVRE QUARANTE-QUATRIÈME.

Caen. — Maison de Charlotte Corday. — Portrait de Charlotte Corday. — Sa vie. — Son caractère. — Ses liaisons avec les Girondins proscrits. — Projet. — Voyage. — Arrivée à Paris. — Audience. — Marat assassiné. — Charlotte Corday arrêtée. — Adresse aux Français. — Jugement. — Exécution..................... 29

LIVRE QUARANTE-CINQUIÈME.

Apothéose de Marat. — Les Girondins quittent la Normandie. — Leurs destinées diverses. — Retraite des armées françaises. — Les départements insurgés se soumettent. — Custine appelé à Paris. — Robespierre combat l'anarchie. — Danton mécontent. — Robespierre développe ses théories. — Réorganisation du comité de salut public. — Robespierre y domine. — Fête de la nouvelle constitution. — Adresse à la Convention. — Décrets. — Mouvement des patriotes. — Excès. — Échafauds. — Maximum. — Réorganisation du tribunal révolutionnaire. — Merlin de Douai. — Loi des suspects. — Les prisons insuffisantes. — La Terreur. — Son but.. 101

LIVRE QUARANTE-SIXIÈME.

Le général Custine au tribunal révolutionnaire. — Sa condamnation. — Jugement de la reine Marie-Antoinette. — La Conciergerie. — Le jeune Dauphin enlevé à sa mère. — Il est remis à Simon. — Fouquier-Tinville accusateur public. — Condamnation de la reine. — Sa vie et sa mort.. 173

LIVRE QUARANTE-SEPTIÈME.

Séance du 3 octobre 1793 à la Convention. — Rapport d'Amar. — Les Girondins décrétés d'accusation. — Les soixante-treize députés de la Plaine décrétés de suspicion et jetés en prison. — Procès des vingt et un Girondins. — Leur condamnation. — Leur dernier repas. — Leur exécution. — Appréciation du parti girondin. 229

LIVRE QUARANTE-HUITIÈME.

Le duc d'Orléans ramené de Marseille à Paris, et conduit à la Conciergerie. — Son procès. — Sa condamnation. — Son exécution. — Jugement de l'histoire sur ce prince.............. 283

LIVRE QUARANTE-NEUVIÈME.

La république au dedans et au dehors. — Carnot. — Situation des coalisés. — Mort du général Dampierre. — L'Angleterre. — Pitt. — Dunkerque assiégée par l'armée anglaise. — Houchard général eu chef de l'armée du Nord. — Jourdan. — Hoche. — Levasseur et Delbrel représentants du peuple. — Bataille d'Hondschoote. — Dunkerque délivrée. — Houchard condamné et mis à mort. — Jourdan le remplace. — Bataille de Wattignies. — Le représentant Duquesnoy. — Maubeuge débloquée. — Le général Chancel meurt sur l'échafaud. — Pichegru commande l'armée du Rhin; Hoche l'armée de la Moselle. — Antécédents de ces deux généraux. — La Vendée. — Lyon et Toulon. — Description de Lyon. — Sa population. — Ses mœurs. — Ses tendances. — Châlier. — Son éducation. — Sa jeunesse. — Massacres des prisonniers. — Troubles de Lyon. — Les sections prennent les armes. — Madinier. — Les sections victorieuses. — Condamnation et exécution de Châlier. — Lyon passe de la résistance à la révolte. — Chasset et Biroteau réfugiés à Lyon. — Commission populaire. — Travaux et préparatifs de défense. — M. de Précy nommé commandant général par les Lyonnais. — MM. de Chenelette et de Virieu. — Kellermann chargé par la Convention du blocus de Lyon. — Siége et bombardement de cette ville. — Défense désespérée des Lyonnais. — Doppet remplace Kellermann. — Lyon réduit aux dernières extrémités. — Retraite des assiégés. — La colonne commandée par M. de Virieu est taillée en pièces. — Disparition de M. de Virieu. — La colonne de M. de Précy se divise. — Elle est décimée et détruite. — M. de Précy fugitif. — Il parvient à passer en Suisse.... 299

LIVRE CINQUANTIÈME.

Entrée de l'armée républicaine à Lyon. — La Convention décrète la destruction de cette ville. — Couthon. — Collot-d'Herbois. — L'armée révolutionnaire. — Fouché. — Profanations. — Supplices. — Destructions. — Ruines. — Misère. — Dorfeuille accélère les exécutions. — Massacres en masse. — Mêmes exécutions dans toute la province. — Toulon se soulève. — Le parti royaliste. — Les Anglais appelés par les insurgés. — Le général Carteaux. — Siége de Toulon par l'armée républicaine. — Napoléon Bonaparte. — Le général Dugommier. — Prise du fort Mulgrave. — Les Anglais évacuent Toulon après avoir incendié la flotte française. — Entrée de l'armée républicaine. — Réactions. 375

FIN DU TREIZIÈME VOLUME.

PARIS. — TYPOGRAPHIE COSSON ET COMP., RUE DU FOUR-SAINT-GERMAIN, 43.

www.ingramcontent.com/pod-product-compliance
Lightning Source LLC
Chambersburg PA
CBHW050920230426
43666CB00010B/2250